上海财经大学现代市场营销研究中心招标课题

曾晓洋 / 编著

Marketing Innovations in Times of Brand Competition

品牌竞争时代的营销创新

500强企业市场营销经典策略及评价

An Introduction and Theoretical Review of Classic Marketing Strategies of Top 500 Enterprises

長春出版社
全国百佳图书出版单位

图书在版编目(CIP)数据

品牌竞争时代的营销创新：500强企业市场营销经典策略及评价/
曾晓洋编著. —长春：长春出版社，2013.4

ISBN 978-7-5445-2772-9

Ⅰ. 品… Ⅱ. ①曾… Ⅲ. ①企业管理—市场营销学—研究—世界
Ⅳ. ①F279.1

中国版本图书馆CIP数据核字（2013）第047616号

品牌竞争时代的营销创新:500强企业市场营销经典策略及评价

编　　著:曾晓洋
责任编辑:王生团
封面设计:大　熊

出版发行:長春出版社　　总编室电话:0431-88563443
发行部电话:0431-88561180　　邮购零售电话:0431-88561177
地　　址:吉林省长春市建设街1377号
邮　　编:130061
网　　址:www.cccbs.net
制　　版:长春市大航图文制作有限公司
印　　刷:长春方圆印业有限公司
经　　销:新华书店

开　　本:787毫米×1092毫米　1/16
字　　数:241千字
印　　张:17
版　　次:2013年4月第1版
印　　次:2013年4月第1次印刷
定　　价:35.00元

序

在动态复杂的市场营销环境中，企业的生存和发展经常面临着各种挑战和机遇。对于处在激烈的行业竞争中的企业来说，市场营销创新是它们持续成长的不可或缺的动力。无论在全球还是中国的500强企业中，都有许多在市场营销创新方面长期保持旺盛生命力的企业。这些企业的市场营销创新一方面各有千秋，另一方面也存在着许多共同特点，例如，在保持整体营销系统没有明显“短板”的前提下，它们同时在市场营销的多个方面远远超过同行大多数竞争对手；又如，这些公司的最高决策者和管理层能够长期保持清醒的头脑并富有企业家精神，既能高瞻远瞩地制定战略规划，又能脚踏实地细化和实施管理方案；既能综合谋划全局，又能抓住创新的重点和突破口，从而在创新与控制的动态统一中实现企业的良性发展。在接受市场风雨的无情考验中，这些企业通过创新克服了许多前进道路上的困难和障碍，多次有效地抓住了发展的机遇。其所成功地制定和实施的市场营销策略中，有很多堪称一绝的案例，这无论对于市场营销理论的验证、丰富和发展，还是对于其他企业的市场营销实践的借鉴与指导，都具有特别重要的意义。曾晓洋编著的这本书中选取的案例，虽然只是沧海一粟，但它们属于企业市场营销创新的最优秀的代表，反映了当代市场营销创新的某些共同特征和趋势。

上海财经大学国际工商管理学院市场营销专业的教学科研团队在国家级精品课程《市场营销学》的建设过程中，一直非常重视对市场营销案例的积累、更新和研究。作为该精品课程的建设成果之一，本书能够公开出版是一件很有意义的事。对于MBA硕士生、其他类似的专业型硕士生、市场营销本科高年级学生以及从事企业管理与市场营销的实业界人士而言，此书应当是比较合适学习和培训的材料。从理论研讨的角度来说，这本书对市场营销、工商管理等专业的学术型硕士以及理论研究工作者具有一定的参考价值。

首先，该书从当代最优秀的企业中精心筛选经典的营销策略作为介绍和研讨对象，并相对完整地阐述其营销策略制定实施的背景、经过和效果，这对于学生和其他研习者体验这些企业在市场营销中的个性风采和魅力，生动而又完整准确地理解相关的市场营销理论，从而提高对市场营销学的学习效果，是大有裨益的。

其次，这些案例涉及许多重要的市场营销理论问题，作者通过对学术文献的检索，对国内外市场营销学者的相关理论研究成果进行了一定的述评，这对于读者在阅读中结合理论的发展对案例中涉及的营销策略和相关的重要理论问题进行深入的理解和思考可以起到较好的引导和促进作用。

最后，作者根据案例的具体内容、策略亮点和国内外相关的理论研究成果，对每一个案例所蕴含的理论价值和现实指导意义进行了挖掘和探讨。其风格和特点在于：一方面从营销理论发展的视角对案例中的营销策略进行总结和点评，把对案例的研究和思考上升到一般的理论高度；另一方面从指导中国企业市场营销实践的需要出发，将理论思考的结论应用到中国企业在市场营销管理中所面临的共性问题和挑战的解决之道的探索中。因此，对500强企业经典营销策略的介绍和理论点评，具有一定的学术和实践参考价值。

尽管本书在某些方面还存在若干需要改进的地方，但是作者立足于务实精神所作的探索，相信能够获得应有的社会效益。希望作者将来在此基础上为读者奉献更多营销案例研究的脍炙人口的作品。

晁钢令

2013 年 2 月

目　录

《阿凡达》：电影营销的神话

一、企业简介

二十世纪福克斯电影公司，是1935年由二十世纪电影公司和福克斯电影公司合并而成立的，是好莱坞的八大电影公司中成立时间最晚的一家公司。该公司制作过《音乐之声》、《星球大战》、《巴顿将军》、《泰坦尼克号》等经典名片。

1984年，来自澳大利亚的传媒巨头鲁伯特·默多克从马克·里奇和马文·戴维斯手中买下二十世纪福克斯，他对电影部门没有做出很大调整，但从派拉蒙公司挖来巴里·迪勒，创建了福克斯电视网。电视网对电影公司的业务拓展有很大益处，如2007年，二十世纪福克斯把极受欢迎的动画电视剧《辛普森一家》搬上了大银幕，市场反应良好。

到了21世纪，对二十世纪福克斯来说，当年轰动一时的《星球大战》仍然大有潜力可挖，新的《星球大战》三部曲全球总票房超过了26亿美元，这家公司的另一套卖座系列电影是《X战警》，因为这套电影的票房呈上升之势，所以新的续集也在筹备之中。二十世纪福克斯的其他卖座片还有《小鬼当家》系列、《独立日》、《荒岛余生》和《博物馆之夜》等。二十世纪福克斯旗下还有两家很有特色的子公司，制作3D动画长片的蓝天工作室和发行独立电影的福克斯探照灯公司。迄今为止，蓝天工作室制作的三部影片《冰河世纪》、《机器人》和《冰河世纪2》都很成功，几乎能够与皮克斯和梦工厂两大动画巨头抗衡，而福克斯探照灯公司则是独立电影业的一颗明星，曾发行过《阳光小美女》等被叫好又叫座的影片。

2009年末，二十世纪福克斯电影公司出品了由詹姆斯·卡梅隆导演的3D巨片《阿凡达》。据报道称，《阿凡达》只用了6周的时间就超越了《泰坦尼克号》的全球票房。《阿凡达》和《泰坦尼克号》这两部为中国观众所熟悉的影片，不仅是由二十世纪福克斯电影公司拍摄的，而且是由同一个导演执导的。《阿凡达》导演詹姆斯·卡梅隆10年前拍摄的《泰坦尼克号》仍在不少中国人心中挥之不去，他的新剧《阿凡达》又强烈地震撼了中国影迷。“你看《阿凡达》了吗?”已经成了和“你好”一样流行的开场白。迄今为止，票房超过10亿美元的电影屈指可数。一部影片上市后赚到10亿美元所用的时间，《黑暗骑士》用了7个月，《泰坦尼克号》用了3个月，《阿凡达》仅用了17天。截至2012年8月，《阿凡达》全球总票房早已超过27亿美元，全球观众超过3.1亿人，卡梅隆成功地改写了自己凭借《泰坦尼克号》创造的18.4亿美元票房巅峰纪录。这是电影史上最新也是最成功的营销神话。

在世界品牌实验室发布的2012年度《世界品牌500强》榜单中，二十世纪福克斯电影公司排名第42位。

二、营销策略

(一) 打造完美的产品

在电影文化上，《阿凡达》开创了一种由3D数码特技和巨幕三大要素构成的新美学，将工业技术和艺术创新充分结合，强化电影在巨大银幕和影院集体观赏过程中的仪式感，在充分利用了最新的电影工业和电影科技成果的基础上，以其深沉的人文关怀、深刻的现实观照和高远的理想情怀，表现生态和谐、宇宙和谐、人类和谐，赋予了丰富的现实意味。观众从中可以联想到环境、气候、战争、基因转化等众多人类面临的问题。从产业的角度看，《阿凡达》是一个大电影产业运作的典型，《阿凡达》的幕后团队有两千多人，其中八百多人是电脑工程师，它促进了电影产业与游戏产业的关联，包括游戏在内的后电影产品开发等，并通过环保、人类危机等诸多议题开展营销。《阿凡达》无疑是2010年最好的影片之一，从视觉冲击到音效、色彩、想象力都很先进，极具冲击力。

1. 锲而不舍做精品

卡梅隆这位导演和其他人不一样，他的要求总是很特别，不但要求领先，还要做第一，甚至要做别人在几年后都没法赶超的那种第一。“我会回来的”，这是卡梅隆在三部《终结者》中经常让施瓦辛格重复的一句著名台词。自1997年《泰坦尼克号》之后，卡梅隆一直在沉寂，事实上，他已经从2002年《指环王2》的特技中看到了其心仪多年的《阿凡达》制作的可能性。此后他亲自研发了可以拍摄出虚拟影像的3D摄影技术（fusion 3D），并深入到海底，投资2亿美元，拍摄了几部关于深海的纪录片，其目的是为《阿凡达》进行试验。花费了14年的努力之后，2009年，“遁世”多年的卡梅隆终于从“潘多拉”星球归来，携超级巨片《阿凡达》重返影坛。正是凭借对电影近乎疯狂的热爱与执着，凭借锲而不舍的坚持，卡梅隆才得以用14年的光景，天文数字一样的投资，取得了电影史上单部电影票房的最高纪录，既实现了商业上的巨大成功，也开辟了3D电影的新纪元，实现了自己的梦想。

在卡梅隆的字典里，从来不会出现“不可能”、“不可行”等词汇。1981年，25岁的卡梅隆第一部导演作品《食人鱼2：繁殖》在意大利拍摄，卡梅隆和说一口意大利语的工作人员相处得并不愉快，而拍摄完毕后，制片方出于对这个羽翼未丰的导演的轻视，不让他参与影片的最终剪辑。在意大利期间，卡梅隆饱受疾病、饥饿的折磨，但他还是用一张信用卡撬开了工作室的门，自己想方设法学会了使用意大利的剪辑机，用几个星期的时间自己剪辑了整部片子。在这个过程中，卡梅隆下定决心一定要制作完全属于自己的电影。因为这种执着，才有了以后一个个战无不胜的票房传奇。

卡梅隆在拍摄《阿凡达》时，追求完美的个性得到了极致的发挥。他曾在工作室夺过特技师的笔，亲自绘制道具草图。在使用3D技术创造的那个奇异的世界中，不仅包括500多种动植物，甚至还有极为精彩的、饱含心血和创意的语言和人物设计。卡梅隆请语言学家为纳威人创造独特的语言，而其塑造的那些身体修长、眼神灵动、造型出色的纳威人更成为电影史上最出色的数字影像。

《阿凡达》的生产从一开始就跟所有电影制作不一样。他们拍电影前做比学术界还认真的研发工作，在技术上则以超越过去一切典范为目标，甚至不惜代价花好几年的时间研究3D技术如何运用在影像拍摄中，在科幻电影中认真研究天文学、星象、神话、动植物及各国语言。更有趣的是导演对待科技时又爱又恨的态度，这种崇尚科技又顾及人道的复杂情绪，让他造就了一个基因合成的“混种人兽”（即阿凡达）。通过有强烈性意蕴但其实更像当代人使用USB来进入网络世界的长尾触须，新混生物种与现实世界之间那既亲又疏的关系，仿佛就是我们在科技世界中通电却又虚又实的身体经验。卡梅隆从不请一线大牌明星，对他来说，那些天价片酬不如用在特效上。卡梅隆的电影90%以上的成本都用在技术和材料上。

卡梅隆说，《阿凡达》的故事来源于他小时候看过的那些流行科幻小说和漫画，他一直想讲述一个在陌生环境里冒险的传统故事。《阿凡达》就是一个经典的拓荒者故事，只不过这次故事的背景被搬到了外星。《阿凡达》让卡梅隆圆了一个儿时的梦，他终于创造了一个属于自己的世界——“潘多拉”。他花费大量心血去创造语言和文化，撰写了一本350页厚的潘多拉百科全书，甚至计算了整个星球的大气密度和重力，从而推估出可能的生活形态、植物和音乐模式，这些努力让这个世界显得真实而可信。除此之外，卡梅隆几乎是用一个外太空人的脑子构思出了整个潘多拉星球的奇异生态，简直是神来之笔，令人拍案叫绝。

2. 为影片选择多元化的现代性主题

在电影《阿凡达》剧本里，卡梅隆（他也是这部电影的编剧）这样写道：“一个世纪后的地球，人口是今日的3倍，达到200亿人。整个地球几乎已被灰色的人类文明覆盖，月球暗的那一面也闪烁着人类都市的光芒。人口过剩，过度开发，老旧的核废料外泄，空气污染，滥砍滥伐……曾经绿意盎然的美丽星球，看起来已跟化粪池没有两样。海洋因过度捕鱼而贫瘠，有毒的废水不断流入，所有的鲸鱼与一半以上的鱼类已经绝种。陆地上，跟本世纪初相比，一半以上的物种已经不复存在，剩下的大多濒临灭绝。人类利用科技上的优势，得以继续生存，但几乎与大自然失去了联系。不再有国家公园，只有越来越多的集合住宅和蛋白质农场。昔日风景如画的国家公园已开发成高级公寓住宅。沿岸海域几乎都被开发为养殖场，因为只有螺旋藻的生产率大到足以养活所有人。”在影片中，主人公杰克在决意率领纳威族人反抗地球人对潘多拉星球纳威族人家园的破坏时对他们说：“看看我们来的地球，那里已经没有了绿色植物。人类杀死了地球母亲，他们来这里要做同样的事情。”在潘多拉星球上，纳威族人信奉灵魂树。决战的前夜，在人员数量、武器装备和战斗经验都处于劣势的情况下，主人公杰克向灵魂树祈祷，希望得到帮助。而纳威族的公主则告诉他，谁也得不到灵魂树的帮忙，“她只是保持物种之间的平衡”。《阿凡达》以环保作为最重要的主题，符合历史潮流。在当今世界，很少有什么别的议题像环保这样能够引起广泛的关注和赞同。这得益于科学家、环保主义者和各国政府多年持续的宣传，使得环保意识深入人心，环保的重要性为全世界各国普通民众所普遍认识和接受。事实上，南美亚马逊河流域的一些环保组织就邀请詹姆斯·卡梅隆加入他们，以扩大他们的影响，而卡梅隆欣然接受。此事在世界环保界传为佳话。总之，环保主题正是《阿凡达》能风靡全球的原因之一。

作为人类永恒的主题之一的爱情，在《阿凡达》中也得到了尽情的演绎。卡梅隆说，“《阿凡达》是一个爱情故事，我要表达的绝不仅仅是铁血和战争。”在卡梅隆看来，《阿凡达》就是一部关于女人，关于人们如何相爱的电影。男女主人公虽然来自不同的星球，不同的文化，但一句“I see you”却成为他们重新审视世界的开始。《阿凡达》中的爱情，也自有特点，这种爱情超越了我们习见的常规的男女之爱，也不仅仅是跨越民族、跨越种族、甚至跨越性别（同性恋）的爱情故事。《阿凡达》的爱情是跨越星球的爱情，是地球人和外星人的爱情。在这一点上，颇有些蒲松龄笔下的人鬼之恋的意境。身为人类的杰克到底是履行自己签署的合约进攻纳威人，或者帮助纳威人反抗人类的进攻？杰克最终选择站在正义的一方，而这也同时意味着站在爱情的一方。男女主人公在战火中考验了对方的忠诚，并最终走在了一起。《阿凡达》的主题曲“I See

You”就是一首令人荡气回肠的爱情的颂歌。《阿凡达》中浪漫的爱情增添了观众心灵深处所期待的一种美感和力量。

从20世纪以来，女性的平等意识和权力意识显著增强。女性主义者主张女性应该从理论到实践，从家庭到社会、从个体到群体、从经济、文化、政治等各个方面实现男女的平等与同权。由于女性主义者的努力，女性的社会地位显著地提高了。这一现状在电影中也有所表现，即女性不是可有可无、供人欣赏的花瓶，而是非常重要的、推动故事情节发展的决定性因素之一。在《阿凡达》中，绝大多数男性角色是把宇宙当成自己的狩猎场，为一己私利不惜与自然为敌；而影片中的女性则几乎无一例外地与自然和睦相处。影片中，格蕾丝·奥古斯汀博士是一个理想主义的植物学家，同时也是主持“阿凡达”计划的首席科学家。她发明“阿凡达”的初衷是想与纳威人沟通，能够有效地与他们和平交往。为达到这一目标，她不辞艰辛，在潘多拉星球上举办了旨在与纳威人沟通的学校教育。在这所学校里，地球人和纳威人是互为师生的：纳威人教地球人纳威语言和他们的文化习俗，地球人教纳威人英语和行为习惯。她强烈反对对纳威人使用武力，为此不惜与为自己科研提供资金的大公司反目。最后，她为了保护纳威人赖以生存的家园，献出了自己的生命。影片中另外一个来自地球的女性楚迪·查肯的表现也令人刮目相看。她是军队退役女飞行员，在潘多拉星球上的身份是一名雇佣兵。其职责是负责格蕾丝·奥古斯汀的科研小组的交通工具——武装直升机的驾驶。在影片中，当自己的直接上级命令她向纳威人开火的时候，她拒绝执行命令，驾机返航。与之形成鲜明对比的是，其他男性武装直升机驾驶员在享受自己使用武力毁坏纳威人家园的乐趣，他们都显得很兴奋。在最后的纳威人与地球人的决战中，她站在了正义的纳威人一方，壮烈牺牲。另外，卡梅隆对潘多拉星球上纳威族人的社会设计上，非常像思想家们描述的母系氏族社会。纳威族中，女性负责和灵魂树沟通，负责传达和解释灵魂树的意旨，在族人中拥有至高无上的权利。而纳威男性，则是服从，绝对地服从。通过这些情节设计，《阿凡达》取悦了那些潜在的、数量可观的有女性主义倾向的观众。自然，第一主角杰克仍然是拯救宇宙的男性大英雄。这样就会使那些仍然有大男子主义思想的观众获得满足。卡梅隆就这样在不同观众群体之间实现了艰难的平衡。当然，效果也是明显的：挑剔的女性主义评论家没有提出批评。

资本家的意志就是资本的意志。这也是《阿凡达》蕴含的人文主题之一。影片中的潘多拉星球，距离地球非常遥远。吸引人类不远万里来到这里拓荒的原因是，这个星球上有一种别的地方都没有的矿物元素“unobtaniu-m”。该矿物元素的开发能够彻底改变人类的能源产业。在电影的开头部分，企业的负责人说：“我们来此的目的，就是要取得每克价值两千万美金的矿山。”资源丰富的潘多拉星球并不适合人类生活，这里的空气对人类致命，本土的动植物都是凶猛的掠食者，但这些也似乎阻止不了人类采矿的步伐。大有人挡杀人，佛挡杀佛，上天下地唯利益独尊的气概。影片中，仍然是前述那个企业负责人说：“杀掉他们不是好主意。但是相比杀掉他们所带来的舆论压力，股东们更在意矿物的产量。”实际上，这个企业在最终决定动武之前，就雇佣了数量庞大的军队精英。这些雇佣兵武器装备精良，远远超过了自卫所需的数量和性能，完全是作战的配置。这就意味着，远在他们从地球出发之初，动用武力就在考虑之列——谈判不能得到的，就用枪炮抢回来。事实上，当电影里面出现伴随着大批武装人员保护，地球人开动那个体积庞大的类似于推土机、挖掘机之类的机器破坏纳威人家园的时候，在世界范围内引起了观众的共鸣，中国的网民和影迷在第一时间想到了近些年来发生在社会上的新闻。这就是一幅城市化进程中的开发商暴力拆迁的经典画面：资本家在国家机器（警察、军队）的保护下，对手无寸铁的无辜群众进行暴力侵权——正义被强权淹没。影片借主人公杰克的口说出了资本的逻辑：“他们可以得到任何想得到的东西，而且没人能够阻止。”对过度追求物质利益导致人的异化的反思，进一步提升了《阿凡达》的立意境界，成为获得观众赞许的又一个重要的原因。

此外，卡梅隆在《阿凡达》的创作中勇敢地摒弃狭隘的欧洲中心主义文明观，尽可能地汲取异域的积极的文化和文明，比如印度的佛教文明和中华文化中的道家思想，从而为电影打上了鲜明的异域色彩，增加了文化魅力和卖点。

3. 用技术打造视听盛宴

卡梅隆说，“立体电影的时代已经到来。”这话极具煽动性和诱惑力。有人说3D、IMAX的使用，就是为了将观众拉回电影院，《阿凡达》是这种技术完美的使用者。索尼、松下、IMAX、微软、Adobe等知名公司的加盟，使得《阿凡达》集合了几乎全部的先进技术：三维建模、数字高清、高速摄影、虚拟摄像、图像渲染，等等。时长160分钟的《阿凡达》，每帧画面平均耗费4万个人工小时，后期制作的时间和成本占据了整部影片的70%以上。诱惑人心的高科技悬念，如不亲眼目睹，就无法想象它的美丽和壮观。

从专业角度上讲，一部视觉大片成功的关键在于形象的塑造生动逼真与否，而这又取决于对CGI技术（电脑成像技术）的应用。从20世纪70年代好莱坞视觉电影艺术大师乔治·卢卡斯在他的《星球大战》（Star War，1977—2005）系列中塑造的“尤达大师”、外星恶棍“贾霸”以及形形色色的外星人开始，CGI技术就成为一个令好莱坞以及各国电影导演为之神魂颠倒的杀手锏。之后，CGI技术参与制作的电影角色在好莱坞大片中比比皆是，从《第三类接触》、《终结者》和《黑客帝国》开始，到《最终幻想》、《X战警》、《指环王》、《星际迷航》、《变形金刚》、《2012》，再到最近的《阿凡达》，好莱坞精明的制片商们都把视觉特效作为一部电影成功的砝码和艺术创新的关键。

卡梅隆介绍说，影片《阿凡达》中有60%的内容、近3000个镜头运用CGI制作。成熟的CGI与3D特效在这部影片中实现了完美的结合，从而给观众带来了非凡的视觉体验。尤其值得一提的是影片中的潘多拉星球土著人——蓝皮肤的“纳威人”的造型设计，他们在身形上十分高大，具有猫科动物一样的形态特征，出色的CGI技术的渲染，使他们在举手投足之间都显得极其真实。在虚拟角色和视觉特效盛行的当代“大片”中，从《最终幻想》中略显呆板的人物表情的尝试，过渡到《金刚》中自然生动的“大猩猩”形象，再到《指环王》中神态与真人无异的“咕噜”，以及《变形金刚》中灵活变形的“机械生命体”，CGI人物表情神态的渲染技术已经炉火纯青，这些都为卡梅隆炮制如此精美逼真的“纳威人”奠定了坚实的技术基础。《阿凡达》早先在伦敦上映时，另一位钟情 CGI 的好莱坞导演史蒂文·索德伯格就曾断言，从此“电影历史将按照《阿凡达》之前和《阿凡达》之后来划分”，正是因为出色的 CGI 视觉特效和三维影像技术，让索德伯格敢于在此大放阙词。CGI 技术的全面成熟和在视觉传达领域的运用，已经使得《阿凡达》不知不觉地开启了一个专属于 CGI 视觉特效的时代。

《阿凡达》在视觉特效上的成功还在于它是一部 3D 电影时代的“独立宣言”。

首先，采用真人拍摄的 3D 特效是影片最大亮点，在所有 3D 电影的历史上，这是给人立体感最强最真实的一部。《阿凡达》被认为是 3D 技术划时代的一部电影，对此卡梅隆坚定地认为，“我相信 3D 技术将成为电影主流。3D 电影可以把观众重新带回影院里，我想用《阿凡达》点燃观众对大银幕的热情，而不是在手机、电脑屏幕上看电影。”通过 3D 技术的应用，将故事情节的展开与高科技结合在一起，《阿凡达》卓越的画质，充满诗意的视觉特效以及电影语言形式上的改革，使其将对今后的电影艺术形式产生深远的影响，而这种信念让卡梅隆充分相信他能够给观众呈现一部“前所未有的 3D 电影”。

其次，影片场景中的每一个层次都以三维立体的方式呈现，3D 版的电影必须配备专门的 3D 眼镜才能欣赏。这种在放映方式上的改革，早期也曾经尝试过，但尚未普及。到了《阿凡达》，真正意义上的 3D 电影给观众带来前所未有的视觉体验：影片中出现的长尾巴、蓝皮肤的“纳威人”、六条腿的似马非马的怪兽、飞舞在天空中的翼龙、用手一碰便会迅速回缩的花朵、受到刺激便会飞旋起舞的蜥蜴、夜晚发出梦幻般萤光的垂柳状植物……通过 3D 眼镜观看，会使观众沉浸在诗一般的梦境中。此外，呈现在观众眼中的 3D 画面几乎都是全景深的，层次感非常强烈，潘多拉从林里游弋的生物与不同景深的环境之间的层次关系非常突出，“泛焦距”的拍摄方式保证了画质的清晰明澈。为了《阿凡达》，卡梅隆专门打出“体验电影”的宣言。这部影片中用 CGI 技术创造的角色在举手投足之间显得栩栩如生、神态各异，使这些地球上不曾存在的“异形”仿佛真的存在过一样，这就是3D时代“虚拟现实”本身的魅力所在。影片《阿凡达》所传达的就是这样的一种体验，戴上3D眼镜欣赏电影的观众仿佛身临其境一般，观众的所有观影体验都那么“真实”，仿佛神奇而善良的“纳威人”和“阿凡达”、如梦幻般美丽的“潘多拉星球”，以及如同仙境一般悬浮在空中的“哈利路亚山”真的存在一样。这样，整部影片就如同一幅动态的中国水墨风景画一般，画面的律动间流动着古老而唯美的乐章，其间穿插着宏大的战争场景与丰富多样的角色设计，使其具有史诗一般的气魄，充分体现了中国传统美学执着追寻的意境之真、诗性之善和“灵境”之美。

再次，观众还可以在不同的景深中与CGI技术渲染的角色、情景进行互动。3D技术的革新，使得当代电影观众获得了前所未有的视觉体验。在《阿凡达》中，观众不只是从银幕上看电影，而且能够深入到那个美妙的世界去跟角色一起体验精彩的冒险，影片中有一段男女主人公驾驭飞龙在“哈利路亚群山”之间穿行翱翔的画面，既惊险刺激又多姿多彩，观众的惊诧体验完全与影片的画面融合一体，如诗一般的异域场景令人叹为观止，流连忘返。

最后，影片《阿凡达》中设置的场景虽然是非现实的，但它却对我们人类所生存的现实环境有着一种艺术化的置换与情境式的再现。目前，人类的文明发展已经走到了瓶颈状态：全球气候持续恶化，环境污染日趋严重，人类急需一种自然和谐的生态环境，于是，“潘多拉星球”伊甸园一般的美景就成为承载人类美好理想的意义“指涉物”与最具审美内涵的图示化“能指”。此外，影片中浮现在空中的“哈利路亚山”据说是以中国黄山为模板、运用电脑特技后期合成出来的，这让观众在领略影片的美景时，也会联想现实环境中的真实存在，这一虚一实之间，凸显了“虚拟现实”的艺术仿真效果，现实与虚拟之间的“互文性”更增加了这部电影的观影乐趣以及意境美。借助虚拟现实艺术的“沉浸性”以及非常成熟的CGI细节渲染技术，《阿凡达》给观众带来了如此美妙的视觉美学震撼。

（二）高效的营销传播

1. 造势营销预热市场

《阿凡达》上映后，其人气火爆上升，以至于达到疯狂，成就了一场史无前例的电影盛宴。这是与运营商的造势营销密不可分的。《泰坦尼克号》、电影大师卡梅隆、号称5亿美元的巨额投资，这些都成为商家刻意放大的关键词。未观其影，已闻其声，铺天盖地的溢美之词已经先入为主覆盖了整个网络空间，由不得人不关注、不动心。《阿凡达》在宣传上下了很大的一番功夫，单是推广费用就达到了史无前例的1.5亿美元。

2009年6月，《阿凡达》联手快餐业对电影进行宣传，《阿凡达》的投资公司福克斯放弃了同好莱坞合作最多、最有经验的“汉堡王”，同麦当劳签订合同。《阿凡达》与麦当劳网站联合开通了一个颇为神奇的网站——上传你的正面照就可以合成出一张变身成为纳威人样貌的图片，并且是伪3D的动态效果。这一招果然极具吸引力，不少影迷跟网站都搞起了“你的纳威人造型”之类的活动，把电影的人气无限抬升，当然这种趣味性病毒营销还是要具备一定的技术实力的。

在2009年7月圣地亚哥动漫展上，卡梅隆表示：“我们要做的是前所未有的事情，这将是一次社会营销的试验。我们将于8月21日在世界范围内的许多3D－IMAX影院和部分3D影院进行放映，我们要让全球的影迷们都能免费观看这15分钟的《阿凡达》片段。这一天将成为‘阿凡达日’。”结果影迷们为线上申请观看《阿凡达》片段的入场券而抢破了头，而《阿凡达》也成为影史上第一部在全球范围影院先期试映片花的电影，并且观众还要正儿八经地拿着凭证去看。

《阿凡达》的营销机构与LG、可口可乐等公司合作的植入式病毒营销也为影片的初期推广立下汗马功劳。LG全新巧克力手机中预存了《阿凡达》预告片，以此充分展现其最大卖点——4寸21∶9超宽高清显示屏的播放效果，将预告片中所展示的外星球的瑰丽世界和大气磅礴的画面完整地展现出来。LG推出的手机电视广告，强调了《阿凡达》影片令人身临其境的立体效果，广告片中的男主角置身影片中，尝试了一回杰克“化身”阿凡达后惊心动魄的冒险。LG还与英国电影杂志《Total

Film》合作，将《阿凡达》的独家片花植入网站，影迷又能如愿以偿地挖掘《阿凡达》最新画面。此外，IPHNOE 和 ITOUCH 还发行了《阿凡达》手机游戏。可口可乐为《阿凡达》专门特意出品了一批空易拉罐，它们被放到 EBAY 网上进行拍卖，3 美元一个，加上运费则是 6.99 美元。而通过这款易拉罐，在可口可乐的专题广告和名为“AVTK”的网站上，消费者能得到更多来自“阿凡达计划”以及潘多拉星球的秘密。原来，可口可乐与《阿凡达》电影营销方一同建立了 www. AVTR. com，这个网站就像是连接电影中出现的潘多拉星球的中间站，你可以看到潘多拉上的实况报道，还可以下载墙纸、玩游戏等。这款易拉罐上有应用 AR 技术制作的“阿凡达”标志。AR 是 Augmented Reality 的简称，译为“增强现实”。就是事先把芯片或代码藏到物体中，然后再把加入代码的物体放到摄像头下，通过对应软件解码后，就能看到隐藏的视频或图像。AR 将真实的环境和虚拟的物体实时叠加在一起。这样，消费者就可以用可乐瓶操控电脑里的一个飞行器。可口可乐的“阿凡达”电视广告里也凸显了这种 AR 体验，一个男孩在用瓶罐激活飞船后仿佛真的也来到了潘多拉星球。全球最大的玩具厂商美泰（Mattel，芭比娃娃的厂商）这次也有革新，像麦当劳和可口可乐一样，美泰也应用了 AR 新技术。该公司推出了 Avataritag. com 的网站，如果你购买了《阿凡达》任一款玩具，便能用玩具里配送的“增强现实卡”（iTag）登录这个网站，再透过网络摄像头便可以感受“增强现实”了。你可以用手触碰卡，就能看到电脑里战机的各种动作变化。

多方位跨界植入式营销，从各个场所将不同的人“拉”入《阿凡达》所展现的世界，对宇宙和潘多拉星球充满想象和神往。当《阿凡达》正式上映的时候，他们还坐得住吗？

在《阿凡达》上映之前，有一个犯罪题材的电视剧集《识骨寻踪》正在热播。2009 年 12 月 3 日播出的一集是完全以《阿凡达》作为主题的：演员台词反复提及“Avatar”，剧集中始终出现的 LOGO、海报，涂着纳威族迷彩的群众演员，甚至《阿凡达》演员之一的乔·摩尔也出场客串。不露声色的润物细无声方式，就把《阿凡达》营销和广告溶入一个电视的故事之中，让人不知不觉接受了关于《阿凡达》的信息，当然就会有去电影院体验的欲望。

新时代的营销不再像以往一样单纯追求对消费者进行信息灌输，而是以媒体的创新、内容的创新、传播沟通方式的创新去征服目标受众。卡梅隆深谙3.0营销精髓，娱乐、互动、新闻、数字化、全方位新媒体，都能玩转，而且堪称大师。媒介报道、院线宣传、路牌广告、网站、论坛、博客、微博……到处充斥着《阿凡达》的消息。电影上映前夕哥本哈根气候大会的召开，简直就是《阿凡达》的预热。电影人物面部表情模拟器、科幻动作游戏、玩具……影片之外资源的开发也非常到位。电影的根本功能就是娱乐。互动、娱乐，一切资源媒体化，这是营销3.0的智慧，也是卡梅隆的成功。二十世纪福克斯高达1.5亿美金的营销攻势，已经将影片确立为一个妇孺皆知的“必看”事件。宣传做到这个份上，该看《阿凡达》的观众都会去看《阿凡达》，即如咱们国内的情形，即使面临诸多强势选择时，如《十月围城》和《孔子》，也不会挪用观众为《阿凡达》准备的财务和心理预算。二十世纪福克斯打造了一个“新颖原创”的营销噱头，将影片定位成“必须到影院体验的电影事件”，令全球观众觉得，如此“新颖原创”的划时代大片，若错失了影院内的3D体验而在家里看盗版，那简直就是暴殄天物，必定会抱憾终生。

《阿凡达》还未上映，其营销者就已提前用各种版本的预告片进行长达半年的宣传。仅预告片就发布了3个不同版本层层推进。2D版、3D版和IMAX版。早在2009年6月，导演卡梅隆在阿姆斯特丹电影节扔下“重磅炸弹”，公布了《阿凡达》长达24分钟的片花；随后的7、8月，又相继发布了15分钟片花及IMAX影院的16分钟片花。《阿凡达》未映先火，其片花在各大网站的点击量一路狂飙。卡梅隆努力诱导影迷去了解电影，加入剧情。业内人士称，《阿凡达》营销者突破以往电影以透露剧情为主的思维定势，引发不少影迷在不同版本片花间相互比较、衡量、分析、猜想剧情几乎到了极致的程度。这种地毯式的片花轰炸，取得了预期的效果。据媒体报道，在2009年8月21日预告片正式发布时，网站十分钟内就被访问到瘫痪，仅仅三天，此预告片的浏览量就达到创纪录的400万次，不少看过预告片的用户，甚至飞到香港抢先观看。而不少看过2D甚至3D版《阿凡达》的影迷则表示“一定要看看IMAX版本的电影”，“看多少遍都是一种享受”。由于2D屏幕效果不如3D，二十世纪福克斯甚至自掏腰包送票给观众，希望更多人通过预告片来了解该影片，感受《阿凡达》里用3D技术特效营造的潘多拉星球，带给观众无与伦比的视听享受和审美体验。

2. 饥饿营销引爆市场

《阿凡达》之所以如此火爆，在很大程度上是因为利用了人们的好奇心，以及饥饿营销手法。饥饿式营销是指商品提供者有意调低产量，以期达到调控供求关系、制造供不应求“假象”、维持商品较高售价和利润率的目的的一种营销方式。表面上，饥饿营销的操作很简单，定个叫好叫座的惊喜价，把潜在消费者吸引过来，然后限制供货量，造成供不应求的热销假象，从而提高售价，赚取更高的利润。实际上，《阿凡达》饥饿营销的成功是经过精心策划而取得的。

1995年春，一篇82页的早期剧本成形了：一名瘫痪的军人来到遥远的名叫“潘多拉”的星球上……这便是《阿凡达》的故事雏形。导演詹姆斯·卡梅隆兴奋地在他自己的特效公司“数字领域”工作会议上陈述了这个构想，“这将是一部超越《星球大战》的电影。”对于那些恨不得整天装个摄像头观察卡梅隆一举一动的影迷而言，这个细微举动已是一个在小范围内令人雀跃的消息。然而，后来10年间，不紧不慢的卡梅隆，完全没有投拍《阿凡达》的动向，口风几经改变，先是号称要套拍之前亲自执导的电视剧改编的电影版《战役天使》，又未拍先宣誓，号称要给《阿凡达》拍摄至少两部续集。后来，他干脆对外宣布，以现在的电影技术根本不可能完成《阿凡达》这样的电影。

随着时间的推进，当影迷开始渐渐淡忘了《阿凡达》的时候，在2006年7月，二十世纪福克斯公司突然宣布，将拍摄《阿凡达》电影，并计划在2008年的暑期档上映。这个消息勾起影迷对《阿凡达》的记忆，也让他们再度兴奋起来。然而，在福克斯宣布拍摄《阿凡达》整整一年之后，都没有人见过《阿凡达》的真实场景。原定的2008年暑期档更是没有《阿凡达》的踪影。只在2008年原定要上映的时段，福克斯扭扭捏捏地抛出了一系列构思概念图。而在2008年底，要发布的预告片也再次搁浅，福克斯只以一张片场照敷衍大众了事。这让影迷们被勾起的好奇心受到打击，也让影迷越来越对《阿凡达》充满期待。

终于在到2009年6月，卡梅隆带着《阿凡达》亮相了。他选择在阿姆斯特丹电影节，公布了《阿凡达》长达24分钟的片花。对此片渴盼已久的影迷们第一次在大银幕上得以一窥那个神秘外星人的“芳容”，反响十分热烈，媒体上也几乎是一边倒的叫好声。整个好莱坞更是跟着炸开花了，影迷们奔走相告：《阿凡达》这次确实来了。14年的等待，让影片的热情在2009年8月21日爆发出来。这一天被二十世纪福克斯确定为全球“阿凡达日”，在美国101家IMAX巨幕电影院及其他50多个国家和地区的238家电影院的超过400块银幕上放映了约15分钟的《阿凡达》精彩预告片。当天，福克斯网站仅十分钟就被访问到瘫痪，而在3天内，此预告片的浏览量就达到创纪录的400万次。随后，《阿凡达》在全球掀起的热潮就有目共睹了。

《阿凡达》上映日期的选择也为饥饿营销的成功提供了必要条件。每年1月份在美国影市是传统的“年度弱片倾销市场”。卡梅隆之所以把《阿凡达》的上映档期定于12月正是考虑了“一直到整个1月份都不会有太强的竞争对手”。档期的排定本应是发行商与放映商之间的博弈，导演很难有发言权。可是，由于卡梅隆本人“导演实力”的强势，外加影片的强势，发行与放映之间的钟摆便自然摆向了“强势之平方”的卡梅隆，令其得以随心所欲地锁定一年中最适合其产品的理想档期。当年的《泰坦尼克号》就是如此，其总票房的绝大部分均来自于1月份。《阿凡达》在中国正式上映时，国内电影市场上主要是国产片在扎堆上映，根本没有外国大片与其抗衡。由于巨幕数量有限，被吊足胃口的影迷乃至许多没进影院的消费者在影剧院售票口彻夜排起了长队，以先睹《阿凡达》为快。在中国大陆，买一张《阿凡达》IMAX－3D电影票比买张春节回家的火车票还难。上海一位母亲为给儿子买票，天寒地冻中彻夜排队等候；许多大城市出现了黄牛党囤积居奇、高价的倒卖现象，一张

100 元的电影票被炒到了 1000 元；东莞 IMAX 影院被连续地放映弄“瘫痪”了。据统计，《阿凡达》在中国大陆影院的热映为该片贡献了六分之一的国际票房。

3. 口碑传播扩大市场

口碑的力量有两个重要来源，一个是产品本身（好产品会带来好的口碑），另一个是做产品的人（以前一直做好产品的人，其推出的新产品也容易被市场接受）。导演卡梅隆本人就是《阿凡达》的最大卖点之一。在《阿凡达》正式上映之前，只要有卡梅隆出现的地方，他和《阿凡达》一起就是媒体关注的焦点和话题中心。《阿凡达》的导演詹姆斯·卡梅隆无疑是当今最引人注目的导演之一，在《阿凡达》之前，他曾经两度创造电影投资的最高纪录，拍摄过一部世界上有史以来最卖座的影片，平了一部影片获得奥斯卡奖数目的纪录，并且每一部影片都为以后的电影树立了技术的标杆。詹姆斯·卡梅隆拍过多部创造票房奇迹的鸿篇巨作，《泰坦尼克号》、《异形 2 》、《真实的谎言》、《终结者 2》等。其中，1997 年拍摄的《泰坦尼克号》让詹姆斯·卡梅隆无与伦比的票房感召力得到了体现。《泰坦尼克号》推出 3 个月后，全美票房收入高达 4.7 亿美元，而国际票房更是超过了 18 亿，使这部影片成为了最卖座的影片之一。这部影片还获得了 14 个奥斯卡奖的提名并获得了其中的 11 个奖项，詹姆斯·卡梅隆也因此获得了第 70 届奥斯卡最佳导演奖。在颁奖晚会上，卡梅隆近乎疯狂地举起奥斯卡奖杯，大声说出片中的著名台词：“我是世界之王!”在好莱坞同行看来，卡梅隆是一个偏执狂和烧钱的机器，然而在很多普通影迷眼里，这些指责完全无关紧要，当《阿凡达》带着“影史票房冠军导演历时十几年精心打造的力作”的桂冠高调亮相时，也一并带来了无数观众对《阿凡达》的期望，于是《阿凡达》能否超过《泰坦尼克号》的票房便顺理成章地成为电影的传播话题。卡梅隆无疑已经成为世界电影的一个品牌，不管他做什么，拍什么都能引起关注。这就是口碑力量的一种表现。

《阿凡达》正式上映之后的确征服了大多数观众，其中包括电影界同行、电影评论家、非电影界文化名流、消费者意见等。在中国大陆，除了电影导演陆续对《阿凡达》发表观后感之外，中国电影行业协会还专门组织各方面权威人士对《阿凡达》的热映进行了讨论，专家们的观点公开发表在《电影评论》等杂志上。在普通观众当中，先睹为快者的感受和评论通过人际传播对广大潜在观众产生了重要影响。国内有几家网站专门就普通观众对《阿凡达》的评价进行了统计（如表1）。统计显示，《阿凡达》在观众评价中的平均得分是相当高的，其中50%的网站上给出最优评价者的比重超过84%。

表1　　国内几家网站用户对《阿凡达》的评价

网站	评价者	评分	满分	总评价人数	给出最优评价者的比重	截止日期
豆瓣网	用户	9.2分	10分	76779	67.70%	2010年1月22日
票房MOJO	用户	A—	A	4193	84.70%	2010年1月22日
IMDB（互联网电影数据库）	用户	8.6分	10分	157587	51.34%	2010年1月20日
腾讯网	网友	4.8分	5分	74881	91.01%	2010年1月22日

豆瓣网上一位名叫“盆儿友”的网友开展的一项问卷调查亦印证了口碑传播在成就《阿凡达》中所起到的重要作用。其调查结果显示，在收到的83份有效问卷中，分别有45人和41人了解《阿凡达》的途径，包括了“现实生活中朋友”和“网络中用户”。并且有34人与20人分别认为“现实生活中朋友推荐”与“网络中用户推荐”是促其走进电影院的重要因素。虽然观众对“现实生活中的朋友”与“网络中用户”间的信任程度不同，但“现实生活中的朋友”与“网络中用户”相对于“点对面”的大众传播途径而言，皆可归为口碑传播途径。由此可得出结论：口碑传播途径既是观众了解《阿凡达》信息的重要途径，亦是促使其走进影院的重要因素。对于“观影后感受”这一问题，调查显示有47%的被调查者选择“力荐”，42%的被调查者选择“推荐”。这两类评价均属好口碑之列。调查结果还显示，有3位被调查者2009年在观看《阿凡达》之前从未去过电影院，其中2位之所以到电影院观看《阿凡达》，主要是受到朋友或网络用户的推荐。

成功的口碑传播，其口碑点都是可验证的凭据。《阿凡达》里面有很多可验证的凭据。比如，所有的“阿凡达”和“纳威人”（电影中的动画人物）都看不出动画痕迹，完全和真人一模一样。3D技术的大量应用使得电影被划分为《阿凡达》之前的电影和《阿凡达》之后的电影；可以让你体会到真切的飞的感觉；不仅仅是技术的炫耀，它会让你动感情……可以说，从电影的第一分钟开始，观众就开始体验之前听到过的种种情境。这种可验证的凭据最厉害的地方就在于，它能够让消费者自动成为下一个口碑传播的意见领袖。

（三）科学而大胆的战略谋划

1. 冒险精神

很多人认为卡梅隆在制作电影过程中动辄耗时数年、投资几亿美元地“烧钱”是在冒险。对此，卡梅隆说：“不管大制作还是小成本，都是要冒险的。”早在1990年，卡梅隆拍《终结者2》的投资轮翻上升，最终达到了1亿美元，创造了当时的最高纪录，超出了他制作公司“Carolco”的承受限度，导致这家公司破产。当年二十世纪福克斯电影公司为《泰坦尼克号》豪投1亿多美元，首映周只拿到不足3000万美元的票房，高层决策人员差点去自杀。在拍摄《阿凡达》时，福克斯公司干脆拿出一份预算控制协议，称如果制作成本超过3亿美元，卡梅隆就必须让出自己的一部分盈利分成，然而卡梅隆丝毫不以为然：“一个电影人最大的风险，是不愿意冒险去拍一部和别人不同的电影。”正是他的冒险精神使得《阿凡达》这部号称史上最贵的电影才得以与观众见面。

对各种极限的挑战和未知世界的探索，使卡梅隆成为了名副其实的探险家。比如2010年他的生日更是在贝加尔湖1600米深的湖底度过。他甚至推动NASA在下一颗火星探测器上安装3D摄像机。他的这种冒险精神在片场里得到了印证。如果演员或是工作人员早点知道他的冒险精神，就不会说出像“不可能”、“不可行”等词汇，因为这些将直接导致卡梅隆的震怒和咆哮。在卡梅隆看来，“不可能”等词语会让他自己很紧张。“对我而言，竭尽所能完成自己所渴望完成的事情，这是职业道德。可能是因为我总觉得自己不够好，缺乏安全感。有那么多我自小景仰爱戴的导演现在还在拍电影，他们的作品又是那么的伟大，而我总想要和他们一争高下。所以我总是逼问自己是否把每个细节都考虑到了，是否能拍出更好的画面。”

“大多数人只知道我是一位电影导演，但实际上，海洋和探索的梦想才永远是我生命中最大的动力。”这是卡梅隆成功下潜深达10898米的马里亚纳海沟底部后的感受。电影需要想象力，而卡梅隆身上强烈的探险精神无疑对他的电影具有很大的帮助。比如在深潜海底的同时，他能真正体会到电影里人物才有的孤独感和绝望感；他还同时利用他自行研制的拍摄设备在深海进行他的电影技术实验。

正是这种勇敢无畏的冒险精神让卡梅隆最大限度地保持了对未知事物的好奇心和对各种困难的挑战意识，而这既是卡梅隆取得成功的重要原因，也是卡梅隆独特的个人魅力所在。

2. 利用全球电影产业链优化资源配置

(1) 投资主体多元化

尽管卡梅隆是好莱坞著名的烧钱大王，他导演的《终结者》投资超过1亿美元，而1990年代导演的《泰坦尼克号》更是超过2亿美元，但《阿凡达》高达5亿美元的投资依然令二十世纪福克斯和卡梅隆都有些心惊胆颤。福克斯公司自然不能完全承担《阿凡达》5亿美元的巨额投资，向银行贷款也不是那么容易的。最终，福克斯公司采取通过在全球寻找私募基金和避险基金战略投资方的方式分散投资风险。在好莱坞电影制作中，这种目前比较普遍的第三方股本融资方式，已经改变了好莱坞以往主要透过贷款融资的状况。据估计，在好莱坞有超过30%的制片成本现在是通过第三方股本融资。而《阿凡达》5亿美元投资中只包括福克斯所在的新闻集团投入的1.5亿美元，约占影片总投资的30%，主要用于影片的营销，其中还有相当一部分用于对新闻集团旗下的广告资源的使用。其余60%的投资，则由两家PE公司——Dune Entertainment 和 Ingenious Media 承担。同时，二十世纪福克斯为了降低投资风险和控制成本，在电影开拍前与卡梅隆签署了一份成本控制协议：如果成本超过3亿美元，卡梅隆就要先让出自己大部分的盈利分成，回收的资金会先分给福克斯和几家投资公司。

(2) 尽量节省技术开发成本和人力成本

与此同时，由于《阿凡达》是一部采用了大量高科技的影片，技术研发的费用是非常高昂的，因此该片还采取了同索尼、松下、三星等电子巨头及其他一些高科技公司合作开发技术（包括 3D 技术）以降低投资成本的方式，如松下公司就为电影提供免费的技术支持，并在其家庭影院营销中捆绑宣传《阿凡达》。卡梅隆证实了这种技术支持，“2008 年我和松下共同组建了一支队伍，将自己对未来娱乐行业的理解进行了全新的演绎。松下作为家电企业，创造了新技术标准，从他们的家用 3D 影像中可以感受到松下的卓越技术，我有机会亲身感受了松下全高清 3D 技术，他们的技术很出色。”松下的技术支持降低了《阿凡达》技术开发过程中的资金要求，间接为影片提供了资本。

《阿凡达》制作环节的投资是 3.5 亿美元，占整个影片投资的 70%，超过了此前任何一部好莱坞大片的制作、营销等费用的总和。然而，巨额的制作费用并不意味着《阿凡达》是在烧钱。事实上《阿凡达》通过全球电影制作资源的整合来实现成本控制、投资与制作的最佳整合，从而成为充分使用全球电影产业链中比较优势以完成优秀制作的范例。在主创人员环节，卡梅隆在好莱坞的成功使他在《阿凡达》中可以很大程度支配电影的整个制作过程，这意味着卡梅隆导演品牌将是这部电影重要的市场号召力来源，而技术则是这部影片市场号召力的另一个来源，正如詹姆斯·卡梅隆所说，“我要的就是技术革新”。因此《阿凡达》主创人员并没有使用好莱坞那些虽然具有市场号召力但却是天价的明星，卡梅隆导演的影片也从来不请当时的一线巨星，都是找一些新人（当然都是很优秀、很有天赋的演员），将人力的成本节约用于技术的投资。与卡梅隆一起打造《泰坦尼克号》和《阿凡达》的制片人乔恩·兰道证实：“卡梅隆影片 90%以上的成本都是技术和材料。因为观众关心的是视觉而不是表演，卡梅隆很清楚他需要什么。”

(3) 选择政策优惠的地点

影片的拍摄地点则选择了考艾岛，夏威夷，洛杉矶，加利福尼亚，新西兰与欧胡岛等地，虽是电影故事发展的需要，但也有电影成本方面的考虑。尤其是新西兰之所以被选择作为该片最主要的外景地，就是因为新西兰政府通过多种优惠政策吸引海外电影将新西兰作为外景地，以促进新西兰的电影制作业、旅游业等的发展，而《阿凡达》选择新西兰作为外景地自然会降低其成本。

影片采用了大量全新3D立体制作技术，实现了电脑合成（CG）与真人表演的完美融合。根据《阿凡达》演职员表，为影片提供各种特效技术支持的有近30家公司，这些公司来自于美国、英国、加拿大、印度、法国、新西兰等。这些公司曾经为多部高科技含量的知名影片提供过视觉特效、音响等方面的技术，它们加盟《阿凡达》的制作，为《阿凡达》提供了音效、动画与视觉效果、CG特效、3D摄影机、3D制作技术、模型、CGI角色制作、外语部分的后期混音制作、纳威人的动作和表情捕捉等众多技术支持。这些公司还有一个共同点：它们都来自为吸引全球电影制作提供政策优惠的国家或地区，如加拿大、新西兰、英国、法国、印度等，或者来自于美国为吸引好莱坞电影制作而采取优惠财政、税收支持的州。这些公司不仅为《阿凡达》提供了全球电影产业链上最具竞争力的技术支持，也因为政策、老店铺内管理成本和汇率等方面的原因在一定程度上降低了影片高技术投入的成本。如新西兰的“维塔数码”（Weta Digital）为了给《阿凡达》的特效赶工，在最高峰时雇用了900人，建立起了一个来自新西兰、欧洲和北美众多特效高手们所组成的团队。更重要的是新西兰政府赋予了该片在进行电脑特效制作中以巨额的GST退税。《阿凡达》的制片人在接受采访时表示，他们之所以选择到新西兰进行电影特效制作，正是看中了这里的高额消费税退税。由于电脑特效成本不菲，所以他们获得的退税也相当可观。据披露出来的数字，总投资达3.07亿新西兰元的《阿凡达》在新西兰总共获得了4500万纽币的GST退税。从这一点判断，《阿凡达》制作方应当是在会计方面几乎将所有的制作成本全部计入了在新西兰的开支，从而极大地节省了成本。

3. 全球化思考，本土化营销

卡梅隆清醒地认识到全球化营销在《阿凡达》全球票房中的作用

(1.5 亿美元的营销费用主要用于《阿凡达》在全球的推广),“我的《泰坦尼克号》和《真实的谎言》都没有(利用玩具、游戏等副产品)大肆宣传,当然现在所有人都知道宣传的重要性,这次我们就制定了非常大胆的全球宣传方案。”《阿凡达》既通过与全球化公司合作来实现全球性营销,也根据具体电影市场采取与本土合作的方式实行差异化营销,但这整个营销过程则都是通过全球电影甚至超越电影及媒介产业之外的全球产业链进行的,《阿凡达》营销除了影院阵地,电视、网络乃至家电都成为《阿凡达》的营销传播渠道。影片通过本土化营销策略实现全球产业链战略。在日本,《阿凡达》广告由人气女星加藤小雪出镜代言,并可以看到不多的《阿凡达》画面;《阿凡达》还将在松下的支持下搭载蓝光光碟推出家庭版,松下与《阿凡达》的合作是独家性质的,只有用松下立体电视机才能看出真 3D 效果。在中国,2009 年 11 月中旬,福克斯与中国专业电影推广网站时光网签订了官方指定推广相关协议。从 11 月中下旬,时光网开始了一场为《阿凡达》量身定制的“三部曲营销大戏”。时光网副总向明介绍说,“我们是专业电影推广网站,本身拥有 300 万会员,这其中很多都是活跃用户,我们特别制作了《阿凡达》宣传网页,设定为当点击率超过 1000 万时,网页会自动开启,于是众多影迷为了早日看到网页而在朋友之间竞相传播并一起疯狂点击,每一次点击都是一次对该影片的认知和宣传。”在中国影迷的热情捧拥之下,仅用了 8 天网页就被点开了。“类似点击打开网页的方式,我们还设定了网友集体拼画,当足够多的网友参与拼成一幅指定的卡梅隆电影图片后,即会出现《阿凡达》海报,这种互动式营销又一次增加了对人们的传播营销。”时光网特意推出不可修改形式的公正性影评以及实时影讯,促使人们去购买电影票。此外,时光网还发动了其在全国众多院线的合作力量,发起周末 3D 版《阿凡达》全国各大影院网络抢票活动,即在规定时间内,网友可登录其网站,然后预订座位。当订票活动开始后,仅仅几秒钟内,数千张电影票在瞬间被抢购一空。时光网根据剧情推出了互动游戏,通过游戏,将会激发人们进一步传播《阿凡达》的连锁效应——许多还没有看过该影片的人会因此走进电影院,还有不少影迷则被激发了二次消费欲，即在看过普通2D版后再看3D版或IMAX-3D版。麦当劳在中国还推出六款相关玩具，玩具均为电影中的角色，有苏杰克、奈蒂莉、迅雷翼兽、灵鸟等。随着各种形式的本土化营销活动在世界各地的展开，《阿凡达》成为世界各地观众关注的焦点话题和追逐对象，融进了许多老百姓的文化生活。

三、理论价值与现实指导意义

(一) 已有的理论研究

与本案例关系最密切的理论主要有：营销哲学、口碑营销理论、整合营销传播理论。在本书的其他案例中，已经对整合营销传播理论的研究现状做过介绍。此处主要对营销哲学、口碑营销理论进行述评。

1. 关于营销哲学

"营销哲学"这个词汇最初是在20世纪50年代中后期出现的。当时美国市场营销协会、美国管理协会等机构组织了对"营销哲学"、"市场营销观念"的学术研讨。1960年西奥多·莱维特（Theodore Levitt）在《哈佛商业评论》上发表著名的论文——"市场营销的近视症"，指出："一个行业是满足顾客需求的过程，而不是生产产品的过程，使每个企业家明白这一点是至关重要的。一个行业始于顾客和满足顾客的需求，而不是始于某种专利、某种原材料或销售技巧。如果了解了顾客的需求，产业的发展就应由此开始。"菲利普·科特勒认为企业的营销哲学经历了"由公司主导转变为市场主导"的历史发展过程。他说："用什么哲学思想来指导公司的营销呢？如何摆正组织、顾客和社会三者的利益关系呢？实际上，社会中存在着多种竞争的观念，这些观念包括：生产观念、产品观念、推销观念、营销观念、顾客观念和社会营销观念。"（Philip Kotler，2006）

生产观念是商业领域中最古老的观念之一，它认为消费者喜欢那些随处能够购买到的、价格低廉的产品。生产导向型企业的管理层总是致力于提高生产效率、实现低成本和大众分销。产品观念认为，消费者喜欢那些具有最高质量、性能水平或富有创新特色的产品。在奉行这种理念的企业里，管理人员总是生产优质的产品，并不断地加以完善。但是，产品观念有可能使企业患上“市场营销近视症”——过分迷恋自己的产品，忽视顾客需要和竞争，从而被市场淘汰。推销观念认为，如果任其自然发展的话，消费者和组织用户并不会足量购买企业的产品，因此，企业必须主动推销并积极促销。

市场营销观念是在20世纪50年代中期出现的，它主张企业的市场营销活动应当从目标市场出发，而不是从企业出发，实现组织目标的关键是在面向目标市场创造、交付和沟通优异顾客价值的过程中比竞争对手做得更好、更有效果。西奥多·莱维特（1960）曾形象地对推销观念与营销观念进行了比较：“推销观念注重卖方的需要，而营销观念则注重买方的需要。推销观念以卖方的需要为出发点，考虑的是如何把产品变成现金；而营销观念考虑的则是如何通过产品以及与创造、交付产品和消费最终产品有关的所有环节来满足顾客的需要。”

社会营销观念产生于20世纪70年代，它认为，市场营销的影响不仅涉及企业和顾客，而且涉及社会，因此，组织的任务是确定诸目标市场的需要、欲望和利益，并以保护或提高消费者和社会福利的方式，比竞争者更有效率、更有效果地向目标市场提供所期待的满意水平。社会营销观念要求营销者在营销活动中要充分考虑社会与道德问题，必须在企业利润、消费者需要的满足和公共利益这三者之间求得适当的平衡。

进入21世纪以来，市场营销环境中出现了新的趋势和力量，它们正在促使一些领先企业接纳一套新的理念和实践方式。实际上，当今最好的营销者已经意识到必须超越传统的营销观念，采用一种更富有整体性、更富有关联性的方法来开展自己的营销活动。在这种背景下，菲利普·科特勒于2002年出版了《营销动向：利润、增长和更新的新方法》一书，中文版译为《科特勒营销新论》。他在书中打破其创立、传播并给其带来国际声誉的经典范式，提出了营销的新范式，即“全面营销”（holistic marketing）的动态概念（有的翻译为“全方位营销观念”）。营销新范式改变了旧经济的逻辑，企业在“先感应后回应”的模式下进行竞争。全面营销观念系营销新范式的核心理论，其起点是个别客户的需求，重心是客户价值、企业的核心能力和合作网络，手段是资料库管理、可联结协力厂商的价值链，通过掌握客户占有率、顾客忠诚度和客户终生价值来获得利润。

菲利普·科特勒和凯文·莱恩·凯勒于 2006 年、2009 年又对全面营销观念的内容进行了更新和完善。这是营销哲学在 21 世纪的最新发展。全面营销观念是以开发、设计和实施营销计划、过程及活动为基础的，但同时也深刻地认识到上述营销计划、营销过程和营销活动的广度和彼此之间的相互依赖性。因此，在营销实践中每个细节都是特别重要的，必须采取广泛的、整合的视角来规划和实施企业的市场营销活动。根据科特勒和凯勒的概括，全面营销包含四个关键要素：关系营销、整合营销、内部营销和绩效营销。

关系营销就是要与关键的利益相关者建立起彼此满意的长期关系，以便赢得和维持企业的业务。关系营销中包括四个关键的利益相关者：顾客、员工、营销合作伙伴（渠道、供应商、分销商、经销商和代理商）、金融领域成员（股东、投资者、分析者）。关系营销的最终结果，就是要建立起独特的公司资产——营销网络。一般而言，营销网络包括企业以及为其提供支持的利益相关者——顾客、雇员、供应商、分销商、经销商、代理商和大学研究人员等，企业与这些利益相关者之间的关系是互惠互利的商业关系。

关于整合营销，科氏和凯氏认为，营销者的任务就是设计营销活动和整合全部营销计划，为消费者创造、传播和交付价值。营销活动包括多种形式，许多营销学者对营销活动的类型进行了总结，提出了市场营销组合的概念。如麦卡锡提出 4P 营销组合，罗伯特·劳特伯恩 4C 营销组合，Chekitan S. Dev 和 Don E. Schultz（2005）提出的 SIVA 组合，等等。科特勒和凯勒认为，整合营销一般包括以下两大主题：（1）通过不同的营销活动沟通和交付价值；（2）在有效协调的情况下，实现各项营销活动的综合效果的最大化。也就是说，营销者在设计和执行任何一项营销活动时都必须全盘考虑。随着互联网和电子商务的普及，将网络营销活动与线下营销活动进行有机结合，是当今大多数企业在设计和实施整合营销战略时必须考虑的重要问题。

内部营销可以确保组织中的所有成员都坚持适当的营销准则，尤其是高层管理人员。内部营销的任务是雇用、培养、激励那些想要为顾客提供好的服务而且有能力这样做的员工。聪明的营销者已经认识到，内部营销是同样重要的，有时甚至比外部营销更为重要。在企业员工没有准备好提供优质服务之前就向顾客做出承诺，是毫无意义的。

全面营销中的绩效营销一方面关注营销者的财务责任，另一方面关注营销者的社会责任。就前者而言，营销者要重视营销活动和营销计划对企业收益的影响，不仅要立足于品牌建立和顾客基础的增长来评价其投资回报水平，而且也应该从财务与利润的视角来评判其投资回报水平。就后者而言，营销者必须从广义的视角认识和理解自己在道德、法律和社会环境下的角色，即奉行社会营销观念。

营销哲学的不同形态之间既有出现时间上的先后顺序，又有内容上的新观念对旧观念的否定、继承与创新，折射了不同的社会历史条件和营销环境下的营销规律及其对企业营销管理者的要求。

中国学者在介绍和阐释西方营销哲学的同时，也提出了自己的观点。周晓光（2005）认为，市场营销学可分为实践营销学、理论营销学和营销哲学，首次提出“营”和“销”的矛盾是营销的基本矛盾，营销哲学中不存在科学和艺术的划分，“4P 范式（正题）——［RM 范式（中介）］——4C 范式（反题）——全新的营销范式（合题）”是营销范式形成的第一个营销范式周期，4P 可以减为 3P（将渠道和促销合并，前者代表物理上的分销，后者代表心理上的分销），整体性、自动性和持续性是营销的 3 个本质特征（注：RM 范式即关系营销范式）。

李玉祥（2007）提出了和谐导向营销哲学的概念。和谐导向营销哲学是以追求企业营销系统和谐发展为根本价值观，以及在此价值观指引下形成的营销方法系统。和谐导向营销哲学的主要思想内容包括：（1）企业的营销系统内部的各种要素都是相关的，且存在一种系统目的意义下的和谐机制。和谐营销的目的就是使系统由不和谐逐步趋近和谐的状态。（2）营销系统的和谐度成为评测营销有效性的根本标准。

(3) 营销系统的和谐分为四种：内部技术和谐、内部精神和谐、外部技术和谐、外部精神和谐。内部技术和谐指营销系统内部资源配置最优化；内部精神和谐指营销系统内部人员的目的和企业的目的相容，形成同一的合力；外部技术和谐是指外部营销资源利用最大化；外部精神和谐是指与营销系统外部的相关因素共生，形成和谐的企业发展环境。(4) 这里所说的营销方法系统是指为实现企业营销和谐状态所采用的各种方法策略的整合，具有整体性，系统性，实用性和权变性。

鲍盛祥（2006）用系统观点对营销哲学的演变进行了分析，认为一定的营销哲学是一定的社会经济运行的产物，它不是一成不变的，会随着社会经济的发展而不断演变。他将企业营销看作一个系统，并将营销系统分为五个层次，并指出营销的系统层次与相应的营销哲学之间具有对应关系（如表 2）。营销哲学的发展正是不断扩大认识的系统层次的过程。

表 2　　营销的系统层次与营销哲学之间的对应关系

系统层次	营销哲学
企业内部销售职能	生产观念
企业整体	产品观念与推销观念
企业 + 顾客	市场营销观念
企业 + 相关利益者	关系营销、整合营销、合作营销、价值链营销等
企业 + 社会 + 自然	绿色营销、文化营销、系统营销

在营销哲学的研究中，部分国内学者汲取中国传统文化中的中庸思想，提出了中庸营销观念。吴健安（1999）认为，营销学的中国特色，主要体现在社会制度和文化传统方面。珍视历史文化遗产，对于儒家伦理思想中道德行为的最高标准——中庸之道必须正确理解。将它恰当运用于营销之中，能使企业营销组合最优化，企业的营销活动处于最佳状态。洪梅（2006）认为，中庸实际上是一种和谐的平衡思想，可以此为指导应用干营销学理论观念中。她分析了市场细分中的中庸思想，营销环境特别是政治环境中的中庸思想，传统营销与网络营销之间的中庸思想以及众多营销策略整合过程中的中庸思想，指出把握好和谐的平衡是

进行营销活动制胜的法宝。耿建涛、李志勇（2006）将中庸思想与绿色营销结合起来进行研究，指出中庸之道是企业实施绿色营销的理论基础和指导思想。张鹏飞（2009）指出，追溯儒家文化的“中庸之道”，可使中国现代公共关系的理论和实践充分弘扬华夏民族文化中“关人情、重伦理、尚道义”的优秀传统，并在市场经济的有利条件下，将中国传统优秀文化与公共关系的基本精神加以融合，以建构出具有中华民族特色的公关营销学体系。

上述中国学者对市场营销哲学的研究分别展示了不同的研究视野，在一定程度上丰富和深化了营销哲学的理论成果。

2. 关于口碑营销

西方学者对口碑营销的研究始于20世纪50年代。

Asch. B. E第一次用科学实验揭示了以口头传播为基础的“三人成虎”的社会从众心理（Asch，1956）。一年之后，Brooks Jr. 和Rohcrt C. 在市场营销杂志（Journal of Marketing）上发表了营销学界第一篇强调口碑在新产品销售中的作用的学术论文（Brooks Jr. 等，1957 ）。此后的近10年间，几乎没有关于口碑的营销论文发表，但是科特勒在他有名的市场营销教科书《营销管理》中指出，“广告作为一种自助式的影响人们的因素，可能没有人际之间直接的交流来得重要”（Kotler，1967）。20世纪80年代，营销学者们将口碑作为新产品扩散模型中的一个变量加以研究。自90年代开始，在“客户关系管理”和“顾客忠诚”这两个研究议题范围内，学者们对与口碑有关的问题进行了相当多的研究。这为口碑营销研究的新突破奠定了基础。

随着互联网的兴起，口碑研究的内容发生了新变化，对于互联网环境下、虚拟社区中的口碑研究逐渐成为口碑营销研究中最热门的领域。Geth 和 Johnson（1995）指出，通过互联网所进行的信息沟通与交换也是口碑传播的一种形式，即“网上口碑”。Kim 和 Lee（2001）指出，网络口碑是“经验丰富的消费者向经验较少的消费者传播口碑，包括正面和负面的口碑信息；经验较少的消费者通过阅读网络上经验丰富的消费者发表的意见学习相关的产品知识”。Newnan（2003）在消费者对负面口碑的反应的研究中将口碑沟通定义为两个或者多个消费者之间发生的以电脑为中介的文本交换。

Gelb 和 Sundaram（2002）认为，在虚拟空间中，由于可以采取匿名交流的方式，信息的传播者在潜意识上感受到了更大的自由，往往倾向于提供真实的个人意见或者分享经验，而无论是这一评论自身对于该商品而言是正面的还是负面的。由于降低、甚至是完全消除了现实舆论带来的压力，网络信息的传播者可以在享有很大个人隐私的条件下发表个人看法。这带来了正反两方面的好处，一方面，参与者可能由于能够在更大的言论自由条件下沟通，从而促进更为真实、更为客观的评价。另一方面，匿名发表个人意见也可能带来负面影响，如刻意发表错误观点，盗用他人名义伪造故意歪曲的观点等。

Hermig 和 Thurau 等（2004）认为，网络口碑（又称电子口碑）可以通过在线论坛、新闻组、BBS 等方式传播。消费者会更多地搜索或接受在线意见领袖的影响。消费者在虚拟社区中提供电子口碑的动机主要有进行社交互动、获得经济奖励、帮助其他消费者（利他主义）以及强化自尊潜质四种。在了解电子口碑行为动机的基础上激发消费者在虚拟社区中提供更多正面电子口碑便成为网络条件下企业营销传播策略的一个重要的组成部分。

中国学者对口碑营销的研究主要发生在 21 世纪。

郭会斌（2005）认为，在国内市场竞争日益激烈的今天，良好的口碑是企业长期获得客户的根本保证。它本质上是关于某一组织的信用和可信赖度、经营方法、产品和服务等方面的信息，可以从一个顾客传播到另一顾客，是企业长期努力的结果。口碑的产生受企业、渠道成员、意见领袖、媒体、竞争对手、消费者六个因素的影响。而创造口碑的路径有：获得消费者的注意、善用意见领袖、制造系列成长故事、善用渠道和媒体及提供差异化的产品和服务等。郭国庆、杨学成（2006）对网上口碑传播的内涵、特点和途径进行了分析，探讨了企业网上口碑营销策略。

蒋玉石（2007）对口碑、口碑传播和口碑营销三个概念进行了辨析，认为口碑指的是顾客对企业的看法，口碑传播指的是将这种看法传递给其他顾客的过程，口碑营销指的是以口碑传播为途径的营销方式。并提出了一种对口碑营销中的顾客进行有效识别和管理的框架。

于颖（2007）认为，口碑营销，因其具有成本低、可信度高、传播速度快等现代传媒所无法比拟的优点，成为市场营销的一把利器。企业应为口碑营销奠定坚实的基础，并通过满意的顾客、意见领袖、大众传媒和内部员工等载体，将其传播出去，以影响消费者的购买行为，提高企业品牌知名度。曲乐章（2008）通过对口碑营销渠道的特点分析，探讨了口碑营销提升商业竞争力的具体机制，并通过案例分析，指出了口碑营销实现的具体途径。

罗刚毅、张晓飞（2010）以网络对网络口碑的影响为引线，在分析总结网络口碑特征与作用基础之上，结合关系营销理论，分别从理性人、社会人和系统人的角度提出了网络环境下口碑营销的主要策略。刘燕（2011）讨论了企业在网络口碑营销中的商业伦理问题。

（二）本案例的理论价值与现实指导意义

1. 在产品和技术上领先可以创造需求

想当年，索尼公司发明的“随身听”在市场上独领风骚，用“发现和满足需求”来解释“随身听”的成功并不准确，因为索尼公司通过“随身听”创造和引领了需求。《阿凡达》亦如此。倘若卡梅隆在推出影片之前对消费者进行调研，使用两种方式：第一种是直接问消费者：你们喜欢怎样的电影？第二种是先播放样片，然后问：你喜欢这个吗？对于第一个问题，大多数消费者无法准确回答，因为太开放了。对于第二个问题，道理上似乎行得通，但效果不会很好。艺术、高科技类产品的概念是很难从消费者那里获得的，因为之前他们自己也不清楚想要什么。当看到做出的概念性产品时，他们通常能告诉你“我不喜欢这个东西”、“它要是什么什么就好了”……但是新产品好还是不好，得由产品本身经过消费者的使用和体验才能确定。好产品不是靠宣传形成的，靠有技巧的炒作或广告不可能造就知名品牌。从十几年甚至二十年前营销学者宣称品牌时代、定位时代来临的时候开始，“品牌”、“定位”等理论日益充斥营销世界，但市场却用事实告诉人们：产品制胜的时代还远远没有过去！谁能做出消费者喜欢的新产品、好产品，谁就能创造需求。《阿凡达》上映后的市场表现证明，好产品可以维系和稳定需求，并引起重复购买。许多消费者在观看了该片的3D版本之后，还要看IMAX-3D，甚至还要连续看多遍。像《阿凡达》这样典型的“一次性产品”也能吸引重复消费，那么其他类型的消费品就不能做到让消费者重复购买吗？总之，在产品和技术上领先可以创造需求。

2. 产品过硬是口碑营销的基础

只有产品过硬，才有可能取得良好的口碑传播效果。追求完美的卡梅隆将《阿凡达》做到极致，所以《阿凡达》才能赢得令一般电影望尘莫及的口碑传播效果。虽然《阿凡达》在上映前做了精心的宣传，但一批又一批消费者“前赴后继”涌入影院争观《阿凡达》的壮观场面，则是在“眼见为实”者进行人际传播之后才形成的。比如在中国，除了一些院线的店内外宣传和贴片广告外，很少在媒体或街头巷尾看到大量的宣传。一项调查显示，许多消费者在看其他电影时看到《阿凡达》的贴片广告，起初也并没有引起强烈的触动，直到去影院看了之后，被彻底“震撼”，便立刻打电话给朋友，建议他们去看《阿凡达》。就是这样，在口口相传之下，《阿凡达》票房日趋火爆，以至于打破历史纪录。

3. 对消费者心存敬畏之心才能做出好产品

“以消费者为中心”是当代营销哲学中最重要的精华。恰恰是因为导演卡梅隆对消费者心存敬畏之心，放弃自我才成就了大我，通过有效预见消费者未被激发的需求而下苦功创作《阿凡达》。3D技术已不是新鲜玩意，还有流行的环保主义、世外桃源的美景、经典的罗密欧式爱情、冒险刺激的动作镜头，这些并非突破性的元素，许多表面上不起眼的创意点被卡梅隆发现、放大，却造就了划时代的《阿凡达》，创造了市场奇迹。

对消费者存敬畏之心是专业使命感的来源。一个有专业使命感的人才会在做产品的过程中投入全部的身心。卡梅隆在专业（也是事业）上具备高度的使命感，他对专业的价值观也上升到个人荣辱成败的高度，他在入行以后20多年里的每一个产品都是他生命的投入，这也就不难理解他为什么花了14年才拍出《阿凡达》的原因了。

4．优化价值网络是全面营销取得成功的关键

全面营销观念要求企业以广泛的、整合的视角来规划和实施市场营销活动，在全球范围内以最佳方式配置和使用资源。为了满足这种要求，营销管理者应当尽最大努力持续优化为实现营销目标服务的价值网络。这个价值网络是由纵横交错的业务合作伙伴组成的网络状的供应链，其优化表现为业务合作伙伴之间以更小的摩擦、更低的成本、更高的质量和效率开展业务合作，从而为供应链的最终顾客提供更有价值的产品和服务。电影《阿凡达》的营销管理者以全面营销的理念，从摄影技术的硬件和软件的研发到拍摄地点的选择，从拍摄到后期制作，从前期推广到正式放映，不仅有效地动员了全球电影产业链的众多优秀合作伙伴和资源，而且在分散投资风险、降低制作成本、提高影片质量、提升市场需求和销售绩效等方面取得了前所未有的成功。因此，优化价值网络是全面营销取得成功的关键。

5．全媒体环境中的跨媒介营销的巧妙布局能最大限度提高整合营销传播的效果

《阿凡达》营销管理者在整合营销传播的过程中注重优化利用多种合作伙伴和传播资源，尤其是通过全媒体环境中的跨媒介营销的巧妙布局，最大限度地提高整合营销传播的效果。《阿凡达》推广中的合作伙伴五花八门：既有像时光网这样的互联网公司，又有在全球各行业声名卓著的品牌公司，如可口可乐、松下、LG、麦当劳、美泰（生产芭比娃娃的厂商）等。在与各类伙伴的合作中，《阿凡达》营销管理者巧妙地整合利用了不同的传播媒体。其中最具代表性的是和麦当劳的合作。麦当劳在世界各地采用了不同的营销方式：在奥地利，“化身阿凡达”游戏受到观众的热捧；在美国，运用“增强现实（Augmented Reality）”技术推出巨无霸套餐并附送八种麦当劳阿凡达激情卡，通过麦当劳网站下载软件进入“麦当劳幻境”游戏，用一个3D形象在《阿凡达》的潘多拉星球探险；在中国，麦当劳为全力配合《阿凡达》的上映，推出了一套由两款

人物和四只灵兽组成的“阿凡达玩具”；在澳大利亚，人们可以在麦当劳的饮料杯和托盘上找到隐藏的代码后参加抽奖；拉丁美洲的麦当劳餐厅提供了可以供顾客拍摄的阿凡达背景。麦当劳还推出了一个全球范围内的在线游戏——潘多拉任务。导演卡梅隆也很赞赏这次合作：“麦当劳的顾客会觉得他们是电影中的一部分。在电影越来越接近上映的时候，这种方式可以让人们对电影产生兴奋感，这真是场具有创造性的合作。”《阿凡达》整合营销传播实践昭示人们：数字时代的信息传播方式越来越多样化，各种类型的公司在进行自己的产品营销时，应当高度重视多种媒体互相结合互为补充，也就是跨媒介营销。跨媒体的真正魅力在于给人们创造一种整体体验，达到水银泻地无处不到的宣传效果。

耐克：用心做品牌

一、企业简介

耐克（Nike）是一家经营体育用品的美国公司，创立于1963年，总部设在俄勒冈州华盛顿郡，主要生产运动鞋、运动服装、体育用品。耐克以自己的品牌销售产品，这些品牌包括耐克、Air Jordan、耐克 Golf 、Team Starter 等，亦包括属下全资拥有的品牌茵宝、匡威等。1978年，Nike 正式成为公司名和名牌名。Nike 这个名字，在西方人的眼光里不仅吉利，而且易读易记，很能叫得响。耐克商标象征着希腊胜利女神翅膀的羽毛，代表着速度，同时也代表着动感和轻柔。耐克公司的耐克商标，图案是个小钩子，造型简洁有力，犹如闪电，一看就让人想到使用耐克体育用品后所产生的速度和爆发力。首次以“耐克”命名的运动鞋，鞋底有方形凸粒以增强稳定性，鞋身的两旁有刀形的弯勾，象征女神的翅膀。

1963年夏天，俄勒冈大学商学院研究生菲尔·奈特（Phil Knight）与他的同学，同时也是运动教练的比尔·包尔曼（Bill Bowerman）合伙做生意，他们与生产虎牌（Tiger）运动鞋的日本鬼冢公司签约，以“蓝带体育用品公司”（Blue Ribbon Sports，简称 BRS）的名义，在美国销售虎牌鞋。奈特在短短的一年之内就卖出了8千美元的鞋子。随后他进口了更多的鞋子，雇用了几个销售人员。

1966年，原本就一直在尝试用各种不同方法制作更轻便鞋子的包尔曼，寄给鬼冢公司一双自己设计的鞋子，里面的鞋帮是一个软尼龙的而非传统的皮革。这双鞋叫做 Cortez，虽然一开始遭到阿迪达斯业务代表的奚落与嘲笑，却在田径比赛中风行一时，成为虎牌旗下最畅销的鞋款。

到了 1969 年，BRS 已经卖出了超过 100 万美元的鞋子。后来，BRS 中止了与鬼冢公司的合作关系，并创建了自己的品牌——Nike。

经过多年的经营，耐克超过了阿迪达斯、彪马、锐步等知名品牌，被誉为是“近 30 年世界新创建的最成功的消费品公司”。耐克公司有一个“消费神话”——全球各地的众多消费者们都因穿戴耐克产品而感到无比荣耀。在美国，有高达七成的青少年的梦想是有一双耐克鞋。香港《信报财经月刊》1991 年 4 月期曾报道：美国纽约市一些经营耐克产品的鞋店店主纷纷向当局提出申请，请求批准使用枪支自卫以保护人身、财产的安全。

1985 年耐克公司的全球利润为 1300 万美元，到了 1994 年公司的全球营业额达 48 亿美元之多，其市场占有率为 24%，在行业内遥遥领先，是位居第三的阿迪达斯公司的两倍多。1995 年与 1994 年相比，耐克的全球销售额上升 38%，税前利润增长 55%。同年，耐克公司股价飞快上涨，由两年前的每股 43 美元猛涨到 1995 年的每股 103 美元。耐克成立后仅用 30 年就打败世界老牌运动鞋王阿迪达斯，自 1994 年以来一直稳居世界体育用品行业第一的宝座。2009 年、2010 年耐克在《财富》世界 500 强企业中排名分别为第 497 名和第 453 名。在世界品牌实验室编制的 2012 年度《世界品牌 500 强》中，耐克排名第 22 位。

华尔街的许多投资商和分析家在 80 年代以前一直认为“耐克没有多少发展的基础和前景”。如今这些人解嘲道：“上帝喜欢创造神话，所以他选择了我们意想不到的耐克。”

二、营销策略

（一）寻找更“轻”更“软”的跑鞋

在美国，有很多这样的企业它们经营一些看上去似乎不太起眼的产品，却能做得非常经典。鞋子很普通，但耐克公司在鞋子的经营中创造了传奇。其中，“产品组合策略”是耐克营销的典型之作。

20 世纪 60 年代末至 70 年代初，美国人坚持散步的有 2500 万到 3000 万人，还有 1000 万人则不管是在家还是上街都穿跑鞋。一批制鞋商随即兴起，如阿迪达斯公司、彪马公司等，耐克是其中之一，它只想生产一种跑鞋，满足当时已经存在的需要。毫无疑问，耐克公司在发展初期面临极为有利的初始需求，但这并不足以解释耐克公司的成功。实际上，在那些年里，大多数跑鞋制造商都获得了可观的收入。由于精心研究和开发新样式鞋，耐克公司在制鞋业中始终处于领先地位。到了70年代末80年代初，市场对耐克跑鞋的需求十分巨大，有8000个百货商店、体育用品公司、鞋店为它经销产品。

仔细分析，人们会发现耐克公司在其他经营策略上的标新立异并不突出，但是这些早已经被证明是行之有效的经营技巧用在耐克公司手里，却更加得心应手、更加具有攻势，甚至阿迪达斯公司都自叹弗如。其根本原因在于，耐克公司把产品组合策略作为整个营销策略的核心。

耐克的设计师鲍尔曼发明了一种叫“华夫饼干”的鞋底，大受运动员欢迎。这使得耐克的市场销售渐入佳境：1972年这种鞋底的销售额为200万美元，1975年上升到830万美元，1976年达到1400万美元。耐克公司加大新样式鞋的研发工作，到70年代末，耐克公司的研发部门有近100名研究人员。耐克公司生产140多种不同式样的产品，其中某些式样是根据不同脚型、体重、跑速、训练计划、性别和不同运动技术水平而设计的，是市场上最新颖和工艺最先进的。这样既能保护穿用者，也使运动员们都能得到用精湛跑鞋工艺所制作的最先进产品，这是一个创举。

到70年代末、80年代初，耐克公司的销售状况异常的好，以至于它的8000个百货商店、体育用品商店和鞋店经销人员中的60%需提前订货，并常常要等待半年之久。订货方式给耐克公司的生产计划和存货费用计划的完成提供了极大的方便。耐克公司迅速成长，销售额从1976年的1400万美元飞速增长到1982年的6.94亿美元。1978年，耐克公司以33%的市场占有率居美国运动鞋市场的首位；1980年，耐克市场占有率达50%左右。阿迪达斯公司的市场份额则不断减少，不仅大大低于耐克公司，而且被后起之秀布鲁克和新巴兰斯等公司抢走不少顾客。随着市场的急速膨胀，耐克公司种类繁多的产品也帮助它开拓最宽广的市场。

普通零售商如百货商店和鞋店是耐克公司的老主顾，同时公司能供应各种型号和样式的鞋，不同类型的零售店都能进到所需样式的鞋，公司也能把鞋卖给各个特种跑鞋店。此外，对于某些销售耐克鞋的廉价商店，公司也能适当予以关照。这样，耐克公司和鞋店各得其所，其乐融融。

在营销策略日益趋同的环境下，耐克公司的产品组合策略显得很有个性。从一定意义上讲，“寻找更‘轻’更‘软’的跑鞋”是公司至高无上的准则。为此，耐克每年拨出大量经费用于研发新产品。大部分既用过耐克跑鞋也用过其他品牌的跑鞋的顾客认为，还是耐克生产的跑鞋更轻更软。

包括阿迪达斯在内的多数制鞋商认为，生产范围过大会损害生产效率，大大增加生产成本，引起许多麻烦。曾经有许多好心人建议耐克公司缩减产品线，集中注意力、人力、物力、财力于那些拳头产品上，以增强竞争能力。耐克公司没有采纳这些建议，相反，耐克充分发挥潜力，生产出了比阿迪达斯公司种类更多的产品，使自己的鞋型千姿百态。耐克公司的产品组合观念显然有点离经叛道，但这种极端的产品组合策略收到了很好的效果。耐克公司的产品风格各异，价格不同，用途也不一样，这吸引了各种各样的跑步者。数百万各式各样、能力各异的跑步者都有这么一个观念：耐克公司提供的跑鞋品种是最全的。这就为耐克公司在飞速发展的跑鞋行业中树立了良好的企业形象。

当然采取这样的产品组合策略会有负面影响，例如，型号繁多，每种产品的生产量小，一般说来会增加生产成本。但是，这对耐克公司来说问题不大。公司85%的生产任务由国外工厂特别是远东地区的工厂承包了。因而，对耐克公司来讲，各种产品生产量小并不是一个举足轻重的难题。

和耐克同时代的制鞋商有很多，但是发展到现在，只有耐克公司利用“产品组合战略”来统帅其他的经营战略，最终脱颖而出，并击败了当时占统治地位的阿迪达斯公司，坐上了制鞋业的头把交椅。

(二) 体育营销

1. 靠体育进行价值覆盖，选精英树立理想领袖

世界上有两种事件的信息传播可以达到全面覆盖人群的作用，一是战争和战争英雄，二是体育赛事及其冠军明星。耐克抓住后者，建立了强大的品牌根基，取得了极高的成长速率。耐克取得巨大成功的最重要的原因之一是把运动员当作伙伴。只要是耐克看好的签约运动员，耐克就会指派专人服务，给运动员提供任何可能的协助。耐克以其亲身经验告诉想要借力体育产业的公司，体育营销不是一次赞助，要细水长流更要不断创新。

1984 年，21 岁的迈克·乔丹在首轮 NBA 选秀中以第 3 位被芝加哥公牛队选中，一个 NBA 历史中最辉煌的神话时代从此悄悄拉开序幕。当时美国的鞋业竞争异常残酷，正处于困难境地的耐克公司发现了乔丹，并决定把赌注押在乔丹身上。耐克的诚意打动了乔丹，他们签订了 5 年 250 万美元的天价合同（当时可不是一个小数目），这无疑是当时在所有职业运动历史上最大的赌博游戏。

说起耐克和乔丹的签约还有一个小故事。当时乔丹“从未想过跟耐克签约”，而想投奔阿迪达斯麾下。耐克公司并不灰心，他们制作了一个乔丹扣篮的短片，送给乔丹一家。乔丹父母被打动了，劝乔丹去见见耐克，而乔丹看到关于自己的片子很惊异，他说那是他第一次发觉篮球可以成为一种艺术。随后乔丹和耐克见面，他们有一个不错的谈话。与此相反，乔丹和阿迪达斯公司老板的几次谈话极其的不舒心，而且阿迪达斯不愿意花大价钱签下乔丹，结果他们放弃了这个机会。

独具慧眼的耐克看好乔丹这个极有潜质的小伙子，开出了非常优厚的条件，并且说将以乔丹为形象，树立他的个人品牌，并且在每双乔丹系列运动鞋的销售中，让乔丹提成。这种特殊条款刺激了乔丹扬名立万的欲望，也为体育商业开创了先河。

乔丹和耐克紧密合作，他们推出乔丹一代，推出广告后，一夜之间他们成为目光的焦点。第二年耐克推出乔丹二代，此后每年都推出一款乔丹鞋……

由于乔丹的加盟，耐克的业务突飞猛进。1986年，耐克的销售额突破10亿美元；1994年销售额达到40亿美元，成为世界体育用品制造业的龙头老大。在十几年的时间里，乔丹系列运动鞋和运动服的销售额占耐克公司总销售额的5%。耐克公司这些年单从销售乔丹服装鞋帽上便赢利26亿美元。耐克借助"飞人鞋"的动力，成为全球最大的体育用品公司，乔丹也成为拥有个人运动鞋品牌的第一人。

据统计，仅耐克的乔丹系列产品就创造了多于2.5亿美元的年收入。耐克公司推出的第14代乔丹鞋，零售价格为150美元。这就是成功品牌的高溢价能力。耐克每年花费在赛事上的钱数以亿计，可以说每一分钱都花得很值。

企业赞助赛事往往要耗费巨额资金。李宁、上海通用、通用（中国）、农夫山泉、金六福、青岛红领服饰作为奥运会的合作伙伴，每家企业须向中国奥委会支付价值1000万元人民币的现金或产品，其中现金不能少于90%。与之相对照，耐克公司极少赞助体育赛事，但是它的品牌曝光度却从来不比别人少。能花不等于会花。诚然，由李宁公司赞助的领奖服也在冠军领奖台上赢得了眼球，但是众多媒体却把画面定格在运动员由空中跳入水中的美丽瞬间，无疑耐克又占了上风，中国跳水队的跳水服是耐克的。

关于品牌曝光，可能人们印象更深的是刘翔。在刘翔获得奥运金牌后的第二天和第三天，各大媒体不停重播刘翔得金牌的瞬间，而他脚上的魔鞋就是耐克精心准备的。除了广告，耐克在新浪上还设计了刘翔的新闻中心，刘翔得金牌后有3000万人上新浪网浏览刘翔的一举一动。当其他公司正在计划请刘翔代言时，耐克却已经在第一时间为全国观众提供全面了解刘翔的平台。

耐克正在做的一个项目叫"名人训练堂"，其内容是每年请世界前奥运冠军来华执教，为中国运动员提供指导，不仅是技术层面，还包括大赛心理准备层面。这样做，有利于最大化地利用公司现有资源为提升品牌资产服务。

2. 从运动切入市场，用"品牌米姆"占位

耐克的理念是要做运动品牌的领导者，除了推出不同的时尚产品外，

还树立了运动风气，引领新潮流。耐克每年都会针对不同的顾客群体，持续举办各种分众运动项目，如针对 19 岁以下青少年的“超级篮球联赛”，为足球迷而设的“5 人足球赛”等。耐克希望借不同的活动，与顾客培养感情，使他们感受品牌推动运动热潮的精神。耐克织出了一张大网，这张网在每个细分市场都深深扎下了根基。

耐克公司拓展市场的首要突破口是青少年市场，这一市场上的消费者有一些共同的特征：热爱运动，崇敬英雄人物，追星意识强烈，希望受人重视，思维活跃，想象力丰富并充满梦想。针对青少年消费者的这些特征，耐克相继与一些大名鼎鼎、受人喜爱的体育明星签约，如乔丹、巴克利、阿加西、坎通纳、詹姆斯等，他们成为耐克广告片中光彩照人的沟通“主角”。在广告片“谁杀了兔子乔丹”中，没有像其他广告那样宣扬产品、陈述“卖点”，只是用引人注目的飞人乔丹和巴格斯·本尼（兔子乔丹）上演了一场游戏或者说是一段故事。此外，20 世纪 90 年代耐克公司还专门设计推广了一种电脑游戏，让参与者可在游戏中与球王乔丹一起打篮球。耐克推出“联盟概念”，提出要做 Youth Culture（青年文化）。一开始是对平台的建设，建成之后，就开始推广文化。有能力影响文化，才能深入人心。耐克曾经推出“勇士联盟”，想要告诉孩子们，不只需要有自己的风格，还需要有一个联盟在你后面，帮你加油助威，给你写文章、画海报。从耐克的表现中，人们看到的是一个品牌在真正地影响着孩子们，在他们很小的时候就深深打下品牌的烙印，以至于影响他们一生。

提到品牌文化，不得不提“品牌米姆”。“米姆”是一个希腊语词根 Meme，发音有点像“基因”（Gene），生物学家理查德·道金斯发现了文化基因——米姆，还发现了这架米姆机器的运转节律。再后来，人们发现了“品牌米姆”。“品牌米姆”决定一个品牌的成长命运，因为消费者接受了文化，才能从根本上接受你的品牌。可是，品牌米姆并不那么容易现身。你不去找它，它随时随地都在；你若去找它，想要发扬光大它，它却又隐身于无形。在一个产品身上堆积了太多的“米姆”，常常有些创始人都不知道自己真正的“品牌米姆”。1987 年耐克品牌处于一个转折点，北美第一的位置让给了锐步，收入第一次落后于锐步并且达到8亿美元的落差。耐克不得不一下子裁掉20%的员工。当时耐克“品牌米姆”是非常男性化的。产品主要是面向年轻男性运动员。耐克的出路是必须超越有抱负、有竞争心的运动员这一核心而成长，以便使自己接近更广大的消费群体。像所有品牌一样，耐克不前进就只有灭亡。然而面对耐克日积月累的问题，这种解决方案对耐克的许多中坚人物来说竟成了异端邪说。他们会问，耐克怎么敢背叛自己的身份，用那些非正式的、很少从事“真正的”体育运动的人建立起一个纯粹的运动品牌？耐克公司在挖掘定义自己的“品牌米姆”上发生了困顿。市场表现只不过是这种内在困顿的外在反应。这种狭窄的定位，限制了耐克的市场。在这类惨败中最重要的教训是：每个品牌核心都有给予它力量的重要内涵，要发掘品牌，就要理解它的精髓。于是，一场大规模的反思开始了。“耐克是什么？”“耐克品牌的本质是什么？”最后，克服重重障碍，摈弃派系纷争，耐克“品牌米姆”得到了重新核定：无论青年还是老年，无论专业运动员还是十足的外行，无论是每天坚持的跑步者还是只在周末锻炼的人，无论是网球手还是散步者，甚至是儿童，在耐克世界里都有你的一席之地，这是“真正的运动品质”——放胆做！(Just do it!)“真正的运动品质”，这个“品牌米姆”扩大了耐克的接入点，它触摸到男女老幼各种职业的从业者的神经末梢，带来了迅速扩大的市场版图。

“品牌米姆”在表现形式上也需要与时俱进。进入21世纪后，人们开始把关注焦点放在个人身上，更希望表达自己的独特个性。耐克掌握了十几岁少年厌恶说教、独立意识增强的特点，充分发挥和迎合他们的想象力与自我意识，在一连串的消费者自我想象、对比中，耐克公司与其目标市场的互动沟通，就自然而然地形成了耐克品牌形象，并在潜移默化中深植在顾客的心里。有了这个新的思路，耐克推出了新的广告来适应公众的口味。于是，耐克的新广告不再主要围绕职业运动员，而是嫁接了个人的体育精神和个人的成功味道。耐克脱离了以体育明星代言为主的广告模式，开始推广日常运动，宣扬表达个性的重要。

3. 忠诚的体育明星

驱动耐克公司飞速发展的魔力来自于开展声势浩大的体育营销，把大牌体坛明星吸引过来。在网球运动上耐克抓住了阿加西和彼得·桑普拉斯，在篮球运动上同西雅图海员队超级明星小肯·格利非签约。到1992年，耐克公司签约了半数以上大学运动联盟的篮球冠军球队，球员都穿耐克公司的鞋子，60多所体育类知名大专院校都是耐克学校。此外，职业篮球球员乔丹、巴克利和十几个明星在它的麾下，324名NBA球员中就有200名球员穿耐克公司的运动鞋，其中更有80名与耐克公司签合约，275位职业美式足球球员、290位职业棒球球员全穿耐克公司运动鞋。在1992年巴塞罗那奥运会上，美国梦之队轻松地击败各个对手获得篮球赛冠军。在领奖时发生了一件令美国奥委会非常棘手的事。按规定在领奖台上所有运动员都必须换上绣有美国国旗和锐步商标的领奖外套，但“梦之队”成员中包括乔丹、皮蓬等一半球员都与耐克公司签约，他们拒绝穿锐步外套上台领奖，耐克公司老板耐特不得不出面协调此事。最后“梦之队”球员穿着锐步外套，外面却披着美国国旗上台领奖，目的就是让国旗遮住锐步商标。美国报纸当时批评“梦之队”队员，说他们对耐克公司的忠诚超越了对国家的忠诚。这些运动员不是把自己与耐克公司之间的关系看成简单赞助与被赞助的商业关系，而是认为自己就是耐克公司的一名员工，这是国际上很多体育赞助商做不到的。

耐克公司又是怎样做到这一点的呢？首先，耐克公司建立和完善了一个专门的运动管理体系。耐克公司共有40多个运动管理部门分别与一项运动对口，由退役的专业运动员担任职业经理人去物色挑选各项运动顶尖高手。其次，耐克公司把运动员当成自己的合伙人，他们自己把这种关系比喻成婚姻关系。比如菲尼克斯太阳队的巴克利，他每年可从公司拿到100万美元的保证金。此外，依照合约耐克公司每年至少要另外付给他100万美元。这相当于极受欢迎的强力飞人系列球鞋营业额的2%（该系列是他与耐克公司签约专属于他穿的球鞋）。显然，这种做法超出了赞助与被赞助的关系。

耐克从2002年开始加入到足球世界中，吸引一批令球迷们发狂的超级球星（如意大利队核心人物保罗·马尔帝尼）加盟耐克。1999年春天，耐克运用它的金融和营销实力击败了对手阿迪达斯和锐步，获得了美国男女国家足球队的赞助权，把意大利国家队的赞助权从意大利迪亚多纳公司手中夺过来。耐克还尝试着实施市场多元化，深入到零售业中，建成了一系列高档次大规模的体育博物馆式的商场——耐克城。1999 年耐克出资 4 亿美元收购了世界上最大的滑冰和曲棍球器械制造商 Canstar 公司，进入发展迅速的爬山和户外远足用品市场，特别是在 18 岁以下少年中风靡一时的速滑、攀岩和街头曲棍球运动。

品牌的曝光只是耐克所有工作中很小的一部分，与运动员保持长期联系则显得更为重要。耐克总部的 16 座大楼均以世界顶级运动员名字命名。办公楼大堂陈列着著名体育明星的照片和奖杯；连接每栋大楼的长廊四壁里挂着各国耐克签约运动员的铜板雕像及生平简介。耐克体育市场部的员工成天奔波在各种训练场上，恨不得与运动员生活在一起。这也是耐克能慧眼识英才的重要原因。作为专业运动公司，耐克拥有在各体育领域专业经验丰富的工作人员。耐克可以判断出谁是明日之星，在他发亮之前，耐克就会发掘，为他提供最好的装备，帮助他提高成绩。事实上，耐克是在做运动员的生涯规划等一系列解决方案式的服务。这些都是品牌背后的工作，只有这些工作，最终保证品牌的质量，并保证耐克始终走在时代前面，总是给人惊奇。例如押宝刘翔，耐克是蓄谋已久的。透过国际网络分析，耐克就已经意识到刘翔可能是改变亚洲田径历史的第一人。其实早在 2003 年，耐克为刘翔开起了小灶，在耐克能够协助的范围内尽量提供帮助，包括安排出席一些活动，满足服装、装备、特殊要求等，特别是当刘翔出国比赛期间，会派专人陪同，协助处理干扰他比赛的各种事务。耐克把目标选手当成自己的财产一样去让他升值，这是真正的共赢。而且两者实际上都是在享受上坡的快感。从 2004 年到 2008 年，耐克精心地规划这 4 年当中什么时候让刘翔出现。刘翔不是职业球员，职业球员可以打好几个月的联赛，耐克必须利用合适的时间点让刘翔出现，而且每次出现都有不同的故事。

（二）耐克的品牌传播

1. “乔丹之航”

耐克神话是因为“上帝所赐”吗？耐克公司的总裁耐特回答说：“是

的，是‘消费者上帝’。我们拥有与‘上帝’对话的神奇工具——耐克广告。”这句话道出了耐克公司超速发展的根本原因。耐克公司的崛起是靠成功地塑造了一个明星迈克尔·乔丹，并为其精心策划了一个题为“乔丹之航”的广告片。在广告片中，有乔丹一飞冲天的扣篮动作和空中漫步的描写，给观众留下了非常深刻的印象，从此“飞人乔丹”开始家喻户晓。随着乔丹成为大众偶像，耐克也从一个小品牌成为妇孺皆知的大品牌。“乔丹之航”塑造了飞人乔丹的形象，也树立了耐克公司的品牌。

从1985年“乔丹之航”广告播出到现在，他们的营销策略都围绕这个中心展开：不直接宣传产品和品牌，而是通过营造人们注意的焦点来树立自己的品牌。耐克公司利用明星效应的营销方式达到了事半功倍的效果，仅仅几年时间，耐克公司就成功地将自己从一家二流制鞋企业，提升为与索尼和可口可乐相同的全球知名品牌，这一过程可口可乐用了100多年，耐克公司却只用了20来年的时间。

2. 征服速度

1998年耐克推出了一种新型的气垫运动鞋。为了反映产品优良的性能，广告创意用一个运动员在沙漠旷野奔跑留下的一串脚印，和一队风驰电掣的赛车形成强烈对比，这串脚印和一队风一般迅疾地穿越过正在行驶着的车队，是车快还是人快？哪个速度占了上风？耐克运动鞋优良的性能给人留下无限的想象空间。

黑白相间、广袤的天际，汽车、大自然和运动员的视觉关系，巧妙地诉求了产品的优越特征，将产品的物理个性演绎为人征服速度和超越自我的一种精神象征。

速度对比的创意是耐克在所有广告创意中常常采用的手法。其实，征服速度一直是人类有史以来的梦想。穿上耐克就可以实现你心中的愿望——征服速度，它迎合了每一个人的心理。

3. 鞋鬼情未了

耐克曾在英国成功发布了一组卡通形式广告，其表达的意思是：让你离开人世后还使用耐克的产品。真是“鞋鬼情未了”！创意的发挥可谓淋漓尽致，其魅力连神鬼都为之撼动。

这组极为夸张的卡通式创意似乎违背了耐克一贯的创意风格。广告是 1997 年由伦敦一家广告公司创作的。其创意极为大胆、反叛，其中一则文案写到："快跑——你去世后，你的灵魂可以在地球上散步"。创意诙谐幽默，一改耐克传统的"戏路"，这也许和英国人的文化背景有关。但无论怎样，创意的相关性还是与耐克所有的广告一致，它们共同强调"穿上耐克的鞋会跑得更快更舒适"，即使你的灵魂也是这样。

4. 80 岁的"年轻"运动员

人性化是耐克品牌最能打动消费者心的杀手锏。耐克有一则广告是这样的："80 岁的她，人们说还有一次大显身手的机会，但她不这么认为。她说她还有好几次。"这则广告用老妇人老当益壮、身手矫健的文案诉求，形象而生动地刻画出了生命在于运动的哲理。这使得耐克富有生命活力的品牌个性跃然纸上。该创意虽然有点夸张，但诙谐让人可以会心一笑而欣然接受。杰出的创意是没有年龄界限的，人性是永恒的。这一创意并未因老者的形象而弱化品牌个性，而是在生命和运动之间画上等号，挖掘出了受众渴望生活、珍惜生命的心理需求和期盼，让受众在"女性、弱者、年迈"与"雄性、健康和年轻"象征的耐克之间找到一种联结和关联，因而反而进一步强化了耐克的人性和健康活力的诉求。这就是该创意的成功所在。

5. 文身与图腾

最原始的崇拜就是图腾。耐克不是把标志而是把消费者所崇拜的体育明星赤裸裸地文在身上。文身的意义已经超越了美观自身，演化成了心理欲望和精神期盼的外化。耐克和文身之间建立了什么？耐克的创意暗示：精神是一种心理的图腾，耐克可以将人类的图腾变为现实。耐克标志或者说，著名世界品牌不就是存在于现代消费者心中的图腾吗？

"有全能的（指网球等比赛中的）正手打保护着我"。用文身创意将品牌和一种图腾联系在一起，完全是一个出人意料的概念。这里的图腾显然是一个体育明星崇尚者的杰作。文身图形创意将耐克与图腾在精神的层面上融合在一起。原始手绘的图形与现代的耐克标志形成视觉上的鲜明对照，让受众在意念的想象空间，思考和对应着两者之间的关系。

究竟是谁包容了谁？人类对体育竞技生生不灭的理想和追求都镌刻在了这肉体与品牌的血肉相连之中。

6. 赢得女性的芳心

当耐克公司在青少年市场和男性市场上牢牢站稳脚跟后，转而集中火力进攻女性市场。广告创意方案的策划者 Janet 和 Charlotte 两位女士采用自我审视的方法来了解女性的内心世界，以女人与女人的“对话”作为主要沟通手段。广告作品采用对比强烈的黑白画面，背景之上凸现的是一个个交织在一起的“不”字，广告文字富有情意，意味深长，语气柔和但充满一种令人感动的关怀与希望：在你一生中，有人总认为你不能干这不能干那。在你的一生中，有人总说你不够优秀不够强健不够天赋，他们还说你身高不行体重不行体质不行，不会有所作为。他们总说你不行，你一生中，他们会成千上万次迅速、坚定地说你不行，除非你自己证明你行。广告播出之后立刻精确地击中了广大女性消费者的芳心，销售情势一路狂飙。

(四) 虚拟经营

耐克公司在发展之初是名副其实的小企业，除了拥有好的产品外没有其他任何竞争优势，但它就是借助其运动鞋设计合理、材质轻等适合田径运动员穿着的优点得到了参加 1972 年奥运会的两名田径运动员青睐，并且他们穿着耐克鞋均取得了好的成绩，从此耐克鞋名声大震、销量猛增。

耐克公司以品牌为凝聚力带动全球销售不断增长，自己不投资办厂，它的产品都是依靠别的企业为它生产，即利用全球化最廉价劳动力为其制造产品，这种经营模式在减少成本的同时，为耐克公司的全球化营销起到了积极的推动作用。耐克公司的经理们只是集中公司的资源，专攻附加价值最高的设计和销售，然后坐着飞机往返于世界各地，把设计好的样品和图纸交给劳动力成本较低的国家或地区的企业，最后验收产品，贴上“耐克”的商标，销售到每个喜爱耐克的消费者手中。在与阿迪达斯厮杀的过程中，耐克吸收阿迪达斯的做法，自己经营品牌，把生产过程外包给成本低廉的小生产商，自己主要做鞋型设计和开发，同时把设计成果转移到其他的鞋型领域。这一点后来被认为是耐克不断进步的推动力，也是耐克超越阿迪达斯的地方，即用产品技术的演化来进入到更多的市场，预先获得最有潜力的产品组合。这曾在美国引起一场争论，美国《商业周刊》一篇文章还曾经引用了索尼公司总裁盛田昭夫的警告："美国工业的空洞化表示美国正在放弃一个主要工业强权国家。"但耐克公司的佳绩证明其虚拟经营和全球化战略是正确的，因而它被赞许为后工业化未来全球企业的最佳模范。

耐克鞋的海外生产策略是根据国际经济环境的变化而不断调整的。耐克鞋价格较高，如果依靠出口进入其他国家市场，本身的高价位再加上各国，尤其是发展中国家的高关税，是很难被这些国家的顾客所接受的。随后的几年，日元持续升值，人力成本高涨，使得在日本生产鞋子的代价愈来愈高。此时，耐克已累积了基础稳定的海外生产经验，便将触角伸至其他更多国家的生产厂商。为了降低生产成本，耐克于 1975 年将日本生产线转移至人力成本相对较低的韩国与中国台湾。成本大幅下降后，让耐克有更丰沛的资源去从事研发工作与行销活动。

耐克从低人力成本国家广觅代工厂商，在当时堪称是业界革命性的创举。耐克深知鞋的生产，必须注入密集的劳工，因而向海外寻求低人力成本的代工厂商势所难免。尽管如此，海外代工仍有它的风险性，因距离及不同国家的文化差异，致使品质管理的难度提高。因此，耐克在下大规模的订单给代工厂商时，往往要经过非常谨慎的评估过程，以确保成品能符合耐克的品质水准。在这个过程中，耐克的策略焦点完全集中于虚拟经营：建立最好的海外生产运作模式，为代工厂商提供新设计与款式，维护品质水准。

由于耐克公司在生产经营上广泛采取虚拟经营方式，从而本部人员相当精简而又有活力，这样避免了很多生产问题的拖累，使公司能集中精力关注产品设计和市场营销等方面的问题，及时收集市场信息，及时将它反映在产品设计上，然后快速由世界各地的签约厂商生产出来满足需求。

（五）在竞争中提升核心能力

20 世纪 80 年代初，耐克大发利市，并持续扮演着美国运动鞋专业制造商的角色，却在美国本土未拥有任何一家自己的生产工厂。不久，头号黑马竞争对手（锐步）的叫阵对垒旋踵而至。锐步创立于1981年，在创办人兼CEO保罗·菲尔蒙的带领下，推出了设计新颖的运动鞋，以强劲势头成功地席卷了部分市场。到了80年代中，锐步在激烈的竞争中，已能与耐克分庭抗礼。1987年，锐步更上一层楼，以9.91亿美元的销售额，30%的市场占有率，一举登上运动鞋市场盟主的宝座，耐克则以5.97亿美元及18%的市场占有率退居次座。

在耐克与锐步的争霸战中，问题点与机会点完全在于目标市场的多变与设计导向的本质。换言之，也就是年轻族群（青少年、年轻成人）所购买的已不光是运动鞋而已，还有鞋子本身所代表的时尚感。两大鞋业巨头都认识到，要扩大市场规模，就必须将原本的专业运动鞋概念，转移至更宽广的、追求时尚的青少年与年轻成人的市场。锐步洞察先机，率先进入这块黄金市场，以优越的产品及侵略性十足的公关活动，对耐克施予重击。锐步CEO菲尔蒙曾公开抨击耐克："耐特只不过是个制鞋者罢了，老以为自己是个伟大的运动好手。"耐特则轻鄙回应："我之所以讨厌锐步，是因为它的研发系统根本就是个仿冒机器。"

为了反击锐步的挑衅，耐克痛下决心投注了巨额经费在新产品的研发设计上，最脍炙人口的经典产品则是80年代末的"气体鞋"（The Nike Air Shoe）。评论家约翰·何朗曾在美国运动产业的专刊上，针对耐克气体鞋发表了他的看法："其实它是个简单、容易理解的制鞋科技，只需将空气注入鞋底，即形成具有弹性的鞋垫，如此而已。"耐克气体鞋直至90年代初才正式上市，并获得了空前的成功。所以说，80年代是耐克面临困局与力图中兴的年代，这一时期，耐克在市场上蒙受了剧烈的竞争打击，也从中确立了未来新产品研发设计的策略主调。耐克气体鞋的上市声势浩大，公司不惜重金以数百万美元礼聘NBA超级巨星迈克尔·乔丹为产品代言人，从事各项行销广告活动，创下了有史以来运动用品赞助价码新高第一例，举世惊羡。广告诉求则以耐克气体鞋与乔丹的形象和几近神乎其技的篮球绝活捆绑在一起。此后，耐克在市场上逐步地收复失地，锐步迫于形势，仓皇推出弹跃鞋。

三、理论价值与现实指导意义

(一) 国内外相关的理论研究

与本案例关系最密切的理论主要有品牌理论、营销传播理论。其中，后者已在其他案例中进行了介绍。品牌理论体系是一个内容非常丰富和庞杂的系统，要比较全面地了解这个系统，可以参考关于品牌理论的各种综述性研究论文。张锐、张燚（2008）从结构层面、知识层面、时间层面、空间层面、跨学科层面以及个人层面等多维视角，对品牌理论体系的构成问题进行了探讨。卢泰宏、吴水龙、朱辉煌、何云（2009）在大量文献研究的基础上，对品牌理论的发展演进进行了梳理和分析，指出了品牌理论发展中原创性的理论贡献及其回答的基本科学问题。西方品牌理论研究发展至今，经历了不断的深入和变化。在这个过程中，品牌理论研究的重心和主导性领域依次大致经历了品牌、品牌战略、品牌资产、品牌管理和品牌关系五个重要阶段。以下按照品牌理论研究热点出现的趋势，将品牌理论分为传统观、现代观和未来观三种类型。其中，传统观的内容是最为丰富和经典的。

1. 品牌的传统观

品牌的传统观或传统的品牌观主要有四种：

（1）品牌符号说

品牌符号说把品牌看成是服务于一定的营销功能的符号。例如，美国市场营销协会（AMA）定义委员会（1960）认为，品牌是用以识别一个或一群产品或劳务的名称、术语、标记、符号或设计，或是它们的组合运用，其目的是借以辨认某个销售者或某群销售者的产品或服务，并使之同竞争对手的产品和服务区别开来。Lynn B. Upshaw（1999），Peter D. Benneh，（1998），Philip Kotler（1997）等都曾对品牌下过类似的定义。

（2）品牌情感说

Burleigh B.，Gardner 和 Sidney J. 1evy（1955）认为，品牌的发展是因为品牌具有一组能满足顾客理性和情感需要的价值，品牌的创建要超越差异性和功能主义，它应该注重开发一种个性价值，因此，品牌管理的一项任务就是要建立品牌的个性，要创造性地运用广告资源来为品牌建设（即企业的长期收益）投资。King（1970）指出，品牌不仅由于其功能性价值而被喜爱，而且由于其心理和社会的价值而被喜爱。David A. Aaker（1993）以及 Lannon 和 Cooper（1983）也发表过类似的观点。

（3）品牌关系说

奥美公司（2004）指出，品牌是消费者与产品的关系，消费者才是品牌的最后拥有者，品牌是消费者经验的总和。王新新（2000）认为，品牌是一种关系性契约，品牌不仅包含物品之间的交换关系，而且还包括其他社会关系，如企业与顾客之间的情感关系；苏晓东等（2002）认为，品牌是一种复杂的关系符号，它包含了产品、消费者与企业三者之间的关系总和。学者普遍同意品牌拥有与消费者密切的关系是所有强势品牌的重要指标（Bronner 1993；Dyson et al. 1996），所以塑造、维护和强化品牌关系已成为现今企业营销活动的核心问题。企业发展品牌由建立知名度开始，到消费者尝试，进而产生品牌知识，对品牌的判断及评估，最终形成品牌关系（Keller 2001）。品牌关系是建立品牌资产金字塔的最后阶段（Keller 2001）；也是 Bronner（1993）的品牌心智阶段的最高阶，品牌关系令品牌能因其在消费者心中的地位，而取得市场的竞争优势。Cross &Smith（1995）把消费者与品牌的关系由低而高分为五个层次——知道、识别、关系、社群、拥护。Franzen（1999）将品牌关系的发展区分为五个阶段：没有品牌经验、试用一次或多次购买品牌产品、品牌存于目录中、经常购买的品牌、100％的品牌忠诚。

品牌关系分为不同的类型。Clark，Mills（1989）将品牌关系的类型分为亲密关系（Communal relationship）与交换关系（Exchange relationship）两种。Kotler（1992）提出五种品牌关系类型，它们的水平由低至高分别是：贫乏的（barebones）、相关的（relative）、问责的（accountable）、持续的兴趣（continued interest）及真实伙伴（true partnership）。Fournier（1998）将品牌关系型态区分为：朋友关系、婚姻关系、情绪性关系与暂时性关系等四个大类，而四个大类又各有不同的品牌关系类型，总共有十五个。Kaltcheva、Weitz（1999）以中介（Mediation）与交互性（reciprocity）两个构面，描述了相互的、配适的、意气相投的和市场这四个品牌关系基模。Fajer、Schouten（1995）利用朋友的不同类型模拟品牌关系的忠诚层次，指出消费者与品牌的关系发展好比朋友间的友谊，起始于对彼此吸引力的强度，经由双方对友谊的投资及长期对承诺的强化，促使忠诚度有效提升；就如由潜在朋友进化成互相关怀的朋友般，消费者对品牌会先作尝试，对品牌喜好，进而产生忠诚的态度，甚至最终对品牌迷恋。Aaker、Joachimsthaler（2000）将品牌关系的类型分为朋友、良师、忠告者、有能力者、母亲、兄弟、儿子。

此外，Berscheid（1994），Bagozzi（1995），Peterson（1995），Duncan 和 Moriarty（1997），Fournier（1998），张立品（2002），Chang Chieng（2006），孙晓强（2009），周志民（2007）等分别从不同的角度对品牌关系形成的影响因素进行了研究。Blackston（1992），Fournier（1994），Hess（1998），Franzen（1999）等把品牌关系的概念构面化，以方便企业在管理品牌关系形成的务实操作上，提供评估、维持及强化关系的依据。

（4）品牌资源说

品牌资源说的共同之处是把品牌看成是公司的一种无形资产。

发生于20世纪80年代的并购案，很多都与公司的品牌资产的评估有关，因此最早的品牌资产的概念是从财务角度加以界定的。Bonner & Nelson（1985）最早在《产品属性与认知品质：食品》（Product attributes and perceived quality：Foods）一文中给出了品牌资产的财务角度的定义，他们主张品牌资产是指依附于品牌名称可计算的商誉。Brasco（1988）认为品牌资产是现在盈余和未来盈余预期的折现值的总和，认为品牌的价值应被视为公司列于财务报表的无形资产，并认为品牌资产可以从市场交易来定义，即是并购或清算的价值。Stobart（1989）从成本的角度认为品牌资产是重置成本，例如，竞争者模仿或重置该品牌的发展成本。芝加哥大学的 Simon & Sullivan（1990）根据公司未来现金流量折现的递增量定义品牌资产，认为品牌资产是一项具有品牌名称的产品，相对于同一项没有品牌名称的产品，其所能产生现金流量的贴现值。Smith 等（1992）从财务观点来考虑品牌资产在营销上的定义，认为品牌资产是从交易上评估的财务价值，而该交易是该产品来自品牌相关的成功活动，其重点是交换活动和可评估的价值。

财务的概念使得品牌管理出现了一些问题，比如它注重短期利益、片面指标。这对于品牌的长期发展是极其不利的，而且对于管理者也不易操作。于是，部分学者开始从市场的角度定义品牌资产。Tauber（1988）认为品牌资产来源于品牌所达成的市场地位，是超过其实体资产价值的附加价值。Kim（1990）认为品牌资产是指品牌唤起注意者思考、感受、知觉与联想的特殊组合，此组合会进而产生市场购买影响力。Mullen & Mainz（1989）从竞争的观点来看品牌资产，他们认为品牌资产是和一般竞争者比较，所产生的价格溢价。Doyle（1990）从产品政策的视角提出品牌价值是长期投资以建立竞争者持久及差异化优势的效果。法国著名的品牌管理学者 Kapferer（2003）设计了一种开创性程序，可以评估竞争者已有的品牌资产范围。也有学者从消费者视角定义品牌资产。目前，绝大部分学者都是从消费者角度来定义品牌资产。他们意识到：如果品牌对于消费者而言没有任何意义（价值），那么它对于投资者、生产商或零售商也就没有任何意义了，因此品牌资产的核心便成为如何为消费者建立品牌的内涵（Keller，1993，Blackstone，1992）。Keller（1993）发表在《市场》杂志上的“Conceptualizing，Measuring，and Managing Customer-Based Brand Equit”一文堪称经典，年平均引用率超过 40 次，在文章中他从消费者观点来定义品牌资产，提出营销活动会产生不同的品牌效果，会反映出消费者品牌知识的差异性。Zeynep and Durairaj（1998）认为当一个品牌在消费者心目中具有强烈的正向联想，而创造了品牌忠诚度时，则称其品牌具有品牌资产。

也有学者从综合的观点来看待品牌资产。美国营销科学学会（MSI，1988）对品牌资产的定义是：品牌资产是联想的集合，而且是该品牌的消费者，渠道成员，母公司的一部分行为，可使该品牌比未具品牌时获取更大的销售量或销售利润，品牌资产可以让这个品牌拥有比竞争者强而持久的差异化优势。从上面可以看出，此定义暗示品牌资产包括三个内容：一是知觉的或情感的，例如差异化的印象，品牌形象优势；二是行为层面的，例如支付更多金钱的意愿，不愿转换品牌和品牌的占有率；三是财务方面的，例如收入量的稳定性以及高于平均价格的利润，广告或促销减少后销售量的微幅下跌等。Shocher & Weitz（1988）也认为品牌资产可从厂商，渠道和消费者三方面的观点出发，因而品牌资产具体含意有如下三个方面：第一，品牌资产是无法由属性来评估和解释的效用；第二，品牌资产可提供竞争者的进入障碍与持久的竞争优势；第三，品牌资产是一种差异化、明确的形象，超越对产品本身的偏好。

品牌资产测量是品牌资产理论的重要内容，由于其理论价值和实践意义，相关研究成果颇为丰富，主要有两大门类：一是学术文献的观点，二是咨询公司的观点。

在学术文献方面，Keller（1993）认为不能用单一指标来衡量品牌资产，应该综合消费者当前的知识结构和企业采取行动将消费者的知识结构变成潜力资本的水平。Hutchinson、Raman 和 Mantrala（1994）发展了一个模型来衡量品牌知名度，区别影响品牌回忆的因素，比如市场结构、使用频率、广告支出、市场渗透和产品特点等。之后，Zaltman 和 Higgie（1995）将隐喻启发技术经常用来衡量品牌形象。另一种方法是由 Swait 等（1993）提出的，他们将均等价格作为品牌资产的代理。均等价格，就是在没有品牌差别的情况下，将一个品牌的效用等同于同类品牌的效用。Kamakura 和 Russell（1993）界定了两个要素来衡量品牌资产：一是品牌价值和可见质量，二是品牌无形价值。Park 和 Srinivasan（1994）将品牌资产分为两种成分：一是基于特征的成分，表现为主观特征和客观特征的差异；二是基于非特征的成分，表现为主观特征与整体偏好。Aaker（1996）介绍了一种新的模型来测量品牌资产。该模型由五个维度构成：一是忠诚度，比如价格溢价和满意度；二是可见质量、领导力和流行度；三是联想和差异性的测量，包括可见价值、品牌个性和组织知名度；四是知名度测量；五是市场测量，根据市场份额、市场价格和渠道覆盖来进行测量。李向辉、周刺天（2007）提出品牌资产引擎（Equity Engine）评估模型，这一模型是建立在消费者认知的基础上的，提出了构成品牌价值的三要素，即亲和力、功能表现和价格。

咨询公司发展了各种模型来测量品牌资产。业内人士广泛应用这些模型来测量他们的品牌市场表现，以便发展那些能够增强优势、克服弱势的营销计划。Interbrand TopBrands 是一种利用七个品牌资产的要素来测量品牌资产的工具（这个测量工具是使用的最广泛的品牌资产评估方法），这七要素分别是：品牌领导力；品牌的稳定性；市场的增长性和稳定性；品牌国际化程度；根据规模和未来前景所预测的品牌增长趋势；在投资的大小和质量方面的公司支持度；在专利和商标的法律方面所获得的品牌保护程度。Young And Rubicam Brand Asset Valuator（RBAV）也是一个广泛使用的模型，这个模型包含了四个测量品牌资产的要素：一是差异化，用来测量品牌在市场上的区别度；二是相关性，显示品牌是否与回答者有私人联系；三是尊敬，评估一个品牌是否被高度尊敬和被认为是同类产品中最好的；四是知识，这个要素与对品牌含义的理解相关（Aaker，1996）。此外，还计算两个额外的资产要素：品牌强度和品牌高度。还有一种品牌资产模型由 Equitrend by Total Research 发展而来，此模型由三个维度构成，即显著程度、可见质量和使用者的满意度。

2. 品牌的现代观

品牌的现代观是在对传统的品牌理论进行综合的基础上形成的，主要分为两种形态：品牌个性说和媒介说。

品牌个性说认为，消费者的个性化趋势促使品牌个性化，品牌个性化又是吸引消费者购买的重要因素。Lynn B. Upshaw（1999）指出，消费者的个性化导致其购买决策的个性化，而购买决策的个性化又促使了品牌的个性化。不同的消费者需要不同的口味、风格的品牌，在利润的驱动下，企业不得不努力塑造迎合消费者个性化的品牌。在这种趋势下，大众化的产品和服务将受到来自新时代的挑战。因此品牌的个性化趋势也代表了消费者的购买心理日趋复杂化。大卫·马丁（1989）在他的《品牌的罗曼化》一书中写道："著名的品牌是在很长一段时期里塑造起来的，一直都会有广告诚实地介绍产品的个性。品牌个性需要有稳定性来使其具有感染力。"

媒介说则认为，品牌是连接消费者与企业的桥梁和纽带，是一种特殊的媒介手段（David，1998）。没有品牌，消费者与企业就像是两个盲人，永远不知道对方是谁。品牌是一门由采购、生产、营销、财务、会计、信息、人力、核心能力、命名、定位、整合传播等各种职能、技术或手段、艺术的专业共同参与的综合艺术。通过品牌，消费者就能够对企业进行了解、形成偏见。

3. 品牌的未来观

品牌的未来观的主要表现形态有两种：品牌人性说和品牌生态说。

品牌人性说认为，品牌是有生命的，而且在很多方面就像个体的人一样，有性格、气质、品位、长相、思想价值取向、寿命等。也就是品牌能够使一个本没有生命的物体或服务人性化了，使其附有了生命力。正是品牌的这种人性化的特点把消费者给征服了。Lynn B. Upshaw（1999）认为品牌的人性化特征使得人们更想接近它，甚至得到它。品牌的人性化理论的发展可以说是品牌理论的一大飞跃。

品牌生态说借鉴生态学的概念和原理来研究品牌的现象及其发展规律。品牌生态说一经提出就成为了品牌理论的研究热点。1995 年，孙成章出版了其著作《企业生态学概论》，这几乎是国内最早有关生态思想在经济管理中应用研究的著作。1996 年，王子平等出版了其专著《企业生命论》，系统地提出了"企业生命"的内涵、组织等新思想。1997 年，王玉在其博士论文的基础上修改出版了《企业进化的战略研究》，该书系统研究了企业的进化特性及其机制。我国学者普遍认同品牌具有生命及生命周期的说法，如潘成云（1999）认为，品牌生命周期可分为品牌的市场生命周期和品牌的法定生命周期；王兴元（1999,2000）提出了"名牌生态系统"的新理论和概念，并就名牌生态系统的竞争与合作、诊断与评价、演化过程及运行机制、结构及利益平衡等问题进行了系统探讨。张焱（2003）提出了“品牌生态系统”、“品牌生态管理”和“品牌生态学”的概念。David A. Aaker（1998）明确提出了基于单个企业品牌系统的“品牌群”概念，首次将生态学的种群概念引入到品牌理论的研究中，并指出这是一个认识品牌的全新角度。Agnieszka Winkler（1999）提出了品牌生态环境的新概念，并指出品牌生态环境是一个复杂、充满活力并不断变化的有机组织的论断。国外的品牌研究表明了品牌与生态的结合将成为品牌理论发展的新趋向，生态学将成为解决品牌复杂性问题的桥梁，成为品牌理论创新与发展的新视角。

(二) 本案例的理论价值与现实指导意义

1. 品牌竞争力的核心归根结底是品牌的文化力

世界上恐怕没有第二种产品可以像耐克一样，将篮球运动和自己的产品形象紧紧地结合在一起，成为一对天然的关系。优秀的品牌都会找到一种自然的象征，让品牌生长在另外一个物体上来演绎产品自身所无法表现的个性。借助篮球运动建立品牌形象，是耐克长期以来坚持的营销策略。以乔丹、詹姆斯为代表的美国黑人运动员将耐克内涵推向了一个极致：卓越、力量和不可战胜的顶峰，篮球已经成为耐克品牌的象征，并失去原本“球”的意义。随着美国 NBA 在全球的风行和影响，耐克已经被注释为美国文化的象征，它被社会转化为一个国家的文化符号。这证明一个品牌一旦和国家与文化的因素融合为一体，它就具有了神一般的力量，人们很难抵御其品牌所产生的魅力。用黑人运动员一双有力的手拿着篮球的创意，简洁明了地表现了品牌人性化特征，赋予耐克独一无二的胜者形象。耐克品牌所具有的这种能力就是品牌的文化力。

品牌与消费者之间的沟通，以及带给消费者的价值，虽然包含但已经远远超越了物质利益层面。品牌营销的成功境界不仅表现为引导和满足消费者的物质与精神需求，更表现为对社会文化的融合与改造，即引导和改变消费者的价值信仰和价值取向，重新塑造消费者的生活方式，以及引领社会风气和时尚。在耐克超越或战胜竞争对手的过程中，虽然产品创新和技术创新功不可没，但这些只是基础。如果没有在此基础上对品牌文化力的建设和提升，即便技术再新，产品质量再好，也不可能使耐克在强手如林中脱颖而出并且与最强大的竞争对手拉开差距。体育精神就是一种对消费大众有着普遍而深刻影响的文化，当品牌与体育完美结合时，这种文化的力量将会转化为品牌的竞争力。品牌竞争力的核心归根结底就是品牌的文化力。耐克品牌与体育的结合就证明了这一点。

2. 品牌资产的核心是品牌与利益相关方之间的关系

财务视角下的品牌资产观虽然具有一定的意义（尤其是对于品牌资产的测量和交易而言），但是对于品牌管理者来说，在深刻理解以及如何塑造和提升品牌资产等问题上，恐怕采用综合视角的品牌观更为合适，其中基于市场视角和消费者视角的品牌观对于营造品牌竞争力尤其具有实际操作上的优势。耐克用心经营品牌的实践给人们的另一个重要启示就是：品牌与利益相关方之间的关系实乃品牌资产之核心。无论是热爱、关心体育和健身运动的普通公众（例如青少年、一般的运动爱好者、追求健美的女性以及其他渴望健康生活的人们），还是专业运动员，都是耐克最重要的利益相关方。

对专业运动员尤其是体育明星，耐克一如既往地倾注最大的热诚、耐心和资源予以关怀、帮助和支持，培养了一批批对耐克忠诚有加的体育明星，这些体育明星又以他们在球场上的出色表现和迷人风采创造和诠释时代的体育精神和“酷”时尚，而当耐克的名字和标识与这些闪闪发光的明星结为一体的时候，耐克无形之中成了时代体育精神和“酷”时尚的代表，无论是运动员还是球迷，皆以拥有耐克鞋和耐克运动衣为耀。对热爱、关心体育和健身运动的普通公众，耐克通过对品牌米姆（即品牌文化基因）的重新定位和改造，用“真正的运动品质”去打动和滋养每一颗渴望健康和活力，“做回真我”的心灵。既然 80 多岁的老太都能走上冠军领奖台，那么普通的“你”和“我”还有什么做不到的呢？在与利益相关方（尤其是目标顾客）之间的关系达到如此密切的情况下，耐克的产品组合的长期畅销将不再是一件困难的事情。

3. 产品领先在任何时候都是品牌大厦的基石

耐克体育用品在全球范围内实行虚拟生产，耐克公司将自身资源主要投入到产品研发设计和市场营销活动中，并获得丰厚的品牌收益，这种笑傲于“微笑曲线”的“潇洒”令许多企业羡慕。然而，品牌管理是一项极其复杂的系统工程，面对日益激烈的市场竞争，耐克管理层恐怕从未有过潇洒的感觉，为了确保品牌大厦的牢固，必须做好与品牌有关的每项基础性的工作，就像海尔 CEO 张瑞敏所说的那样，“永远战战兢兢，永远如履薄冰”。要想在品牌竞争中保持领先，保持产品领先就是其中一项最重要的基础性工作。企业领导人必须牢记，产品领先在任何时候都是品牌大厦的基石。耐克能做出“更轻更软的跑鞋”，竞争对手（例如阿迪达斯、彪马、锐步等）同样能够做出。当 20 世纪 80 年代耐克超过运动用品行业的老牌鞋王阿迪达斯而成为新科冠军的时候，有一个比耐克更年轻的竞争对手——锐步正在脚踏实地用“消费者欢迎的好产品”向耐克的王位发起挑战，并于 1987 年撼动了耐克的王位，暂时夺取了运动鞋制造业的头把交椅。耐克痛定思痛，在对品牌米姆进行重新定位和改造的同时，将最精锐的力量和资源投入到新产品——气垫鞋的研发之中，依靠领先的新产品和卓越的营销攻势，终于在 90 年代初重新坐稳鞋王宝座。由于生产制造环节实行全球外包，品质控制的难度远远超过拥有工厂的品牌商，因此耐克极其重视对潜在及现实的 OEM 厂商的评估和监督，并建立和实施了一套科学而有效的管理体系。由此可见，耐克深知运动鞋本身带给顾客“脚下的感受”之重要性丝毫不亚于品牌带给顾客的心理感受，而且二者之间根本就是“一枚硬币的两面”。

伊利：乳业老大的营销新思维

一、企业简介

内蒙古伊利实业集团股份有限公司（简称“伊利集团”或“伊利”）是一家以乳品生产、加工和销售为主要业务的大型企业集团，总部位于我国内蒙古自治区呼和浩特市（简称“呼市”，下同）。作为全国乳品行业龙头企业之一，伊利集团是北京2008年奥运会唯一一家乳制品赞助商，伊利也是第一个赞助奥运会的中国食品品牌。

伊利集团由液态奶、冷饮、奶粉、酸奶和原奶五大事业部组成，全国所属分公司及子公司130多个，旗下拥有雪糕、冰淇淋、奶粉、奶茶粉、无菌奶、酸奶、奶酪等1000多个品种的产品。其中，伊利金典有机奶、营养舒化奶、畅轻酸奶、金领冠婴幼儿配方奶粉和巧乐兹冰淇淋等产品因其回味无穷的独特口感和科学合理的营养价值备受市场认可，成为消费者心目中最受欢迎的“明星产品”。

伊利集团的前身——呼市回民奶食品总厂，最早是从呼市国营红旗奶牛场发展而来的。1993年经过股份制改造成立伊利集团。1996年3月12日，“伊利股份”在上交所挂牌上市。股票代码为600887。伊利股份凭借良好的业绩和高速的成长性已成为证券市场公认的蓝筹绩优股。

2012年3月15日，由每日经济新闻报社主办的“3·15快乐消费节”暨第四届中国企业诚信榜特别活动正式落幕，在公布的榜单中，伊利集团荣膺“最佳诚信企业奖”。在2012年9月1日由中国企业联合会、中国企业家协会在长春发布的2012中国企业500强榜单中，伊利位居第246位，较2011年的第261位上升了15位。据了解，2012中国企业500强的入围门槛已经达到了175.1亿元，比上一年度提高了33.1亿元。自

2008年以来，国内乳业生存环境日益严峻，而伊利却在大步前行，体现了其企业实力的稳健上升趋势。

二、营销策略

（一）五性合一：追求卓越品质

伊利产品过硬的品质有口皆碑，这源于伊利对于卓越品质的一贯追求。公司领导层认为，对产品品质的追求比品牌宣传更重要。伊利有一个产品理念公式：奉献“精良产品”＝人本化＋精品化＋天然性＋健康性＋创新性。乳业是资源主导型产业，业界素有“得奶源者得天下”一说。奶源是乳品生产的第一车间，也是整个乳业良性持续发展的生命线。因此，对于乳制品行业而言，品质取决于奶源，好的奶源是企业持续发展的推动力。自发展之初，伊利就把奶源建设作为完善乳品产业链的最重要的环节之一，并在奶源建设方面进行了大量的投入，是行业内首家完成全国奶源布局的企业。2007年至2010年，伊利集团共投入60多亿元用于奶源升级、建设。2011年，伊利投资14个亿继续加强奶源基地建设。其中，在建的自有牧场有5座，2011年建设并投入使用的自有牧场为2座。伊利集团通过奶源战略升级，不断整合和开发优质奶源，牢牢掌控了北纬40—50度“黄金纬度”上的三大黄金奶源基地，成为唯一一家覆盖新疆天山、呼伦贝尔、锡林郭勒三大黄金奶源基地的乳品企业，从而使伊利获得了国内目前最稳定可靠的优质奶源保障，在奶源储备上具备绝对优势。在拥有优质的奶源基础上，伊利也不断实践着“奶联社”、“家庭牧场”等奶源管理模式，以适应中国乳业的发展。“奶联社”模式用统一的先进技术保障了奶牛的科学养殖和奶农的收益，奶农在自愿的前提下将自己的奶牛交由奶联社进行统一管理、统一收奶、统一验质、统一交售，并严格采取“人畜分离和严格防疫”的措施规避奶牛养殖所面临的高疫病风险，从饲料喂养、挤奶出售，到原奶生产加工的所有环节都在企业的控制之中。

伊利在行业首创三级研发体系，并一直保持每年研发数十种新产品的乳业创新纪录，用自己的实际行动将中国乳业带入了一个自主研发的新时代。伊利与科研院所合作建立了中国第一个“乳业研究院”；伊利金典有机奶打破了中国有机奶的空白，让国人享受到了欧洲标准的“纯天然品质”；更值得关注的是，伊利发布的首个“中国母乳数据库”，直接促成了伊利金领冠婴幼儿配方奶粉的问世。这是迄今为止，唯一以中国母乳为标准设计的婴幼儿产品，再一次将“国人饮用奶”标准系统化。此外，伊利与国内外多方权威机构共同创立的“婴幼儿营养研究中心”也已成立，使中国乳业婴幼儿营养研究工作进入系统化、规范化发展时代。

在保证奶源品质的基础上，伊利完成了产品结构的战略升级。高科技含量、高附加值产品比重的增加，使伊利摆脱了只依靠“纯奶”参与竞争的局面。而且，伊利不断推陈出新，仅 2009 年上半年短短六个月的时间，就新开发出了红枣酸奶、可涂抹型奶酪、杏仁牛奶、畅轻酸奶等多款高附加值产品。自 2006 年以来，伊利旗下液态奶事业部持续推进产品结构升级，不断完善产品结构和品类，目前拥有伊利金典奶、营养舒化奶、纯牛奶、功能奶、花色奶、早餐奶、儿童奶、乳饮料等 8 大系列 100 多个品种的产品。其中，超高温灭菌奶产销量连续在全国遥遥领先。该事业部多次荣获国家级表彰和奖励，创造了乳品行业多项第一，产品创新超越国际同行，开创了中国全新的“液态奶时代”。2009 年，伊利 QQ 星儿童成长奶系列产品顺利投入市场。在 2009 年举办的第十届中国国际食品和饮料展览会上，伊利 QQ 星儿童成长奶与伊利的知名产品巧乐兹冰淇淋、伊利牧场雪糕一起夺得潮流与创新产品大奖。

在呼和浩特，伊利集团拥有亚洲最大的乳制品生产基地。其工业园占地 300 多亩，拥有 18 条生产线，日处理鲜奶能力 2000 吨，所有设备和工艺技术分别来自德国、丹麦、瑞典和日本，均为国际一流水平，实现了从收奶、标准化、无菌灌装、机械手包装及出库的工业全自动化控制。园区有序区分了人流和物流，避免了生产过程中的污染，确保了产品质量稳定；引进国际上的先进技术，保证了产品口味纯正；劳动强度较大的工序采用机器人操作；引进了世界一流、具有极强识别记忆的全自动立体仓储系统，共有 21024 个货位，容量 20000 多吨，实行 STV 无人驾驶自动穿梭小车运输管控。工业园采用了从原奶收奶、成品出库到进入市场的ＭＥＳ产品完善追踪链，包装过程中实行信息中央管理，自动采集样品检测，有效地实现了产品追溯的安全防范系统。

伊利一直是中国乳业品质标准的制定者和最好的执行者。多年以前，伊利集团就在行业内最早提出了“全过程、全方位、全员”的“三全”质量管理体系，采用世界最先进的质量检测设备、坚持国际最严格的检测标准进行原奶的检验，并且对所有环节进行监控，以确保产品从源头到终端的全程安全。这也是国内乳业第一套高标准的品控体系。伊利对于标准的创新和实践，得到了政府及社会各界的充分认可。伊利还着眼全过程、各环节、多节点的管理，制定相应的标准和追溯制度。伊利以ISO9000质量管理体系为主线，建立了全面的质量管理体系，分别引入并整合了ISO22000食品安全管理体系，ISO14001环境管理体系和OHSAS18000职业健康安全管理体系，形成“四标一体”综合管理体系运行机制，全面提升了产品质量安全生产和管理水平。此外，伊利还投入资金1亿多元，从美国、日本进口气相色谱一质谱仪、酶标仪、高效液相色谱仪等先进检测设备，基于全过程、全方位、全员原则建立“三全质量管理体系”，实现了产业链全部环节的严格监控及可追溯。2009年12月，全国冷冻饮品标准化技术委员会成立大会暨第一次年会在内蒙古伊利集团举行，宣布作为常设机构的标委会秘书处正式落户伊利。在这一政企全方位紧密合作，合力打造标准化新纪元的行业创举中，伊利也被国标委评价为“行业中唯一可担此重任的企业”。

伊利对品质的不懈追求赢得了消费者的信任，也带来业绩的持续攀升。2011年1月至12月，伊利实现营业收入374.5亿元，同比增长26％。其中，伊利奶粉实现56亿元的收入，同比增长超过22％，市场占有率稳居行业第一；而金典有机奶同比增长更是超过467％。近年来，伊利集团在各类消费者品牌评选中屡屡胜出，荣获过“老百姓最信赖的食品品牌”、“奶粉类最佳人气食品奖”、“内蒙古自治区十佳质量·服务双满意单位”、“网友最信赖的十大食品品牌”等荣誉称号，在质量和服务方面收获了消费者的信赖、口碑和货币投票。

(二) 公益营销：由外到内的洗礼与锻造

1. 牵手奥运会

2005年11月16日，伊利集团正式成为北京2008年奥运会的独家乳制品赞助商！这标志着伊利得到空前的机会，让全世界感受伊利，了解伊利和分享伊利。北京奥运会成为伊利发展的全新起点，这也是伊利品牌发展战略的一个重要里程碑。根据奥组委与伊利签订的协议，作为奥运会赞助商，伊利集团向北京2008奥运会、北京奥组委、中国奥委会以及参加2006年冬奥会和2008年北京奥运会的中国体育代表团提供资金、乳制品及服务。在迎接和准备奥运会期间，伊利开展了一系列有声有色的营销运动，取得了很好的效果。

(1) 与众多优秀运动员签约，代言阵容群星璀璨。2006年2月27日，伊利与刘翔正式签约，宣布从那日起刘翔在3年内成为该公司形象代言人。同时，伊利与国家田径队签订合作协议，成为该队独家乳制品赞助商。之后，伊利连续签约郭晶晶、易建联和国家羽毛球队、国家乒乓球队、国家跳水队、艺术体操队等奥运冠军和体育明星作为其品牌代言人，并按照不同消费群体的喜好将明星代言进行了分类，如刘翔和易建联代言伊利奥运专供奶；刘翔代言伊利金典系列；刘亦菲和易建联等明星代言伊利优酸乳；郭晶晶和易建联代言营养舒化奶；郭晶晶代言LGG酸奶新品；刘翔、王励勤、张怡宁等代言伊利冰品全产品系列等。

(2) 实施“蒲公英”计划。国家体育代表团在奥运会期间每获得一块金牌，伊利集团将向基金注入20万元，用于支持中国青少年健康发展事业。同时，这一公益项目今后将与奥运会同步，每4年注资一次，使奥运精神和公益接力像蒲公英一样在中华大地延续传承。

(3) 开展“伊利奥运健康中国行”活动。2007年年初，伊利集团启动了迄今为止中国规模最大、覆盖范围最广、贴近社区的奥运主题活动——“伊利奥运健康中国行”，旨在推动“全民奥运”热潮，引领大众参与全民健身活动。尤其是此次活动中对“奥运健康大使”的选拔，在全国播撒奥运精神和全民健康文化种子的同时，也让每一个普通民众都切身感受到北京奥运会所带来的点滴变化。为了加强活动的影响力，伊利还联合央视经济频道以及全国13家省、市电视台，共同推出《圣火耀神州》栏目，海选奥运健康大使。

（4）“有我中国强——寻找我的奥运坐标”。2007年11月10日，由伊利集团与CCTV.COM共同发起的“有我中国强——寻找我的奥运坐标”大型网络公益签名活动通过CCTV. COM正式上线。它的特别之处在于：通过架设在虚拟网络空间的“中国版图”，网民只要登录活动网页，就可以在版图的任意地区标注自己的名字，并上传自己的手写签名和奥运祝福。而通过“中国版图”的多级搜索功能，每一位网民都可以在网络上准确地定位自己的“奥运坐标”。

（5）推出以奥运为主题的广告片。2007年岁末，伊利集团推出以奥运为主题的广告片。这是一个由书写中国乳业历史的伊利集团董事长潘刚和刷新奥运历史的运动员刘翔共同诠释的特别广告。

（6）启动伊利奥运计划2.0。2007年11月15日，伊利集团在众多品牌中率先启动奥运公益助推器——伊利奥运计划2.0。这一计划是继“伊利奥运健康中国行”大型奥运主题活动之后的又一公益力作，并通过奥运口号、奥运概念产品、奥运公益活动等多方面诠释伊利集团对“公益奥运”的深刻理解。

伊利是中国食品行业第一个奥运会赞助商，作为一个“奥运新秀”，伊利从中获益丰厚。2007年，伊利的主营业务收入较2006年同期增长了17.56%，其中净利润增长27.46%，应该说这其中奥运的推动力功不可没。但这只是冰山一角。奥运给伊利带来的最直观影响，就是品牌影响力的迅速飙升。

奥运不但是伊利提升品牌知名度和美誉度的良好平台，更是全面检验和提升伊利品质、带动消费者信心恢复的关键性时间节点。在北京奥运会期间，伊利曾经为来自为全球200多个国家和地区的16000名运动员、教练员和随队官员提供牛奶、冰激凌、酸奶和奶酪等全线乳制品，得到了北京奥运会参赛代表、各国友人的一致赞誉，奥运会成为伊利领航中国乳业、迈向世界舞台的重要战略举措。在2008年的夏天，不可思议地连夺8枚金牌的菲尔普斯，在奥运村最喜欢的食品就是伊利奶酪；

日本奥运代表团“最深的北京印象”，是“震撼的开幕式，壮观的鸟巢，还有好吃的伊利牛奶”；而当初在伊利“健康中国”计划中受益的河北省涞源县狼牙口村的孩子们，则特别喜欢在黑板上用稚嫩的字迹写下伊利的奥运口号：“有我中国强”。

奥运一役，让海外的友人们了解了“中国的伊利”，也让全国各地的人们看到了“伊利的五环”。套用一位业内人士的话来说：世界级的产品和服务，在这一刻终于赢得了世界级的尊重。最新数据显示：伊利集团的品牌价值上升至205.45亿元，比牵手奥运的2005年已经上升了近70个亿。在权威机构对所有北京奥运品牌影响力的系统调查中，伊利遥遥领先，仅次于可口可乐。

奥运结束转过年的第一季度，国际权威调查机构AC尼尔森的数据即显示：伊利5大单品的一季度销售额增速普遍高于行业平均水平。而这其中最为引人瞩目的是伊利婴幼儿奶粉。在大多数的国内奶粉企业由于原料的匮乏、国外乳企的冲击挣扎在生死边缘时，伊利婴幼儿奶粉的销量却是2008年同期的两倍，取得了高达113%的同比增长。

奥运之后，到伊利参观的国际国内游客高峰时达每天数千人之众。他们的参观目的只是一个：看看那个“身披奥运战袍”的乳企，生产工艺、检验标准到底是如何的严格苛刻。

“如果没有奥运，伊利的发展轨迹也许不会改变。但成功牵手奥运，无疑全面加速了伊利的品质升级。”乳业资深专家陈渝这样评价。牵手奥运后，伊利首先进行了产品结构的战略升级，同步升级的包括生产细节、检验标准在内的产品生产全要素。这些投入不是一个简单的数字可以概括的。奥运会对任何企业都是高标准、严要求。为了交上一份满意的奥运答卷，企业就必须从整体的管理运营到细节的质量控制，进行全方位的锻造和提升。伊利的生产检验标准总数达到了远远超过国家要求的899项，物流全程都实现了GPS的无缝跟踪。其检验室的无菌标准比国内的大部分实验室还要严格，以新疆天山、内蒙古呼伦贝尔、锡林郭勒为主的黄金奶源更在中国乳业竞争的版图中占有绝对优势；另一方面，屡次科技创新之后，畅轻、QQ星儿童成长牛奶等新品接连获奖；高附加值、高科技含量的产品业已超过伊利业务总额的40%，趋近了发达国家乳业巨头的业务结构；甚至，其拥有的完善的有机产业链，至今仍让蒙牛、光明在内的其他乳业巨头无法全盘复制。

2012年伦敦奥运会期间，伊利继续支持中国体育代表团，为奥林匹克事业在中国发展提供全方位支持。这年夏天，伴随着地铁、公交、电视广告、微博的全方位宣传，伊利还启动了覆盖全国的消费者参观活动，共同见证伊利品质，让消费者零距离了解“奥运牛奶”的生产过程。

与奥运精神相契合，伊利在2012奥运战略中启用的代言人及设计的广告语，都是经过精心策划的，既引人注目，又具有极强的鼓舞性和亲和力。“征服得了对手，也‘欺负’得了老公，奥运不只是强者的较量，更是生命活力的排名赛。”“跨过的障碍多了，就不会在乎下一个。奥运不只是110米的冲刺，更是生命活力的再出发。”“人不英雄枉少年，谁说世上有永恒的统治者？奥运不只是新纪录的挑战，更是生命活力的绽放。”在广告片中，李娜、刘翔、孙杨三大世界冠军用自己的实际行动诠释属于自己的“生命活力”，并集体发声呼吁：“你，也可以做自己的健康冠军”。这个广告经过一段时间的发酵、升温，等到伦敦奥运会正式开幕时，其传播力度和效果达到了一个新的高峰。

奥运对于伊利，不仅是营销，更是一种全方位的锻造！不得不承认，奥运既放大了伊利的品牌影响力，也提升了伊利的全线产品品质，但最重要的仍然是让伊利的整体实力得到了全方位的锻造。如今的伊利，就连参观工厂的讲解员都会讲一口流利的英语，就连一个最普通的送奶工都能把质量管理的重要性娓娓道出。这种全新的姿态，才是奥运留给伊利最大的礼物——那种只有经历过最严苛的洗礼才能熏陶出的从容与自信，现在在每个伊利人身上都看得到。

2. 服务上海世博会

2009年5月25日，就在服务奥运不到一年后，伊利再次与世界又一顶级盛会——2010上海世博会联姻，“奥运标准”也被“世博标准”继承和刷新。上海世博局副局长陈先进明确指出：“只有伊利的产品质量完全符合世博会的高标准，只有伊利的产品线能满足7000万游客的需求，只有伊利才具备成功服务奥运会的成熟经验”。

显然“成功服务奥运的经验”是别人无可比拟的优势。而这种优势在伊利携手上海世博仅仅一周后即得到了再次验证。2009 年 6 月，伊利集团作为唯一一家供应学生奶的疆外龙头企业，接受了由新疆维吾尔族自治区颁发的“新疆学生饮用奶定点生产企业”的牌匾；同月，内蒙古自治区、呼和浩特市两级政府分别启动“一杯奶”生育关怀行动，伊利集团再一次从众多的乳品企业中脱颖而出，成为该行动唯一的乳制品专供企业。由此，每年将有约 16 万孕期妇女每天享受一杯由政府买单、伊利集团提供的高品质牛奶。

作为世博企业，伊利以中国传统元素为基础将世博与伊利“世博牛奶”进行了最好的结合。伊利制作了这样一则广告：穿着“中国红”裙子的小女孩站在中国馆旁边手捧一杯香醇的牛奶，甜甜地说“用款待世界的牛奶款待你”！这则广告在电视、广告灯箱上频繁出现，掀起了“观世博，喝伊利世博牛奶”的热潮。

为更好地为消费者提供优质的“世博牛奶”，自牵手世博之日起伊利集团即提出了“世博标准”工程，在品质、渠道、科研和公益形象等四个方面升级原有的标准和服务体系。首先全面升级伊利品质标准，提升产品的安全性和营养质量；其次全面深化伊利产品的产销渠道，确保产品销售的及时性和精确性；再次，全面加强企业的科技创新水平，刷新“国人饮奶”的生产标准；最后，深入贯彻公益行为的实施，使企业能够最大化地为产业链的共赢和整个社会的和谐进步服务。据伊利相关人士介绍，“世博标准”并不仅仅局限于本次服务世博会，而是伊利现在和将来会一直坚持的“世界最高标准”的代名词。同时作为一家以坚持“绿色产业链”为发展理念的企业，伊利也借助“世博标准”工程将企业绿色生产的内涵进行了升级。无论是第一款低碳牛奶谷粒多还是采取了FSC 包材的伊利优酸乳系列产品，伊利不仅为自己确立了绿色发展的标准，也为其绿色营销打下了深厚的产品基础。

“绿色、低碳”是上海世博会的主题之一，其中的一大特点是园区零排放。由于园区内不允许任何机动车辆进入，如何补货成了很多企业面临的难题。在“绿色产业链”的指导下，伊利与铁道部门共同制定了“五定班列”的精确物流管理方式，即定起点、定终点、定时间、定路线、定产品。这种管理方式为伊利集团的冷藏运输系统提供了极大保障，切实做到了“节能减排”，同时也给园区内其他服务企业提供了样板。

由伊利向上海世博会捐赠的400多套休闲桌椅、近1000把遮阳伞、100多顶帐篷，让游客们在这个拥有5.28平方公里史上最大面积的世博园内，随处都能感受到伊利提供的绿色人文关怀。伊利的绿色人文关怀还在多方面得到了具体体现，如参建了世博史上首个针对残疾人的生命阳光馆，让残疾人在其中体验无障碍生活，让健全人体验残疾人生活的不易。这种交互式体验和人人平等的理念很好地诠释了“城市，让生活更美好”的世博主题，同时也进一步明确了企业的社会责任。

为了更好地体现伊利的绿色人文关怀，伊利在园内设立了数十个母婴服务中心，每个母婴中心都设有休息区、哺乳区、盥洗区、冲奶区、游乐区，甚至单独的洗手间，为妈妈宝贝提供温馨的哺乳环境。据统计，伊利母婴服务中心所服务的中外游客已经超过40万人，母婴服务中心成了世博期间最让人感动，收获游客感言最多的地方。

正是得益于推行符合上海世博会“绿色、低碳”和人文关怀主题的营销策略，伊利从世博营销中获得了巨大的收获。据伊利发布的2010年三季报显示，伊利股份2010年1—9月的营收达到235.25亿元，同比增长22%。这一数字已经超越伊利2008奥运年全年主营业务收入的总和，再次创造了中国乳业发展的历史新纪录。另一方面，通过世博营销，伊利的品牌影响力又上升到一个全新的境界。

3. 做负责任的企业公民

截至2011年，伊利集团累计向国家纳税120多亿元，同时先后发起了“阳光爱心，情满西藏”、“爱心照亮回家路”、“健康中国—阳光社区公益梦想”等多项大型公益活动，累计为公益事业投入近8亿元。此外，还为养奶牛户累计发放奶款770多亿元，以滚动的方式累计向农户发放购牛款近20亿元，带动500万奶农走上了脱贫致富的道路。2010年上海世博会期间，伊利集团创建的“绿社会”环保公益微博，通过与消费者的沟通与互动，宣传绿色理念，分享绿色行动，倡导绿色生活，取得了良好的社会反响。

伊利集团在多年社会公益实践中建立并完善了一套完整的企业社会责任应急预案，确保伊利集团应对国内每一场自然灾害，都能做到“反应迅速，筹备到位，保障有力”。从1998年洪灾，到2003年“非典”，从2005年东南亚海啸，到2008年初雪灾，从汶川特大地震，再到2010年西南旱灾和玉树地震，伊利都能做到迅速对企业所有资源进行协调，第一时间向灾区伸出援手，奉献爱心。

“做一名负责任的企业公民!”这是伊利多年来不变的承诺。在近10多年的发展中，伊利成功地兑现了这个承诺。她始终把承担社会责任作为企业立身之本，用反省和实际行动探索和实践“厚度优于速度、行业繁荣胜于个体辉煌、社会价值大于商业财富”的发展观，走出了一条与环境和谐共处、与社会多方共赢的发展道路，从而带动了企业公民理念在中国商界的普及。伊利连续三次荣膺“最佳企业公民”称号，为中国商界树立了新的责任标杆。

（三）“织网计划”：完善绿色产业链

2006年，伊利集团全面启动“织网计划”。伊利的现代化乳业基地，北起黑龙江，南至福建、广东等省，东临上海，西达新疆，“纵贯南北、辐射东西”的布局格外分明。“织网计划”的核心内容是实现生产、销售、市场一体化运作，对每个市场进行精耕细作，强化每个区域市场的独立作战能力。该计划的顺利实施，使得伊利集团成为第一家真正有能力同时覆盖全国市场的乳品企业，伊利的产品也在最短的时间内被送到消费者手中。2006年5月，伊利挺进中原，在湖北黄冈建厂；6月又落户南方，加强重点市场控制力度；8月谋划西南，完善网络；12月瞄准长三角地区进行高科技布局。2007年，伊利作为唯一一家乳品企业，被商务部推荐加入到“万村千乡”活动中，覆盖农家店近25万个。同年6月22日，河南伊利乳业有限公司生产线在平顶山正式建成投产。这是伊利集团在河南省首次建厂。

伊利集团在进入河南之前，已经在东北、河北、四川、济南、新疆等地接连设厂。尤其是在新疆的石河子和乌鲁木齐两地，伊利先后投下近 4 亿元分别建设乳制品厂和奶粉生产基地。新疆坐拥 8.6 亿亩的优质草场，占了全国草原面积的 22%，拥有天山北坡，伊犁河谷、南疆绿洲等大型畜牧基地，面积十分广阔。随着国家退耕还林还草政策的实施，近几年奶牛养殖业已成为新疆畜牧业的重要组成部分和农牧民增收的主要渠道。以天山北坡、伊犁河谷、焉耆盆地为主的奶牛产业带已基本形成，奶源品质在全国名列前茅，乳牛养殖优势显著。新疆除了在奶源方面有较为明显的优势之外，其潜在的市场前景也十分可观。新疆奶制品本身就有自己的独特产品：包括被牧人称为“随身三宝”的酸奶疙瘩及酸奶干、奶豆腐、奶皮子、奶油、稀奶油、奶油渣、酪酥等，本地已经具有相当传统的消费习惯。这些新疆特有的民族传统奶制品，完全可以支撑起新疆全力向干乳制品进军。同时，中亚奶产品需求量大，而当地的奶业发展缓慢，中亚更是一个巨大的潜在市场。乌鲁木齐项目的投产，一方面实现了伊利集团在全国织网战略计划中西北地区的布局目标。同时，乌鲁木齐也将从此成为伊利集团走向中亚市场的重要通道和提供奶源、奶制品的重要加工基地。依托该基地，伊利可以将触角辐射到毗邻的乳业发展滞后的中亚国家，为今后开拓更加广阔的乳制品市场做准备。

2009 年，伊利再次创新渠道模式，与中国石油达成战略合作，利用中国石油便利店进行销售。消费者在中石油全国 18000 家便利店都可以买到伊利产品。这其中包括早已为人熟知的伊利金典奶、优品嘉人酸奶和“巧乐兹”雪糕等。

2010 年 12 月，伊利隆重推出品牌升级战略，以新的标志、新的品牌主张和全新包装的产品系列全面亮相，高调宣布了一个“为你而变”的全新时代已经来临。伊利新标志蕴含着一种内敛的动态平衡：传承原有标志中蓝、绿、红三大基本色以及字体拼写方式等元素，由三道“月牙形”组成的椭圆形围绕着红色的伊利，在象征蓝色天空和绿色草原的部分增加了阳光的元素，表达出滋养万物、滋养生命的活力动感。整个新标志配合伊利全新品牌主张“滋养生命活力”，表达了伊利所倡导的“绿色产业链”中人与自然界的和谐共生的美好理想。

“健康＋绿色”是伊利品牌再升级的核心诉求。“绿色产业链”概念即追求“绿色生产、绿色消费、绿色发展”三位一体，实现企业绿色生产、倡导顾客绿色消费、坚持品牌绿色发展。在这一战略指引下，伊利率先尝试展开从奶源地选择到养殖、从生产到加工、从包装到销售、从物流到服务等多方面多角度的低碳环保行动，包括充分利用太阳能进行发电、供热，循环利用水资源，将牛的粪便制成有机肥料用于牧场等，就连乳品的纸质包装原料都来自经过认证、生态管理良好的人工森林。

伊利的绿色产业链由上游、中游和下游组成。伊利集团通过打造绿色奶源和使用环保包材来确保乳品产业链上游的绿色、环保和无污染。在乳制品生产环节，伊利集团一方面以绿色作为衡量产品质量的重要指标，实行高效、科学的管理系统，对产品生产的细节管理精确到秒，不仅使能源消耗降到最低，而且进一步确保了产品的安全营养。另一方面，伊利集团在建造每一个工厂的同时，都会进行排污水治理工程、锅炉废气治理和烟尘排放处理等环境治理配套设施的建设，力图将产品生产对环境的影响降到最低。在产业链下游，伊利集团一方面坚持物流运输方面的节能低碳，另一方面通过一切销售、服务环节向广大消费者及服务受众传递“绿色”理念，以此带动更多的人推进“绿色产业链”。由伊利首创的“五定班列”的精确物流管理方式，确保了物流的低碳化。而“织网计划”则缩小了每个生产基地的销售半径，使得物流管理形成区域性链条，充分减少了对能源的消耗，最大限度降低了环境的负担，大大增强了对食品安全的保障，把产品以最短的时间送到消费者手中。

伊利不仅通过牵手奥运会和服务世博会向消费者提供绿色服务，而且借助互联网等新媒体传播绿色理念，引导消费者进行绿色消费，自觉加入到保护环境、实践绿色生活方式的队伍中。作为中国历史上唯一一家符合奥运标准、为北京奥运会提供乳制品的企业，伊利早在奥运期间就开历史先河首创了新媒体营销。上海世博会期间，伊利集团再次以当下最为流行的新媒体载体“微博”为切入点，在新浪网上倾力打造绿色公益微博——“绿社会”。这是首个由企业打造、以“低碳环保、绿色发展”为主题的绿色公益微博平台。一经上线，短短10天，粉丝数量就超过 8000 名，成为当时最火爆的公益微博之一。依托“绿社会”平台，伊利发起了“带你看世博·发现世博之绿”的公益活动，线上线下的活动互动和分享，多种营销手段相结合，其倡导的“绿色”、“低碳”的理念也得到越来越多的认同和支持：世博园内，伊利免费派送冰品，在世博园区内刮起了一阵清凉、冰爽的“绿色旋风”。广大志愿者们和游客们，纷纷加入。世博园外，更是精彩纷呈，9 月 22 日世界无车日，伊利“绿社会”又发起了“发现世博之绿——绿色出行接力”活动。李小冉、董洁、刘孜等诸多明星们也纷纷在“绿社会”风尚墙上写下“绿色宣言”。“绿社会”更是成为新的潮流和时尚。在活动以及明星们的带动下，粉丝达到两万人。

绿色产业链的打造，极大地丰富了伊利的品牌内涵，突出了伊利以社会责任为导向的企业价值观，进而对提升品牌形象和品牌竞争力起到了巨大的推动作用。

(四)“厚度决定高度”：后乳业时代的战略思维

从不缺乏舆论瞩目的中国乳业，确实经历过一段“野蛮生长”时期，“大鱼吃小鱼，快鱼吃慢鱼”的故事每天都在上演，人们总习惯于将过去十年称为“黄金十年”。如果以一个更加理性的角度判断，“黄金十年”更多应该被解读为一个华丽的包装。冷静看来，这背后却反映出一系列无法回避的问题：社会责任问题、品质问题、环保问题、公司模式问题、人员问题等。从乳品行业的实践来看，世界乳业的增量的一半在中国，未来十年中国乳业将走向何方，如何走，将是一个有待上升到哲学高度的命题。

现任伊利董事长潘刚对此问题有着自己独特的见解。潘不否认也不回避过去十年间乳业出现的问题。但自 2005 年上任以来，他便已经决心和过去的发展模式一刀两断，用一个时髦的说法叫从行业的“底层”开始革新。只有这样才能让伊利重获新生，才能带领中国乳业走向“后乳业时代”。为了让后乳业时代的前景更加清晰可见，潘刚在内心构筑了一个金字塔模型。塔基是后乳业时代发展的方式，这是乳业健康发展的根基；塔心是产品提供给用户的价值，这种价值要随着消费者的习惯变化而逐步升级；最后塔尖部分是乳品企业的品牌和日益走向世界的影响力。过去乳业喧嚣的本质是只盯塔尖，忽略甚至无视塔心、塔基，这是一种自上而下的浮躁；后乳业时代，伊利会以责任导向为根本自下而上地重塑乳业发展模式。

2010年罗伯报告（Roper Reports Worldwide）在25个国家和地区展开了一项消费者调查。结果显示，78%的中国人表示自己即使无需购物，也会热衷于逛商场，如果购买也只会选择知名品牌的产品。这一比例在全球位列第三，而全球的平均比例仅为37%。调查的结果让中国乳业走向了分岔路口：一方面有些大型乳企希望迅速做大知名度，让品牌家喻户晓，圈地之后再回头补足基本面，即从金字塔尖走回塔底的自上而下式。所以在国内乳业轮番上演广告秀、娱乐秀、事件秀等营销攻势也就不足为奇，这也是业绩攻心，迅速见效的短视行为。而伊利则选择了看起来有些迂回的金字塔“自下而上”的发展模式。潘刚指出，龟兔赛跑的故事虽然版本层出不穷，但在乳业至今还在上演。他认为象征业绩的金字塔尖根本就不是“做”出来的，而是水到渠成的结果。

在企业发展根基与乳品企业经营发展绩效的关系上，伊利第一个提出“厚度决定高度”。从2005年以来，经过七年多的艰辛努力，董事长潘刚自信地看到了后乳业时代的曙光。

首先，中国乳业进入转型期，伊利率先从“营销主导”转向“责任主导”，这是夯实基础的第一步。潘刚指出：“总结过去十年的发展，中国乳业最突出的特点是一个‘快’字。伊利，我更愿意强调一个‘稳’字。”这个字也许浓缩了其上任七年间带领伊利厚积薄发重新夺回乳业领导者地位的过程。在公众更加注重健康、食品安全和环境保护的时代发展趋势和背景下，应该正确看待企业的经营战略与社会和环境的内在联系，积极承担起对所有利益相关者的责任。这便是足以载入中国乳业教科书的“伊利法则”的核心精髓。

其次，在落实经营哲学、实施资源配置战略上，伊利积极倡导“绿色产业链”。在2007年的达沃斯年会上，潘刚第一次提出“绿色生产、绿色消费、绿色发展”的绿色领导力思想。2009年他正式提出“绿色产业链”的构想。“绿色”代表可持续发展，“产业链”强调的是产业上中下游所有利益相关方的价值观和行为模式，它是一个有机统一的系统。上游指奶源，中下游指乳品加工和销售，相比其他行业，乳制品生产各个环节联系更加紧密，一个地方出错，满盘皆输。优化奶源是伊利在绿色道路上所走的第一步。而伊利实施的绿色生产、绿色物流以及向消费者传播绿色理念，则是这条“绿色产业链”的中游和下游。

最后，伊利更加注重用不懈的创新满足持续进化的消费者需求。在后乳业时代金字塔的塔心是乳制品如何更好地为消费者服务。在新世纪的第一个十年，伊利为中国市场普及了健康和营养。如今，低收入人群，尤其是中小城市居民的早餐正由传统的面条变为牛奶加面包的组合，这部分群体正成为推动中国液态乳制品消费增长的主力军。在满足品质安全的前提下，消费者对乳制品的需求日益上升为对品位和生活方式的追求。伊利率先洞察到这个因素并通过一系列高附加值产品迎合消费者升级的需求。从获得国际 IDF 大奖的“畅轻”，到首个针对乳糖不耐受人群的营养舒化奶，再到伊利 QQ 星儿童成长酸奶、大果粒超级水果系列酸奶均获得创新产品奖，伊利的创新无处不在。潘刚总结道：“在后乳业时代，竞争将上升为产品的研发设计与品牌塑造的较量，只有在这两个方面取得优势，那条著名的微笑曲线才会出现在企业的脸上。”

三、理论价值与现实指导意义

（一）国内外理论研究成果

与本案例联系最密切的理论主要有两个方面的理论：一个是有关社会责任营销（其中包括绿色营销和善因营销）的理论，另一个是有关企业持续健康成长的理论。下面分述之。

1. 关于社会责任营销、绿色营销和善因营销

（1）企业社会责任与社会责任营销

企业社会责任（CSR）被纳入学术研究的范畴始于 20 世纪 50 年代。由于看到大型公司所拥有的权力及其经营活动对社会所造成的重大影响，博文（H. R. Bowen）于 1953 年在其著作《商人的社会责任》中提出

“商人应该为社会承担什么责任”的问题后，给出了商人社会责任的最初定义：“商人有义务按照社会所期望的目标和价值，来制定政策、进行决策或采取某些行动。”这个定义正式提出了企业及其经营者必须承担社会责任的观点。在该领域几乎与博文齐名的戴维斯（K. Davis,1960）强调“责任铁律”，即“商人的社会责任必须与他们的社会权力相称”。弗雷德里克（W. C. Frederick,1960）强调，社会责任意味着商人应该监督经济体制的运行以满足社会的期望，促进社会的进步。麦克奎尔（McGuire,1963）明确地将CSR概念延伸到经济和法律范围之外，他认为，“社会责任的观点假定企业不仅有经济和法律责任，同时有超越这些义务的社会责任”。沃尔顿（Walton,1967）提出，社会责任的概念能够使人们认识到企业和社会之间存在的密切关系，企业行为不仅影响他人，还可能影响整个社会系统，因此，当企业在追求经营目标时，管理人员必须考虑到这种关系。

20世纪70年代以后，关于CSR的研究日益丰富和深化，主要表现在以下七个方面。

第一，企业社会回应（corporate social responsiveness）。企业是整个社会环境中的一个角色，它不仅必须满足一定的社会期望，而且应该考虑如何对不断变化和提升的社会期望作出回应。

第二，公共责任（public responsibility）。普雷斯顿和波斯特（Preston & Post,1975）认为，大多数企业社会责任概念主要是关注企业经营行为对社会所造成的影响，具有模糊而笼统的含义，与企业管理的内部活动或企业所处的外部环境缺乏联系，因此，他们选择用“公共责任”来代替“社会责任”，用来定义在公共生活的特定环境下组织管理的功能，并提出，企业实施对公共责任的管理，要考虑的是企业基本的经济活动及其所造成的内外部影响；企业公共政策的制定要广泛考虑政府要求、法律规定、公众观点等因素，不能仅依靠个人道德观点或少数利益群体来对企业责任范围进行界定。

第三，企业社会绩效（Corporate Social Performance,CSP）。塞西（Sethi,1975）首先提出了包含“社会义务”、“社会责任”和“社会回应”的企业“社会绩效维度”。卡罗尔（Carrol,1979）在此基础上提出一个包含企业社会责任、社会议题和社会回应三个维度的CSP模型，这个模型最大的贡献是将以往人们所争论的关于企业社会责任的观点系统化，定义了企业必须承担的经济、法律、伦理和自行裁量的4种不同责任，构建了一个整体的理论框架。

第四，经济伦理（business ethic）。70年代中期，在神学家和宗教思想家对经济活动中伦理问题既有探讨的基础上，一批哲学家开始从另一个视角讨论企业社会责任。自80年代起，来自管理学、经济学、法学及其他领域的研究者也逐步涉足经济伦理议题，他们从不同学科的视角，以不同的观点、方法进一步推进该领域的研究。90年代初，经济伦理的研究更加注重将适当的伦理政策和战略融入企业组织管理中，并开始在实践中被广泛应用，许多公司通过建立公司行为规范，实施伦理培训项目，指派公司伦理官员和建立高级管理层或董事层的伦理委员会等来实施企业的伦理管理。

第五，利益相关者理论（stakeholder theory）。“利益相关者”的概念尽管很早就有人提出，但20世纪70年代才真正进入理论研究领域。弗里曼（Freeman,1984）运用利益相关者理论回答了企业的经营活动应该对谁承担社会责任的问题。在他看来，“利益相关者就是任何能够影响公司目标的实现的集团和个人或公司目标所影响的任何集团或个人”这个概念除了突破股东利益至上的传统观点外，更重要的是为CSR的实施提供了一个很好的分析工具。

第六，企业公民（corporate citizenship）。“企业公民”的概念于80年代由实践进入企业社会责任理论研究领域。2002年1月在纽约举办的全球经济论坛上，由34家全球最大跨国公司签署的联合声明——“全球企业公民——对CEO和董事领导的挑战”，不仅强调企业对所处社区的责任，而且强调在全球化背景下，企业必须要承担一种全球性的社会责任，这充分彰显了社会公民的当代意义。

第七，对社会负责任的投资（Socially Responsible Investment，SRI）。对社会负责任的投资（SRI）来源于17世纪贵格会带有道德筛选意味的投资，当时的贵格会拒绝对进行武器买卖的公司进行投资。现代的SRI运动始于1971年的柏斯全球基金（Pax World Fund），该基金由抗议越战的牧师发起，他们创办了一个共同基金，把认为不合道德的公司剔除出他们拥有的所有股票组合之外。从90年代末开始，各国SRI资金急剧增长。对社会负责任的投资也称伦理投资或绿色投资，它关注的是企业社会责任的实现，其基本原则是通过资本引导，促进企业的对社会负责任的行为。

关于社会责任营销，Colihan，William J. Jr（1967）讨论了企业在市场营销中面临的伦理学问题；Bartels，Robert（1967）对市场营销中的伦理问题进行了模型分析。70年代，鉴于环境恶化、资源短缺、人口爆炸性增长、世界性饥荒和贫困、社会服务被忽视等社会问题日益突出的情况，有些学者提出了对纯粹营销观念进行修正或替代的若干新观念，如“人类营销”、“生态营销”等。菲利普·科特勒等称之为社会营销观念（societal marketing concept）。社会营销观念要求营销者从广义的视角认识和理解自己在道德、环境、法律和社会环境下的角色，在营销活动中充分考虑社会与道德问题，要求他们必须对公司利润、消费者需要的满足以及公共利益三者之间的关系进行评估和平衡。菲利普·科特勒等人（2009）把符合社会营销观念的要求的市场营销称为社会责任营销，并指出，随着产品成本的商品化程度（同质化趋势）的增大，随着消费者越来越关注社会责任，有些企业开始把社会责任作为自己与竞争对手区分开来、影响顾客偏好和实现销售收入与大量利润的重要手段。

（2）绿色营销

绿色营销又叫做生态营销（Fisk,1974），也有人称之为环境营销（Coddington,1993），是一个整合了多种成分的整体性的营销概念。美国市场营销学会将绿色营销定义为对环境安全的产品的营销（包括减少环境污染，减少能源和非能源资源的消耗）。绝大多数人以为绿色营销单指对具有环保特征的产品的促销或广告。提起绿色营销，消费者最常想起的术语是无磷的、可循环利用的、可重复填充的、对臭氧层友好的、对环境友好的，等等。在Polonsky（1994）看来，这些术语都是绿色营销诉求，一般来说，绿色营销是一个更宽泛的概念，它可应用于消费品、产业用品和服务领域。他认为绿色营销是由为达成和促进旨在满足人类需要的交换而设计的各种活动构成的，而这些需要和欲望的满足是以对自然环境的危害保持在最低程度为条件的。相对而言，Polonsky 的绿色营销定义更准确些。Polonsky（1997）把绿色营销又称为可持续营销，认为可持续发展所要求的可持续营销不仅包含营销竞争上的可持续性，而且包含生态上的可持续性。许多经济活动是由营销流程所发动的，而该营销流程为满足人类需要和欲望而创造和刺激消费。然而，营销在发展中的重要作用只有通过可持续营销实现时才是适当的，可持续营销就是在不危害子孙后代满足其需要的能力的条件下满足当代人的需要。

Durmaz Yakup 和 Zengin Sevil（2011）认为绿色营销哲学是可持续发展和全球环境问题的重要组成部分，他们探讨了企业开展绿色营销的原因，并对组织采纳绿色营销哲学的原因进行了检验。Sandeep Tiwari 等（2011）详细分析了绿色营销的各种影响因素和构成要素，讨论了绿色营销组合、社会责任、政府压力、竞争压力、绿色营销的成本/利润、绿色营销在印度的实施、绿色营销近视症及其防治对策等。

（3）善因营销

善因营销（Cause-related Marketing）又称为慈善营销，或公益营销，最早是由美国运通公司于 1981 年提出来的。彼时运通公司与非营利组织艾丽丝基金会合作，通过将捐赠与销售额挂钩的方式，来为翻新自由女神像筹建资金，结果不仅使运通公司的销售额成倍增长，同时也为艺术团体募集了大量资金。运通公司将这种销售与福利事业挂钩的营销战略称为“善因营销”，并且在美国专利局将这个术语作为一个服务标记进行注册。运通公司的这种战略在美国社会发挥了巨大的示范效应，在 20 世纪 90 年代，善因营销产业产值增长了 500%。善因营销可以获得企业、非营利组织和顾客的三赢结局，在社会责任营销中，占有独一无二的地位。

不同的学者对善因营销的定义相差悬殊。Varadarajan（1986）将善因营销定义为：制定和执行营销行动的过程，这种行动具有特定的含义，当消费者参与满足组织和个人目的的产品交换行为时，企业将一定数量的收益捐献给特定的慈善事业。该定义得到了广泛的认同，但这个定义没有考虑善因营销的其他活动，仅仅将善因营销活动局限在产品销售领域。Barnes等人（1991）认为善因营销是一种用来增加企业盈利能力的企业慈善活动，但企业慈善捐赠不一定要与企业具体的销售活动联系起来。Andreasen（1996）认为，如果企业联合非营利组织所进行的营销活动对企业的销售会产生直接或者间接的影响，都可以被称为善因营销。Maignan等人（1999）提出，善因营销是公司基于各种利益相关者的需求，为利益相关者所承担的经济、法律、道德和社会的责任。这个定义显然过于宽泛，将善因营销的外延超出了单纯的捐赠活动。中国学者对善因营销的定义大多基于Varadarajan的解释。

多数学者认识，成功实施善因营销可以为各利益相关方带来益处，实现多方共赢。

2. 关于企业持续健康成长

企业成长的环境是变动的，尤其是从长期来看，甚至会出现环境剧烈动荡并足以危及企业生存的情况，因此企业要实现持续健康成长必须满足一定的条件。那么，企业持续健康成长到底是由什么决定的呢？国外学者对这个问题有几种典型的观点。约翰·科特和詹姆斯·赫斯克特（2000）认为文化是决定企业持续健康成长的关键因素。詹姆斯·C.柯林斯（2004）也是文化决定论者，他对1400多个公司进行研究的结论是，那些由优秀的公司变为卓越公司的佼佼者并不一定都拥有最新的技术和最擅长管理的CEO，他们最有力的武器是他们的公司文化，一种激励每个人都按照他们想要的方式去工作的文化。也有学者认为企业的健康成长是由灵活性与可控性的关系决定的。如，伊查克·麦迪思（1997）认为，企业的成长与老化同生物体一样，主要通过灵活性与可控性这两大因素之间的关系来表现的。哈佛大学商学院的罗伯特·西蒙斯（2004）提出："20世纪90年代企业经理们面对的一个主要问题是，如何在一个要求灵活性和创新性的企业中施加足够的控制。"为此，罗伯特·西蒙斯教授提出了四种控制系统：诊断型控制系统、信仰系统、边界系统和互动式控制系统。安德鲁·坎贝尔，凯瑟琳·萨默·斯卢斯（1999）等认为，企业健康成长是由企业的核心能力决定的。所谓核心能力是指企业组织中的积累性学识，尤其是如何协调多种多样的生产技术以及把众多的技术一体化。詹姆斯·C. 柯林斯和杰瑞·波拉斯（2002）在《基业常青》一书中研究了18个持续成长公司，总结了12条成功经验，贯穿其中的核心思想是：基业常青的公司持续成长的基础是保存核心理念和一心一意追求进步的驱动力携手合作，彼此互相协助、补足和强化。J·M. 朱兰（2005）在《管理突破》一书中明确提出，突破就是创造好的变化，而控制却是防止坏的变化。所有管理活动都必须以“突破方法”或者“控制方法”为指向。管理者要做的事就是这两件事，而不是其他。

贺爱忠，聂元昆，彭星闾等（2006）认为，国外学者在企业持续健康成长问题上通过实证研究得出的结论，对于大多数企业来说具有较大的启迪和帮助作用，但其中共同的缺陷在于：没有从哲学的高度辩证地揭示出影响企业生命兴衰的本质规律。在总结前人成果的基础上，他们提出了“创新力与控制力动态统一是企业持续健康成长的规律”命题。企业需要创新，也需要控制，更需要实现创新力与控制力的动态统一。创新力就是人类从事创新活动所具有的能力，它是人们在创造性活动中表现和发展起来的、能够运用一切已知信息产出某种新颖独特而又具有社会价值的物质或精神产品的能力。这一概念应用到企业上，就是企业主动适应环境，把握机会，不断创新并带来利润的能力。控制力就是在法律法规、惯例、社会伦理道德和文化的规范下，按照客观规律的要求，使战略制定与实施动态地符合主客观情况、实现预期目标的能力。这一概念应用到企业上，就是企业按照客观规律、法律法规、惯例、社会伦理道德和文化规范的要求，对战略制定与实施自觉调整，对企业扩张自觉约束，使企业经营活动不超越自身能力，并降低经营风险，最终促进企业健康、持续发展的能力。他们对企业创新力和控制力动态统一的基本条件和实现途径进行了探讨，其提出和论证的关于“创新力与控制力动态统一是企业持续健康成长的规律”的命题既具有哲学上的统合性、前瞻性和普遍性，又具有管理实践上的可操作性，是中国学者对企业持续健康成长理论的重大创新。

（二）本案例的理论价值与现实指导意义

1. 戒除浮躁是企业实现创新力与控制力动态统一从而健康成长的前提

对于企业尤其是中国企业来说，浮躁是其成长之路上危害健康的最大病根。由于企业最高决策层的浮躁，缺乏控制的所谓“创新”往往演变为投机取巧和豪赌，即使企业侥幸做大了，那也是“虚胖”，难以承受大风大浪的考验。在国内许多行业，浮躁曾经葬送了若干知名企业的生命，也使不少企业在风浪中遭受重创而大伤元气。从爱多到三株，从秦池到三鹿，一幕幕悲剧轮番上演。有些企业虽然侥幸活下来了，但如果不彻底戒除浮躁，也难保在未来能够健康地持续成长。真正卓越的企业是最远离浮躁的，并在创新力与控制力的动态统一上远远领先于同行竞争对手。乳品行业中的三大巨头——伊利、蒙牛和光明，都非常重视创新，都曾在营销战略和战术上屡出奇招，独得丰厚的市场回报。但是，从企业成长的轨迹来看，在这三家大型乳企中，最健康、最值得尊重的企业应该是伊利。在创新成果不低于甚至略高于竞争对手的前提下，伊利所犯的错误尤其是重大错误是最少的。为什么？因为她的心态最好，最少浮躁，比另外两个对手更好地实现了创新力与控制力的统一。

无论是企业内部供应链还是外部供应链，任何一个环节出现问题都有可能产生连锁反应，从而给企业造成重大损失（某乳企业自 2008 年以来被曝从原料到生产、销售等供应链各个环节都出现过局部的严重问题，给品牌形象造成严重损害，市场销售和利润也因此严重下滑）。在企业的整个供应链上，从每一个相关人员和工作环节上戒除浮躁，是确保创新力与控制力保持动态统一的必要条件。然而，冰冻三尺，非一日之寒。爱多当年在广告中喊出的“真功夫”的口号，如果全方位的落实到一点一滴的实际行动上，就不会从大喜走向大悲了。至于今天那些仍然行走在“薄冰”上的企业，最好还是多多借鉴和学习伊利稳健成长的经验。

2. 把握大趋势是企业确定正确的目标和前进方向的基础

企业在前进和发展的道路上，要准确把握四个大趋势，才能确定正确的目标和前进的方向。第一是企业的使命与社会定位的大趋势。企业是以利润最大化为己任，还是以利益相关方满意以及企业与社会和谐共赢为己任？恐怕后者才更符合社会历史的大趋势。第二是消费者需求与市场竞争的大趋势。第三是生产技术发展的大趋势。第四是管理的大趋势。如果不能全面准确地把握这四个大趋势，就可能在企业目标和前进的方向上犯错误，走弯路，摔跟头，最严重的结局则可能是企业自取灭亡。例如，将企业定位于“狼”，在企业文化建设中过多地植入“狼”的基因，那么投机取巧、铤而走险、耍花招、玩手段、冷酷、血腥等性质的行为就会滋生乃至蔓延，企业在生产和营销中就会频频出事，即使是局部事件，也会使企业陷于四面楚歌的境地。最近10多年来尤其是2006年以来，伊利之所以能在大型乳企中一枝独秀，开得最鲜艳夺目，其根本原因是伊利的最高管理层更好地把握住了上述四个大趋势，因而没有迷失前进的方向。即使偶然有小问题发生，她也能及时正确地处理，将危机消除在萌芽状态，因为她有正确的目标和前进方向，她不会容忍小错变成大错。这也从另一个角度验证了“创新力与控制力动态统一是企业持续健康成长的本质”的命题。

3. 社会责任营销渗透和体现在企业活动的全部领域中

2002年，菲利普·科特勒等人在《科特勒营销新论》中提出了全方位营销架构，从需求管理、资源管理和网络管理三个领域以及价值探索、价值创造和价值传递三个层面，以相互联系、相互促进、相互转化的观点论述了企业营销管理的战略架构和流程，开创了营销思维的新视野。后来在2006年出版的《营销管理》第12版中，菲利普·科特勒等人又把全方位营销概括为四大维度的营销，即关系营销、整合营销、内部营销和社会责任营销。从第13版开始，作者又把社会责任营销改为绩效营销，并将社会责任营销的内容作为绩效营销中的一部分。其实，企业所有的营销活动或者企业营销活动的全部内容都会对社会产生影响，科特勒也是一直坚持这个观点的。但是，在许多人的观念中，似乎社会责任营销只跟绿色营销和善因营销有关系，甚至有人把社会责任营销等同于善因营销。要纠正人们的这种错误观念，就必须继续突出社会责任营销在全方位营销架构中的地位，并强调：社会责任营销渗透和体现在企业活动的全部领域中。人们批评快餐汉堡包和可乐在满足消费者需求的同时，既损害了消费者的健康又污染了环境，显然这并不是因为快餐和饮料企业在慈善事业方面的不足引起的，而是这些企业日常的商业营销活动本身就存在着若干与社会责任营销的要求相违背的地方。只有在企业活动的每一个环节（包括供应链的所有环节）绷紧社会责任营销这根弦，才能始终对得起消费者、对得起员工、对得起社会。伊利集团以“五性合一”的理念追求产品的卓越品质，以诚信和责任感打造企业文化基因，从黄金奶源建设到原奶生产全程严格控制，从技术设备升级到努力研发消费者欢迎的新品，从建立健全全面质量管理体系到制定行业标准，用优异的社会责任营销答卷诠释了“厚度决定高度”的哲学意义和战略内涵。

4. 绿色营销和善因营销可以成为社会责任营销的两大亮点

虽然绿色营销和善因营销不是社会责任营销的全部，但它们却可以成为社会责任营销的两大亮点。许多学者的实证研究都证明：企业正确地开展绿色营销和善因营销能给消费者和社会公众留下对社会负责任的企业形象并促进品牌资产的提升。通用电器在节能降耗、减污除污、新能源、水洁净与水循环等领域开展的经营业务之所以成效卓著，不仅仅是因为通用电器的产品在这些领域能较好地满足顾客需求，而且还因为这家公司被公众视为绿色营销的时代楷模和对社会负责任的典范。宝洁公司数十年如一日地支持对女性乳腺癌的研究、治疗和预防，因而被认为是一家对社会负责任的企业。伊利以赞助北京奥运会和服务上海世博会为契机，以产品包装、生产流程、物流、生产废物处理等环节的绿色化为抓手，弘扬绿色理念，创造绿色产品，提供绿色服务，打造绿色领导力和绿色品牌形象。除了在体育公益营销领域独领风骚之外，伊利也在历次的赈灾慈善捐款中表现抢眼，从而积累了可观的道德资本。加上在大型乳企中，伊利的负面营销事件发生率是最低的，这也让伊利的绿色营销和善因营销在公众中的可信度保持在较高的水平。这些经验值得同行和其他行业的企业学习与借鉴。

苹果：追求卓越之路

一、企业简介

苹果公司（简称“苹果”）作为一家充满传奇色彩的企业，它在全球各地可谓家喻户晓。苹果公司主要生产和经营电子科技产品，在科技企业中以创新而闻名。1971 年，16 岁的斯蒂夫·乔布斯（Steve Jobs）和 21 岁的斯蒂夫·沃兹尼克（Steve Wozniak）经由朋友介绍而结识。1976 年，乔布斯成功说服沃兹尼克组装电脑主机之后再拿去推销，他们的另一位朋友，罗恩·韦恩（Ronald Wayne）也加入，三人在 1976 年 4 月 1 日在自家车库里成立了苹果电脑有限公司，并于次年正式注册。1980 年 12 月 12 日，苹果公司股票公开上市。当天，每股 22 美元，一共 460 万股的股票全部售完，公司净进 1.01 亿美元。这样的事情在华尔街历史上还未曾有过。当时他们的资金比 1956 年福特上市以来的任何首次公开发行股票的公司都要多，而且比历史上的其他任何公司创造了更多的百万富翁。

在五年之内该公司就进入了世界企业 500 强，这是当时最快的纪录。2007 年 1 月 9 日在旧金山的 Macworld Expo 上，苹果电脑有限公司宣布改名为苹果公司（本文用“苹果”、“苹果公司”等名称来称呼历史上任何时期的苹果公司）。

2010 年 5 月 26 日，苹果公司以 2213.6 亿美元的市值，一举超过微软公司，成为全球最具价值的科技公司。2011 年 8 月 9 日（周二）纽约股市盘中，苹果公司的市值曾短暂高于美国石油巨头埃克森美孚，成为世界市值第一的上市公司，次日（周三）收盘时苹果公司市值达到 3370 亿美元，再次超过埃克森美孚的市值（3310 亿美元），直到该周四埃克森美孚才重新夺回市值第一的头衔。2011 年 10 月 14 日，苹果公司市值达到 3912 亿美元，超过同期埃克森美孚的市值（3798 亿美元）；17 日又创下新高，达到 3956 亿美元，而微软、IBM 和雪佛龙的市值分别为 2285、2275、2012 亿美元。苹果公司没有一分钱的债务，截至 2011 年 7 月，苹果持有的现金余额高达 761 亿美元，而同期美国财政部的现金结余只有 737 亿美元。2011 财年，苹果公司业绩相当不错，利润高达 259 亿美元，营收 1080 亿美元，在最赚钱的 10 大 IT 厂商中排名第一，其现金及有价证券为 810 亿美元，超过美国国库。若按自然年计算，苹果公司 2011 年的净利润达 309.23 亿美元，超过同期我国江苏省所有企业全年利润的总和。在《财富》2011 年世界 500 强中，苹果公司排第 111 位。在世界品牌实验室发布的 2011 年世界品牌 500 强中，苹果高居榜首。而在《财富》2012 年世界 500 强中，苹果公司跃升为第 55 名。

二、营销策略

（一）做顾客最喜欢的产品

1. 苹果Ⅱ彪炳史册

1977 年 4 月，当苹果公司的第一台真正意义上的个人台式电脑——苹果Ⅱ首次在旧金山举行的西海岸计算机交易会上公开露面时，成千上万的观众被它吸引住了。苹果Ⅱ的问世带来了微型计算机发展的一场空前革命，它一改过去个人电脑沉重粗笨、设计复杂、难以操作、令人生畏的形象，以小巧轻便、操作简单和可以放到家中使用等鲜明的特点，紧紧抓住了用户的心。苹果Ⅱ的重量只有 12 磅，整机组装仅需要 10 只螺钉。乔布斯设计的外壳新颖别致，柔和的土灰色给人一种容易接近的亲切感，一只被咬掉一口的苹果挂在外壳上耀眼醒目。苹果Ⅱ成功了！它走出了封闭的空调机房，迎来了无数普通客户。

成功的背后凝聚着无数汗水，苹果Ⅱ的每个关键问题的解决都是智慧的结晶。在技术上，苹果Ⅱ成功地采用了开关电源，开创了软磁盘周围微电脑外储存器的先例；在推广应用上，开发了与苹果Ⅱ配套的大批软件，以供广大用户选用。事实上，苹果Ⅱ的最大优势正是在软件开发上。对此，乔布斯从一开始就有清醒的认识。他明确提出，这场竞赛实际上是“一场软件技术的竞赛”，因此，在对手尚未意识到软件的重要性之前，乔布斯已开始着手制定苹果公司的软件开发计划。他们从全国数百名软件人员设计的程序中，移植了大批软件，投入苹果Ⅱ的使用，使公司几乎不费代价地获得了一整套辅助程序和配套设备，大大增加了苹果Ⅱ的实用价值。到1983年，在苹果Ⅱ上可使用的程序已达15000多种，不同的程序吸引了大量用户，仅文字处理程序就有30万用户。其中使用最多的BASIC语言，因其已被广泛推广而使得苹果Ⅱ也更加具有普及性。类似这种完美的结合巩固了苹果Ⅱ在个人计算机市场上的地位，其销售量增长连续五年保持旺盛势头，在日新月异的微电脑市场上创造出了奇迹。

苹果公司的销售收入，在苹果Ⅱ问世的1997年为250万美元，1978年为1500万美元，1979年为7000万美元，1980年为1.17亿美元，1981年为3.35亿美元，1982年为5.83亿美元，1983年为9.8亿美元。7年间增长了近400倍。这一速度在硅谷也是破天荒的。1982年，在美国《幸猫》杂志所评比的全美500家最大企业中，苹果公司位居第411位，这已经让人吃惊不已。而一年后，苹果公司竟青云直上，一下跳到了该排行榜的第29位。至此，人们不得不对这个仅有7周岁的年轻公司刮目相看了。

2.“麦金塔”特立独行

20世纪80年代中期，苹果公司推出了苹果Ⅲ型计算机，但由于在产品设计、生产、营销等方面决策失误，这款产品失败了，给公司的声誉造成了较大损失。此后多年，IBM PC在个人电脑市场上所向披靡，成为行业的龙头和标准。面对强大的“蓝巨人”的挑战，苹果公司冷静地分析了市场需求和自身的优势，他们认识到，只要抓住操作简易，价格低廉这两个特色，不断优化和更新自己的产品，苹果公司是有把握稳住自己的产品市场的。经过一系列周密的计划和组织，“红苹果”决定向“蓝巨人”公开应战，他们登出了一幅题为“欢迎IBM”的整幅广告，以示苹果公司的信心和实力。

竞争的结果不出所料，自IBM公司进入微型计算机市场后，苹果公司的销售额并没有减少，它在微电脑市场中的份额始终保持在26%左右，倒是其他的一些微型计算机公司被迫离开了微电脑市场。当然，与这样的大公司平分秋色是需要付出巨大的努力的。苹果公司为了保持产品简便易学的特性，决心制造可在20分钟内被用户掌握的微电脑。继苹果Ⅲ之后，他们又开始组织一轮新的研究与开发：一个由300名工程师和程序设计人员组成的联合攻关小组开始了他们的秘密行动。他们在一栋楼里苦干了三年，耗资5000万美元，设计出一种崭新的个人计算机——“丽莎”(Lisa)。这种以乔布斯女儿命名的微电脑属于换代产品，它使用极其方便，消费者确实用不了多长时间就能掌握。这种电脑还配有一个手掌大小的控制设备，称作“老鼠”（mouse)，即我们所称的“鼠标”。只要移动鼠标，电脑屏幕上的光标也会随之而移动，它为操作人员随意地使用电脑提供了极大的方便。1984年1月24日，苹果电脑公司在“丽莎”的基础上发布了名为“麦金塔”（Macintosh，后来又称为Mac Computer）的电脑，它是继“丽莎”之后第二款具备图形用户界面(GUI）的个人电脑产品，由于其简洁度和性价比高于“丽莎”，因此在商业销售上获得了极大的成功。该款产品搭载Motorola 68000处理器(主频8MHz)，配有128K内存，3.5英寸软驱，滑鼠，运行System Software（现称为Mac OS)。麦金塔计算机在大学获得相当不错的销售成果，这与在大学进行推广不无重大关系，因为大学生和教职员可以用折扣的价格来购买麦金塔计算机，这大大促进了麦金塔计算机的销量。截至1984年2月，该款计算机的销售额总计高达5000万美元。在此后的10多年间（1984—1996)，“麦金塔”被发展成为系列产品。广义上所有由苹果公司设计生产并且运行Mac OS操作系统的个人电脑产品通通被统称为“麦金塔”（有时简称为“Mac”，包括苹果公司当前生产的各种台式电脑和笔记本电脑)。“麦金塔”被称为是一部具有里程碑意义的杰作，它受到消费者普遍好评和欢迎，尤其专业设计人员对它爱不释手、赞不绝口，多年来，其中很多人以及后来的专业用户成为苹果“麦金塔”电脑的忠实用户和粉丝。

由于“麦金塔”系列产品在技术上采取的是特立独行的技术路线，在软件应用上，它与其他品牌的电脑和操作系统是不兼容的，这就大大地限制了“麦金塔”在普通消费者群体中的普及速度。进入20世纪90年代，随着Windows操作系统的崛起，苹果电脑公司在个人计算机市场中的竞争地位迅速下滑，其市场占有率下降到低于10%并继续下探。公司内部由于权力纷争和经营不善，陷入连年亏损的境地，创始人乔布斯于1985年被苹果电脑公司董事会辞退。此后，苹果电脑公司曾几度更换CEO，经营皆无起色，反而濒临破产的边缘，很多优秀人才陆续离开了公司。

3. iMac/iBook重振苹果雄风

乔布斯离开苹果之后，自己又创立了NeXT计算机公司（随后更名为NeXT软件公司）。它是一家设立在美国加利福尼亚州红木城的计算机公司，专门制造和开发高等教育和商业市场上的工作站计算机。NeXT在1988年推出了第一个工作站计算机产品NeXT Computer，随后在1990年推出了体积较小的NeXTStation。总体来说，NeXT的产品销售量相当有限，估计大约只卖出了约50000台。然而NeXT创新的面向对象操作系统——NEXTSTEP，以及它的开发环境，对往后的计算机产业有着深远影响。

1996年，苹果陷入破产危机，单季度亏损总额高达数亿美元。苹果向乔布斯发出邀请并获同意后，以4亿美元收购了NeXT公司。1997年9月16日，乔布斯再次出任苹果CEO，随后推出iMac等一系列产品，引领苹果重新走上辉煌道路。而NeXT公司的技术，也是目前苹果Mac OS X和iOS两大操作系统的核心基础。

iMac是苹果电脑公司生产的针对消费者和教育市场的一体化苹果Macintosh电脑系列。由于iMac在设计上的独特之处和出众的易用性，它几乎连年获奖。1998年iMac G3上市后，其销售量稳步上升。iMac由于价格较高，限制了一部分消费者的购买。但是有很多消费者盼望它降价，并表示有钱以后第一件事情就是购买一台iMac。

2002—2005年期间，苹果推出了iMac G4，iMac G5及其升级版。由于iMac在2006年以前采用的处理器——PowerPC在运算速度方面明显不及Intel处理器，因而在2004至2005年期间，iMac的市场销售出现较大程度的下滑。

2006年1月10日，苹果电脑推出使用Intel处理器的iMac，速度加快了2至3倍。同年推出的BootCamp更是让iMac可以使用Windows操作系统。2011年5月3日周二上午，苹果发布了其台式一体机iMac系列更新产品。新款iMac保留了时尚的铝制和玻璃外观，搭载四核Intel Core i5和i7处理器、全新AMD图形处理器、Thunderbolt传输技术以及FaceTime HD高清摄像头。与前代相比，新款iMac内核速度提升了1.7倍，图形处理速度则提升了足足3倍之多。无线和有线的键盘、鼠标也是精美绝伦的艺术品，供消费者选择。采用Intel处理器的苹果iMac电脑不仅保持了精良的工业设计，而且由于性价比的提升，其市场销售重新走上了向上攀升的轨道，即使在2008年国际金融危机出现之后，也依然畅销不衰。

在笔记本电脑领域，苹果于1999年推出了iBook，颜色为橘子色和蓝莓色。2001年5月1日推出白色iBook，许多中国苹果用户称其为"小白"，之后又出新的14英寸iBook，苹果用户为其取名"大白"。重新发明的第二代iBook是2001年推出的，拥有新的特色和新的设计。这个更小的机器重量比较轻，有更高品质的12吋LCD屏幕（2002年又增加14吋的型号），其精彩的设计得到工业界的赞誉，因此被广泛地复制。2003年推出iBook G4。2006年，iBook被MacBook所取代。

全新的苹果笔记本MacBook起始于一整片的铝合金。从一个部件开始制造整部电脑也并不是一件容易的事。如果你只是把很多个部件组装起来，公差要求不会十分严苛，小小的不完美也不会带来很大的问题。但如果一个部件负责多个功能的时候，就要求采用绝对精密的制造工艺，每个部件都必须毫厘不差，尽善尽美。一次，一百次，上百万次。只有一种方式能够达到这种精度要求：使用电脑数控机床（CNC）将整块的铝合金材质切削成一体成型机身。这种工艺被航空航天业用来制作航天飞机的重要零件。拿起一部全新的MacBook，你马上会感受到它的与众不同。整个机身更加精致轻薄，同时还更坚实耐用，足以应付你背包内外的颠簸震动。看看 MacBook 的显示器，你会发现另一个明显的不同之处：玻璃。整个显示屏的玻璃表面从边缘到边缘充分延伸。这样的设计不仅仅是好看，它还为下面的 LED 显示屏增加了结构支持，而且再也没有金属边框阻碍你的视线。全新 MacBook 的触控板也是按键。这给了使用者更多空间来移动鼠标和点按——上、下、左、右以及其他任何地方，而且少了一个部件。苹果设计师和工程师们花费无数时间，考虑诸如触控敏感度（多大的压力代表点按?）、声音回应（听起来应该如何?）以及平滑玻璃表面该有多少摩擦力（触感怎样）之类的问题。在触控板的开发过程中，软件团队也扮演了重要角色；有了他们，Multi-Touch 触控板才能辨识轻扫、双指开合、旋转以及新增加的四指轻扫等操作方式。合作的结果，就是目前为止最大、最聪明、设计最人性化的触控板。而这只是整个 MacBook 的开发过程中考虑到的无数细节之一。全新 MacBook 所使用的 LED 背光显示器则完全不含汞和砷。在整个 MacBook 的制造材料中完全没有任何含溴和氯之类的有毒物质。此外，LED 背光科技也更加省电：比传统 LCD 显示器的能耗降低了 30%。MacBook 的键盘坚固舒适，反应灵敏。手指轻触按键便可以享受打字的快感。MacBook 先进的集成图形处理器性能提升高达五倍，体积却只有从前的一半。

MacBook 系列有多种不同的型号，其中功能最强大的属 MacBook Pro（简称 MacPro），最轻薄的则是 MacBook Air（简称 MacAir）。

2009 年 6 月 8 日，苹果发布了外形全新设计的“Unibody” MacBook Pro 笔记本电脑。2012 年 WWDC 上，苹果全球营销高级副总裁（SVP，Worldwide Marketing）菲尔席勒发布了配备 Retina 显示器的第三代 MacBook Pro，它的分辨率高达 2880x1800，220ppi。厚度仅 18mm。第三代 MacBook Pro 有许多技术上的亮点，深受专业人士喜爱。

作为现代工业设计的翘楚，苹果公司在 MacBook Air 上做出了不少优秀设计，有些甚至是前无古人的：（1）它是目前最薄的笔记本电脑之一，厚度最薄处只有 0.3 厘米，最厚处都只是 1.7 厘米。这使人不得不担心 MacBook Air 会不会容易受外力而损坏。（2）磁力吸附的 MagSafe 电源接口。（3）Multi-touch（多点触控）多重触控式轨迹板。这和新 MacBook Pro 的轨迹板一模一样。多重式轨迹板不但可以在两只手指并排时轻敲触摸板代替右击，而且还可以让 MacBook Air 像 iPhone 一样自由操控。第一代 MacBook Air 是 2008 年上半年发布的，第二代和第三代分别于 2010 年和 2011 年发布。在 2012 年 WWDC 大会上，苹果发布了升级的 MacBook Air，配备第三代 Intel Core 处理器及 Intel HD Graphics 4000 显示卡。

乔布斯生前一直将 iBook（以及后来更受市场欢迎的 MacBook）视为其得意门生，因为从 iBook 诞生至今，已经在全球各个角落为苹果公司赚取了超过全年 47.9%的净利润，甚至在亚太地区等新兴市场，广告的步伐根本无法与消费者接受的速度相提并论。

4. 苹果 i 系列明星产品改变世界

2001 年，苹果电脑公司推出 iTunes 和第一代 iPod。iPod 是苹果推出的一种大容量数字多媒体播放器，容量高达 10－160GB，可存放 2500－10000 首 MP3 歌曲，它还有完善的管理程序和创新的操作方式，外观也独具创意，是苹果少数能横跨 PC 和 Mac 平台的硬件产品之一。除了 MP3 播放，iPod 还可以作为高速移动硬盘使用，可以显示联系人、日历和任务，以及阅读纯文本电子书和聆听 Audible 的有声电子书以及播客 (Podcasts)。iPod 的外观设计简约而精美，舍弃了一般的 MP3 播放器复杂的按键，操作极其简单和人性化，重量非常轻，形状为薄薄的长方形或正方形，人见人爱。iTunes 是一款数字媒体播放应用程序，是供 Mac 和 PC 使用的一款免费应用软件，能管理和播放数字音乐和视频。iTunes 程序同样是一个界面，是管理苹果电脑最受欢迎的 iPod 的档案的主要工具。此外，iTunes 能连线到苹果开办的网络音乐商店 iTunes Store（在终端与互联网连接的前提下），以便下载购买数字音乐、音乐视频、电视节目、iPod 游戏、各种 Podcast 以及标准的电影长片。iTunes 的使用者能够将他们的音乐组成播放清单、编辑档案资讯、烧录 CD、复制档案到数字音乐播放器；透过它内建的 Music Store 购买音乐、下载

Podcast（播客）；备份歌曲到一张 CD 或者 DVD 上；执行视觉化，为及时配合音乐而表现生动的效果；编码音乐，使之成为许多不同的音讯格式。iTunes 可从苹果的网站免费下载取得，麦金塔电脑和一些 iPod 产品也有附带此软件。

iPod 用户利用安装在 PC 或 Mac 上的 iTunes 软件登录 iTunes Store 付费下载音乐，再将传输到与电脑连接的 iPod 上进行播放。2007 年，苹果宣布售出第 1 亿部 iPod。因此，iPod 是史上销售速度最快的便携式数字多媒体播放器。2008 年，苹果的 iPod 市场占有率高达 73.4%。在播放软件 iTunes 的支持下，消费者购买 iPod 不仅是买了一款 MP3 播放器，更是选择了一种全新的音乐体验模式。数字音乐的快速崛起削弱了传统音乐零售商的地位。2007 年美国有 2900 万人通过网络购买合法数字音乐产品，同年有 48%的青少年不再购买 CD 唱片（2006 年这一数字为 36%）。市场调研公司 NPD Group 的统计发现，iTunes 在 2008 年上半年美国五大音乐零售商排名中位列第一。iPod + iTunes 这一独特的组合模式被称为数字音乐产业中的苹果模式。苹果模式的成功引来了众多竞争对手效仿。尽管竞争对手纷纷建立网上音乐商店，但 iTunes 通过拥有超过 800 万首音乐的庞大曲库，不断完善软件功能，并适时放弃版权保护技术等措施，保持了最受欢迎的网络音乐商地位。

手机智能化是网络时代移动电话市场的发展趋势，苹果公司及时地抓住了这个机会。继 iPod 获得成功之后，苹果公司又推出了 iPhone。iPhone 是结合照相手机、个人数码助理、媒体播放器以及无线通信设备的掌上设备，由苹果公司首席执行官乔布斯在 2007 年 1 月 9 日举行的 Macworld 会议上宣布推出，2007 年 6 月 29 日在美国上市。苹果将 iPhone 定位于：搭载了 iPod 功能及网络浏览器的移动电话。2008 年 6 月，苹果发布 iPhone 3G，操作系统为 iOS 2. x 版，正式提供全球语言。2009 年 6 月 9 日，苹果公司发布了 iPhone 第三代产品 iPhone 3GS。作为 iPhone 3G 的提升，3GS 中的 S，代表 SPEED。2010 年 6 月 8 日，苹果公司发布了 iPhone 第四代产品 iPhone 4。2011 年 10 月 5 日，苹果发布了 iPhone 4S。2012 年 9 月，苹果正式发布了其新一代手机产品

iPhone 5。

乔布斯在首次展示 iPhone 手机时说："我们今天将创造历史，1984 年 Macintosh 改变了计算机，2001 年 iPod 改变音乐产业，2007 年 iPhone 要改变通信产业。" iPhone 向全世界的手机制造商证明了手机可以实现革命性的差异化。iPhone 手机具有极具差异化的外观，以多点触摸屏取代传统的手机键盘，首款 iPhone 手机在 CPU、内存、显示芯片和储存空间等硬件配置上远远高于竞争对手，并直接采用了经过界面优化的桌面电脑操作系统MAC OS X，使这一高配置的智能手机拥有了MAC OS X 的所有优点：运转迅速，界面华丽，操作简便。iPhone 有功能完整的 EMAIL 软件和 SAFARI 网络浏览器。iPhone 不仅仅是一款手机，它更是一款具有通信功能的小型 Mac 和全功能的 iPod。在 3G 版 iPhone 里，苹果推出了一个软件开发包（Software Deve-opment Kit，SDK），让第三方创建 iPhone 应用，它可以满足不同消费者的个性化需求。在 iPhone3G 版发布之时，苹果的在线商店 APP STORE 推出了 500 多项本机应用供用户下载，其中超过 125 项的应用为免费提供，这就将应用远远拓宽至手机未内置的功能范围。同时，在面向企业的应用方面，3G 版 iPhone 还可兼容被称为"黑莓杀手"的 Outlook E-mail 系统的 Push 一 mail，方便地进行远程擦除和数据同步，还可加密进入企业网等。APP STORE 中可付费下载的手机应用软件更是成千上万，而且每天上传和下载的数量都在增加。通过利益分成的方式，苹果公司的 iPhone + APP STORE 经营模式不仅吸引了庞大的第三方软件开发群体，也令 iPhone 手机、数字音乐、数字视频和手机应用软件的销售持续增长。2008 年第三季度，苹果公司就已经以 690 万部 iPhone 手机、46 亿美元的销售量，成为全球第三大手机制造商。不仅如此，77％的 iPhone 用户反映，因为使用 iPhone 手机，显著提高了对互联网的应用程度。在经常使用的前 10 大服务中，有 6 个属于移动互联网应用。可见，iPhone 已经引领移动互联网的潮流，走在了移动运营商的前面。

2010 年，iPhone 4 销售量达 1900 万部，再加上 iPhone 3GS 的销售，2010 年 iPhone 总销售量达 3400 万台。2011 年，随着 iPhone 4S 的上市

热销，iphone（包括3GS、4、4S）的全年销量达到了惊人的9300万部，占据全球手机市场6%的市场份额。苹果作为全球最大的科技企业，虽然全球市场份额仅为6%，但利润却占到全球手机市场的一半以上。

苹果公司于2010年发布第一代平板电脑iPad，该产品的定位介于苹果的智能手机iPhone和笔记本电脑产品之间，通体只有四个按键，与iPhone布局一样，提供浏览互联网、收发电子邮件、观看电子书、播放音频或视频等功能。iPad搭载的是Safari浏览器，大触摸屏可以方便冲浪，整个页面可以一次呈现，通过手指在屏幕上移动便可进行翻页、滚动，也可对照片进行放大缩小操作，支持网页缩略，让使用者的体验更为直观。通过触摸便可进行邮件操作，这种方式史无前例，支持各大主流邮件服务商，包括MobileMe、Yahoo! Mail、Gmail、Hotmail和AOL。实际上，iPad进行邮件收发更为方便有趣，屏幕不管是在平放还是垂直模式下，邮件均可自动跟着旋转并铺满全屏。高分辨率的屏幕使得iPad可以用来观看任何视频：从高清电影到电视连续剧，或者是博客以及MTV。通过iPad上内置的iPod程序，所有的音乐尽在指尖掌控。使用者可以浏览整张专辑，也可对歌曲、艺术家、歌曲种类进行单独查看。通过点触敲击便可播放歌曲，内置的强悍扬声器则可完美呈现音质，当然也可以通过蓝牙无线耳机进行收听。通过点触iTunes Store图标，使用者便可浏览并购买音乐、电视剧、短片等，或者进行影片租赁。这一切均通过无线完成。iTunes网络商店有成千上万部电影和电视剧可供选择，歌曲选择则多达数百万首，使用者在购买前可以浏览个够。iPad也可同步Mac或PC上已有的iTunes内容。iPad可以运行App Store近14万个应用程序，从游戏到商务应用，一应俱全。为iPad特别开发的新程序进行了特别标注，使用者一眼便可看到。这一切只要点击iPad界面上的App Store图标便可完成，使用者打开浏览器后便可选择自己喜欢的程序进行下载。iBooks是一个用来阅读和购买电子书的全新程序，在App Store上可免费在线阅读。iPad内置的iBook store上有各种经典书籍和畅销书籍，使用者可购买任何自己喜欢的数字书籍。一旦购买后，这些书籍便可在使用者的iBook shelf书架上显示，轻轻点触其中一本便可进行阅读。LED 背光屏幕和高分辨率保证了色彩的锐利、丰富，即使在光线暗淡的环境下也可轻松体验阅读的快乐。全新制作的 iWork 可以让 iPad 拥有良好的办公功能。加上无线网络和出色的 Office 功能，商业精英移动办公的梦想轻松变为现实。地图、日历、联系人、主屏幕、聚光灯搜索等为使用者的日常生活提供了便捷高效的应用。尽管第一代 iPad 在设计上还存在一些缺陷，有些专家认为它只不过是一部放大了的 iPhone，对它的销售前景并不看好。然而，iPad 一上市就得到了消费者尤其是苹果迷们的热烈追捧。就像 iPhone 上市时的情形一样，人们彻夜排队抢购 iPad。在上市后的 28 天之内，苹果公司在全球销售了 100 万台 iPad，超过了 iPhone 上市 74 天销量破百万的纪录。

2011 年 3 月 3 日，病中的乔布斯出人意料地出席了当天举行的第二代平板电脑 iPad2 发布会，制造了现场最大的惊喜。比起 iPad，iPad2 更轻、更薄，处理器速度更快，图像处理能力更强，配有双摄像头，更丰富的数据接口（包括 USB 接口和数字视频输出接口），以及专门的具有超酷磁性设计的保护套 smart cover。iPad2 的价格与 iPad 最初上市时的定价持平。

从 2010 年 4 月上市至 2011 年 3 月，iPad 已经创造了约 1500 万部的销售纪录，占全球平板电脑总销量的 90%，成为苹果继 iPhone 后的又一核心产品。2011 年 3 月 11 日，iPad2 在美国首发上市，狂热的"果粉"们彻夜排队；3 月 25 日，iPad2 在全球 25 个国家同时推出，盛况依旧；正如乔布斯心中所希望的"2011 年将是苹果的 iPad2 年"那样，首批上市的 iPad2 被抢购一空；仅设在著名的巴黎歌剧院的苹果法国旗舰店，5 小时内就卖出了 3000 多台 iPad2；很多第三方代理商为 iPad2 售罄拿不到货而烦恼。苹果公司所有的 iPad2 库存几乎倾巢挪空。在中国的北京、上海等城市，为了早日买到 iPad2，人们在苹果专卖店前排队几天几夜，结果因出现秩序混乱而暂停首发。苹果公司 2011 年 1 月 19 日发布的 2011 财年第一财季报告进一步显示，该季度 iPad 销量为 733 万台，远超预期，销售额达 40 亿美元，占公司同期总收入的 17%。2011 年，尽管 iPad 系列在全球平板电脑中的份额由上一年的 66%下降为 62%，但仍然完成了 5900 万台的全球销量，成为全球销量最大平板电脑，其中，iPad2 是最受消费者欢迎、销量增长最猛的平板电脑。

2012 年 3 月 16 日，第三代 iPad 在香港、美国、新加坡、加拿大、英国、法国、德国、瑞士、日本、澳大利亚及其中国香港发售，2012 年 3 月 23 日在意大利等 25 个国家发售，2012 年 7 月 20 日在中国大陆发售。据报道，苹果公司中国香港地区官网出现了预定新款 iPad 的活动，但在几分钟内即显示“暂无供应”。与前两代 iPad 相比，第三代 iPad 采用了视网膜显示屏和 4G 连接，增加更多的企业应用，因此，获得了越来越多的企业和商务人士接纳。在 iPad 的市场拓展方面，苹果一直在积极进军企业市场，这种努力已经开始得到回报。2011 年初，86％的财富 500 强企业开始部署或测试 iPad，截至 2012 年 4 月，94％的财富 500 强企业和 70％的全球 500 强企业开始部署或测试 iPad。

（二）战略转型

20 世纪 90 年代的苹果公司是一路磕磕碰碰走过来的。公司股价从 1992 年的每股 60 美元，跌至 1996 年年底的每股 17 美元，年销售额也从 110 亿美元跌至 70 亿美元，市场份额更是从原本领先的 12％跌至 4％，而且这一颓势似乎仍要持续下去。苹果公司实际上已处濒危状态：电脑销售量和市场份额急剧下降，费用猛增且失控，企业连续两年亏损，公司内各部门争吵不休，许多有能力的员工纷纷离去。

苹果公司最终还是将灵魂人物乔布斯用与当初逼迫他离开一样的传奇方式请回，这充分证明乔布斯那不可替代的“苹果教主”地位。苹果为挽救公司，买下整间 NeXT 和它基于 UNIX 的系统 NeXTStep，正是此举，巧妙地把乔布斯重新带回到公司的管理层。时间证明这个最关键的决定挽救了危在旦夕的苹果公司。作为新的首席运营官，回归后的乔布斯促成了 iMac 的发展，并且迅速砍掉许多与电脑相关度不高的业务，集中精力聚焦于公司的核心事业——设计开发与 IBM PC 不兼容的苹果电脑。这不仅挽救了苹果公司，而且使工程师们有时间开发新的操作系统。与此同时，在非电脑领域开发消费类电子产品的思路在苹果公司的战略中逐渐明朗并付诸实施。

1. 与微软合作

1997 年 8 月，苹果的忠实拥护者聚集在波士顿的 Macworld 大会，场面极其火爆。超过 5000 人早来了好几个小时，涌进公园广场酒店的城堡会议厅，等待乔布斯的主题演讲。他们要亲眼见证他们的英雄归来——也要看看他是否真的准备好再次成为他们的引路人。

在 Macworld 大会上演讲即将结束时，乔布斯停顿了一下，喝了口水，用平缓些的语气说："苹果生存在一个生态系统里，它需要其他伙伴的帮助。在这个行业里，破坏性的关系对谁都没有好处。"为了渲染效果，他又停顿了一下，然后解释道："我要宣布我们今天新的合作伙伴之一，是一个意义重大的合作伙伴，它就是微软。"微软和苹果的标志同时出现在屏幕上，观众惊呆了。苹果和微软在各种版权和专利问题上已经争斗了 10 年，最令人瞩目的就是微软是否剽窃了苹果图形用户界面的外观。

乔布斯试图用一段即兴演讲来安抚观众。"如果我们想进步并看到苹果好起来，我们必须放弃一些东西，"他对听众说，"我们必须放弃这种如果微软赢苹果就必须输的观念……我想，如果我们想在 Mac 上使用微软 Office，我们最好还是对开发它的公司表达一点儿谢意。"

微软的公告加上乔布斯的激情回归，给苹果打了一针强心剂。当天的交易日结束时，苹果股票飙升 6.56 美元——涨幅 33%，收盘于 26.31 美元，是阿梅里奥辞职当天股价的两倍。这一天的暴涨给苹果的市值增加了 8.3 亿美元。苹果被从死亡线上拉了回来。

1997 年 8 月 6 日，微软使用 1.5 亿美元购买苹果公司非投票股票以换取苹果放弃控告微软侵犯版权的官司和以后每一部 Macintosh 上内置 Internet Explorer。虽然微软在后来已全部售出了所持有的苹果股票，但更意味深长的是，微软同时宣布了继续支持它在 Mac 版本上的 office 系列，并很快成立了 Macintosh 软件部门。此举不仅扭转了微软之前 Mac 版应用软件较 PC 版落后的情况，这也让它获得数个大奖。

2. 消灭兼容机

关于苹果的激烈争论之一，就是它是否应该更积极地把操作系统授权给其他电脑厂商，就像微软授权 Windows 那样。比尔·盖茨通过授权微软的操作系统建立起巨大的财富。1985 年，就在乔布斯被排挤出局的时候，盖茨敦促苹果也实现操作系统的对外授权。盖茨相信，即使苹果抢走一些微软操作系统用户，微软还是可以通过为麦金塔及其兼容机的用户制作不同版本的应用软件来赚钱，例如 Word 和 Excel。苹果一直拒绝把麦金塔的操作系统授权出去，直到 1994 年，CEO 迈克尔·斯平德勒允许了两家小公司——Power Computing 和 Radius 生产麦金塔兼容机。1996 年吉尔·阿梅里奥接管公司后，又增加了摩托罗拉。结果表明这是一个值得怀疑的商业战略：每卖出一台兼容机，苹果收取 80 美元的授权费，但是这些兼容机并没有让苹果扩大市场，反而挤压了苹果自己的高端计算机销售，而卖出一台苹果电脑的利润能达到 500 美元。

然而乔布斯反对兼容机项目不仅仅是出于经济上的考虑，他打心眼里反感这种做法，他的核心原则之一就是硬件和软件应该紧密结合。他喜欢控制产品的所有方面，而唯一的方式就是制造全套设备，全面负责用户体验。

一回到苹果，乔布斯就把消灭兼容机作为首要任务之一。1997 年 7 月，新版的 Mac 操作系统发布，乔布斯不允许兼容机制造商升级到新系统。当年 8 月，当乔布斯出现在波士顿 Macworld 大会现场时，Power Computing 公司总裁组织了支持兼容机的抗议活动，并公开警告说，如果乔布斯不继续授权，麦金塔操作系统只有死路一条。

乔布斯不这么认为，他要把苹果从授权业务中解脱出来。1997 年 9 月他就跟 Power Computing 公司达成协议，付给对方 1 亿美元收回授权，而苹果可以使用对方的用户数据库。很快乔布斯也终止了对其他兼容机制造商的授权。“让其他公司在垃圾一样的硬件上使用我们的操作系统、蚕食我们的销售额，这简直是世界上最愚蠢的事情。”乔布斯后来说。

3. 专注

乔布斯的过人之处之一是知道如何做到专注。“决定不做什么跟决定做什么同样重要，”他说，“对公司来说是这样，对产品来说也是这样。”一回到苹果，乔布斯就开始贯彻他的专注原则。他任命一个年轻的沃顿商学院毕业生为乔布斯跟苹果的几十个产品团队开会时作记录，让各个团队介绍正在进行的工作，促使他们证明产品或项目有理由继续进行下去。

产品评估显示出苹果的产品线十分不集中。公司在官僚作风的驱动下对每个产品炮制出若干版本，去满足零售商的奇思怪想。光是麦金塔就有很多个版本，每个版本都有不同的、让人困惑的编号，从 1400 到 9600。“我让他们给我解释了三个星期，”乔布斯说，“我还是搞不明白。”最后他干脆开始问一些简单的问题，比如：“我应该让我的朋友们买哪些?”

当无法得到简单的回答时，他就开始大刀阔斧地砍掉不同的型号和产品。很快他就砍掉了 70%。“你们是聪明人，”他对一个小组说，“不应该把时间浪费在这样的垃圾产品上。”很多工程师被他这种粗暴、严苛的手段激怒了，因为这样会导致大规模的裁员。但是乔布斯后来宣称，优秀的员工，包括有些项目被毙掉的员工，都赞成这种做法。“工程团队无比兴奋，”他在 1997 年 9 月的一次员工会议上说，“开完会，有一些产品刚被砍掉的人激动得一跳三尺高，因为他们终于明白了我们在朝哪个方向前进。”

几个星期过去了，乔布斯终于受够了。“停!”他在一次大型产品战略会议上喊道，“这真是疯了。”他抓起记号笔，走向白板，在上面画了一根横线一根竖线，做成一个方形四格表。“这是我们需要的，”他继续说。在两列的顶端，他写上“消费级”和“专业级”。在两行的标题处，他写上“台式”和“便携”。他说，他们的工作就是做四个伟大的产品，每格一个。

结果，苹果的工程师和管理人员突然高度集中在四个领域：（1）在专业级台式电脑领域，他们开发出了 power Macintosh G3；（2）在专业级便携电脑领域，他们开发了 PowerBook G3；（3）在消费级台式电脑领域，他们成就了 iMac；（4）在消费级便携电脑领域，他们开发了 iBook。这意味着公司要退出其他业务领域，例如打印机和服务器。1997 年，苹果在销售 StyleWriter 彩色打印机，基本上就是惠普 Deskjet 的另一个版本。惠普通过卖墨盒赚走了大部分钱。“我不明白，”乔布斯在这个产品的评估会上说，“你们准备卖100万台却赚不到钱吗？真是疯了！”他站起来，离开会议室，给惠普的总裁打电话。“咱们解除合约吧，乔布斯建议，我们会退出打印机业务，让你们自己做。”然后他回到会议室宣布他们退出打印机业务。

乔布斯作的最高调的决定，就是彻底地扼杀牛顿项目（Newton），就是那个带有不错的手写识别系统的个人数字助理。乔布斯后来这样描述这个决定：

如果苹果当时的处境没有那么危险，我可能会钻进去研究怎么改进它。停掉它，我就解放了一些优秀的工程师，他们可以去开发新的移动设备。最终我们走对了路，做出了iPhone和iPad。

这种专注的能力拯救了苹果。在回归的第一年，乔布斯裁掉了3000多人，扭转了公司的财务状况。在经历了两年的巨额亏损后，苹果终于在1998年第一季度扭亏为盈，获得了4500万美元利润。1998年整个财年，苹果实现了3.09亿美元的盈利。

（三）拥抱新世纪的品牌营销

1. 引领大众时尚

苹果从做电脑开始，就始终坚持人与机器关系的和谐。作为一个科技类的品牌，苹果以生动的形象、人性化的系统操作界面进行电脑设计，就连电池的插头都设计得干净利落。细节设计的贴心和到位，让消费者产生与众不同的体验。虽然品牌口碑很好，但苹果电脑销量一直不尽如人意。这是一个奇怪的现象。苹果电脑当时主要是面向设计师等高端细分市场，不太大众化，所以才有了苹果的几起几落，但是它的品牌基因却得到了传承。苹果的品牌形象并没有因为事业的起落而遭到丢弃。它始终有一部分非常忠诚的消费者。几十年以来，这些苹果电脑的粉丝和发烧友一直是高端时尚的消费者。尽管这些人的生活方式及其所消费的苹果电脑令普通人羡慕，但是在20多年以前，要想成为苹果的粉丝并不是一件容易的事情，要付出的代价比今天大得多。回归苹果公司后的乔布斯深刻认识到大众化对品牌价值的重要性。从iPod开始，苹果在另类、个性的基础上尝试融入大众时尚的元素，从“高山流水”，逐渐转变为亲近普通消费者。苹果从一个非消费类的品牌，开始走向时尚类的消费类品牌，它的用户不只是有限的设计师群体，而是想用它的任何消费者。MP3 播放器的兴起让苹果看到了机会。当时 MP3 正好处于一个需要转型的时代。而苹果看到了这点，当我们看 iPod 这个词时，它其实是没有什么意义，但在功能和使用经验上，它给消费者提供了实在的利益。iPod 不同于普通的 MP3 播放器，而是一项革新，苹果找对了这个产品所属的品类，以及产品的个性。1G 的存储、白色的感应式转盘、白色的耳线，它找到了品牌的发力点，在苹果电脑事业没有大的突破的情况下，让苹果的事业大翻身。消费者最低只要花 199 美元购买一台 iPod，就可以显得与众不同。这比购买一台苹果电脑要便宜得多。你不需要具有非常雄厚的实力，就可以成为苹果一族，iPod 对于苹果来说已经是一个经典的案例，虽然它是一个不足 1000 元人民币的小玩意，相对于动辄就几千元的电子消费产品而言，它算不上大角色，但它却成为苹果卖得最好、最赚钱的产品之一。当 iPhone 4S 上市后，iPhone 4、iPhone 3GS 的及时降价，又让更多的消费者成为数码时代的“时尚一族”。iPad 2 上市时采取与第一代 iPad 初上市时的价格持平的定价，给更多追求时尚的消费者一个大大的惊喜。时尚大众化正是 iPod、iPhone 和 iPad 的营销路线，这些非电脑业务为苹果公司带来了大大超过电脑业务的收入和利润。

2. 体验至上

用户体验是指企业以服务为舞台、以商品为道具，环绕着消费者，创造出值得消费者回忆的活动。其中商品是有形的，服务是无形的，而创造出的体验是令人难忘的，存在于消费者心中。而专注于用户体验的“体验经济”之所以能创造出超越一般物质的价值，完全在于它给客户提供了超值享受这样一种满足心理需求的体验效果。进入 21 世纪以来，苹果公司倾力打造用户体验，不断加强品牌与用户之间的联系，使苹果的品牌价值在 10 多年间上升了 70 倍。

首先，苹果抓住网络时代数字多媒体消费市场的契机，最有效地动员自己的研发能力和可整合的内外资源，成功开发了给用户带来快乐体验的“i”系列明星产品。苹果将其产品研发中的创新集中于“发现消费者的自由”。iPod不是第一款数字音乐播放器，但却是第一款能够满足用户在欣赏音乐过程中的各种需求的播放器；iPhone不是第一款智能手机，却是第一款让用户能在实现移动通信的同时满足多种娱乐和应用需求从而体验多种乐趣的手机。以iPod为例，开发小组在讨论iPod的功能和性能之前，首先从能为用户提供什么样的体验这一角度出发，提炼产品的理念。为此，他们首先对MP3播放器为何滞销进行了调查，发现其中一个原因就是存储容量太小，当用户想听别的歌曲时，不得不将内容一条条地进行替换，不能给用户一种良好的体验。因此，iPod的开发首先就定位在大容量播放器上。在iPod的设计上，为了使用户能更方便地操控，设计团队决定，一切和音乐无关的硬件可免则免。他们取消了播放器上的四个按钮，采用感应式的触控键盘，除了锁定键外，再也没有一个隐含学习压力的按键。此外，iPod还有一些相关的附加功能，如录音功能、数码相机伴侣、可以像移动硬盘一样存储非音频格式的数据文件等。当竞争者还在研究已有的iPod机型并推出相应的产品时，苹果公司却不断开发出新的产品，始终保持产品的差别化优势。无论是在造型设计还是在功能实现上，iPod无不体现着苹果公司一脉相承的灵感和风格，其独特优雅的造型和新颖的设计，让顾客趋之若骛。对于喜欢苹果电脑的用户而言，苹果公司推出的产品就意味着创新，甚至是艺术。苹果公司提供给用户的，已经不单是手上拿到的实体产品，而是一种形而上的东西，一种无可取代的用户体验。

其次，在品牌传播和销售过程中，苹果抓住消费者的体验，吸引消费者通过网络等渠道搜索产品信息，去店里体验和购买。在每个体验点上，苹果做得很到位，这也是它同其他品牌不同的地方。苹果零售店（Apple Store）精心设计呈现“数字生活中枢”的用户体验场，到2010年8月为止，全球共有285家Apple Store。Apple Store打造的是数字生活全面体验的空间，店内区域都以“方案解决区域”为中心设计，创造可以找到解决问题的“整体方案”，以方便顾客。为了实现产品与顾客生活体验的契合，店里没有晃眼的灯光、嘈杂的音乐或者推销产品的售货员，顾客可以摆弄各种机器。店里采用一对一的方式开展营销推广和客户服务，包括面对面地培训 Mac 使用的基础知识、从旧电脑到苹果电脑的转换，或者指导其他高级别的项目。苹果零售店的另外一个创新就是设立“天才吧”，在这里，顾客可以与维修人员面对面地进行问题检修。另外，消费者还可以参加 Apple Store 零售店举办的讲座，从 Mac 入门到数码摄影、音乐和影片制作，以及每年夏天针对儿童人群举行的夏令营。随着对公司零配件供应渠道的简化，加上数字化供应链管理，苹果公司的运行越来越紧凑。早在 1997 年，苹果公司便开始运营网上商店，方便消费者直接在网上定购产品。2008 年，苹果公司被美国权威市场预测研究机构 AMR Research 公司评为全球供应链管理和绩效公司第一位，超过了诺基亚；2009 年、2010 年和 2011 年，苹果公司在这项评价中皆位居榜首。

3．饥饿营销

从战略上讲，苹果公司实施饥饿营销，不仅仅是为了产品能以更高的价格出售，更是为了对品牌产生更高额的附加值，从而为品牌树立起高价值的形象。苹果创始人乔布斯一贯强调精品战略，要求设计师能把苹果的商标设计得非常精美，以至于要能吸引他看见这个商标时就想去吻一下，力图使每一件苹果出品的产品都是一件艺术品，这让 iPhone 产品被寄予厚望。依托苹果母品牌在市场上良好的声誉，苹果手机系列产品顺势运用饥饿营销策略，使 iPhone 成为万众期待的对象，并形成强烈的购买渴望。iPhone 出世以来，果然不负众望，继承苹果一贯的精致作风，市场对其好评如潮，为苹果品牌提升立下汗马功劳。

虽然苹果公司的确有可能存在产能不足的情况，但人们仍能看到饥饿营销策略在其品牌推广中的成功运用。以 iPhone4 手机的饥饿营销为例，先是避而不谈有关新一代 iPhone 的任何别的信息，只告诉市场，有新一代的 iPhone 将要面市，之后很长一段时间关于 iPhone4 的信息近乎没有，等消费者极端渴望从所有渠道获得产品信息时，苹果总裁乔布斯现身苹果的开发者大会做了隆重的产品发布介绍，说 iPhone4“再一次，改变一切”。而后 iPhone4 面市，各种广告铺天盖地，与之前形成强烈反差，消费者在这段时间被吊足了胃口，此时如在沙漠中看到绿洲，热情高涨，于是纷纷踊跃购买。但自该产品上市以来，不管市场对这款产品的呼声多高，苹果公司始终坚持通过与运营商签订独家合作协议、分享运营商收入的方式，耐心地开拓市场，在下一款更新的产品上市之前，不时地让消费者处于缺货的等待之中。我们看到苹果产品全球上市的独特传播曲线：发布会——上市日期公布——等待——上市新闻报道——通宵排队——正式开卖——全线缺货——热卖。

从 2010 年 iPhpne4 开始到 2011 年备受热捧的 iPad2，苹果公司从前期产品预热造势，面市报道，缺货抢购报道等方面形成完美的传播曲线，扩大了饥饿营销战场的深度与广度。一方面是消费者狂热的追捧，另一方面是产品的全线缺货，在这样的供需矛盾下，市场总是处于某种相对“饥饿”的状态，这有利于苹果保持其产品价格的稳定性，对产品升级的主导权，以及对渠道甚至整个产业价值链的控制权。

4.“苹果教”

世界上哪个品牌拥有最多的粉丝？答案当然是“苹果”。在多年的品牌宣传和产品创新的潜移默化之下，在传统宗教文化和流行文化融合下，苹果品牌已经升华为一种“宗教”，一种在科技时代和消费时代拥有巨大力量的“宗教”。世界著名品牌大师马丁·林斯特龙主持的一项研究表明：苹果粉丝中的被测试者看到 iPod 图像和看到宗教图像时，激活的大脑区域是完全一致的。经过若干年，苹果迷们已经形成俱乐部，达到了近乎宗教的一种狂热。人们（甚至包括乔布斯本人）把苹果品牌的这种类似宗教的超级营销境界称为“苹果教”。生前以“改变世界”为己任的乔布斯就是“苹果教”的教主，他曾经被《纽约客》杂志称为“iGod”。乔布斯说过这样一句话：“苹果教的伟大光芒会让信徒们开着车子跋山涉水前往同一个幸福的终点站”。

“苹果教”有自己的信仰和核心价值观。创新是苹果公司企业文化的精髓。苹果公司创新文化的核心理念是：将每种科技发挥到极致，既能让人们吃惊、兴奋，又知道如何使用它。1997 年乔布斯重回苹果执掌帅印后，着手的第一件事就是重新树立起苹果式的创新文化，并将其作为成功营销的基点。此后，在乔布斯的带领下，深受市场欢迎的创新成果接踵而至：世界上最先进的图像操作系统Panther，史上最强大的处理器PowerG5，40G大容量的iPod播放器，满足个性化音乐欣赏需求的iTunes网上音乐商店，iPhone，APP Store，iPad……苹果公司通过自己的努力，彻底在消费者心目中重塑了一个以创新性文化为核心的苹果品牌形象——设计、科技、创造力和时尚文化。

“苹果教”有自己的文化符号。苹果公司的品牌LOGO是一只被“咬”掉一口的苹果。关于这个标志的来历和内涵，乔布斯从未作过明确的阐述，但社会上有多种猜测，每一种猜测都丰富了苹果LOGO的内涵。对于苹果名称的来源，至少有四种传说：牛顿说（牛顿，指在苹果树下发现万有引力定律的英国近代物理学家）、图灵说（据说计算机之父图灵是因为吃了毒苹果而死的）、参禅说（乔布斯早年在印度参禅时，因经常吃苹果而得以在重病中康复）、甲壳虫说（乔布斯是甲壳虫摇滚乐迷，甲壳虫乐队公司的名字叫苹果）。其实，苹果LOGO的真正内涵渗透在苹果的产品里。这主要体现在苹果在产品设计过程中对象征学的投入。乔布斯一直批判硅谷只重视技术的传统做法，认为“情感经济”将取代“理性的经济”。符号具有象征意义，是人们表达和满足情感的工具。苹果公司的产品被誉为“站在科技和艺术的交叉点”，“科技和通俗文化的结合”。看过iPod的人，往往第一眼就被它独特的魅力所吸引。iPod的白色耳机、苹果台式机的启动声音、苹果笔记本独一无二的后盖形状……苹果公司了解感官暗示的持久威力，最懂得如何用直观的方式来诱惑消费者，使得视觉、听觉、触觉上的表现臻于完美，让它们打上苹果的烙印。在移动互联网时代，苹果推出的各种时尚的新产品，已经渗入人们的生活，成为当代流行文化的一个新符号。

苹果产品甚至作为圣物而具有善恶的指示意义。在好莱坞大片中，神勇无敌、风流倜傥的男主人翁使用的都是苹果电脑，如《真实的谎言》里面由施瓦辛格扮演的夏利·哈瑞，在《职业特工队》中由汤姆·克鲁斯扮演的伊桑·亨特。在美国电视连续剧《反恐24小时》中，凡是使用苹果电脑的人都是好人，凡是使用PC架构笔记本电脑的人都是恶势力或者潜伏的反面人物。

苹果教有自己的圣徒，即世界上喜欢用苹果产品的名人们。这些圣徒凭借自己的号召力吸引了众多信徒。有3/4的名人口袋里都揣着iPod，威尔·史密斯、格温妮斯·帕尔特罗、贝克汉姆、卡尔·拉格菲尔德……影星威尔·史密斯在接受某著名科技杂志采访时，“抱怨”说他已经迷上了这个小玩意，并称之“本世纪的发明大事”。不仅仅是美国，在欧洲、日本、中国、东南亚、南美等全球每一个角落，都可以看到iPod的身影。连80高龄的英国女王也在2005年夏天选择了一个银色的6G内存迷你iPod。2007年，美国密歇根州实行“一个小孩一台iPod教育政策”，还出现了给婴幼儿使用的iPod配件。

宗教都有固定的仪式。苹果教在这方面也比较类似。反主流的极客文化是流行文化中与科技最相关的部分，苹果和乔布斯在这里影响最大，而极客们必须做的事情中，排位靠前的就是看乔布斯发布新产品的演讲。《华尔街日报》撰文指出，只有乔布斯能将一场极为无聊的企业发布会变成一种文化现象，简直可以媲美摇滚明星演唱会或者大型体育赛事，甚至成为一场科技布道。每到这一天，全世界的苹果迷们有条件的利用条件，没条件的创造条件，一起出来看“上帝”。

宗教都有自己的圣庙。在苹果教中，美国纽约第五大道上的旗舰店以及全球各大城市的旗舰店就是圣庙，不仅成为地标式建筑，而且总是吸引众多消费者前来排队朝圣、购买圣物（产品）。2010年7月，苹果上海旗舰店开业，数千人排队等候，人群中，既有来自东北辽宁的拥趸，也不乏耄耋之年的老翁。苹果的死忠粉丝情愿跨洋飞行15小时，在苹果新店前等候48小时。对他来说，这意味着他对苹果品牌有着与宗教类似的信仰。

（四）创造产业生态圈

20世纪90年代，当美国大公司普遍严重亏损，市场竞争日趋白热化时，乔布斯就因苹果公司的转型战略提出“集成经营”的新概念，并一再强调建立“苹果生态联盟系统”，指出要像“生态链”那样集成企业产销群体，充分发挥销售商、供应商等合作者的积极性。乔布斯的这一观点为后来的 iPod 的成功奠定了基础。

iPod 的成功除了产品本身精美、简洁、易用等特点外，还在于其独特的经营模式，即将 iPod 硬件、软件和在线服务成功地整合到一起，进行捆绑销售。通过 iTunes 数字音乐管理软件，顾客可以在 iPod 播放器中对收听的音乐进行搜索、浏览、下载和分类管理；而通过 iTunes 在线音乐商店，顾客拥有了唱片公司授权的 5 亿多首正版音乐的下载源。这种捆绑销售的模式有助于苹果公司实现付费方式的创新。2003 年 4 月，iTunes 在线音乐商店率先采取单首歌曲付费下载模式，该模式与 P2P 最大的区别，在于下载的歌曲得到了唱片公司的授权，即苹果公司向唱片公司支付版费（约占单曲价格的 60%－70%），然后再向消费者收取每首 99 美分的下载费用。这种模式实现了唱片公司、音乐商店和消费者之间三赢格局。如今 iTunes 已经变成数字音乐、数字视频的综合网络销售平台，支撑苹果向消费电子公司转型。由于 iTunes 软件的支持和网上付费音乐下载业务的开展，iPod 播放器的销量大增。iPod 播放器和 iTunes 在线音乐商店皆成为苹果公司的重要收入来源。

iPhone 加 App Store 与 iPod 加 iTunes 是完全一样的经营模式，唯一的变化是 App Store 的第三方是更广泛的软件开发群体，iPhone 终于引爆了移动终端应用的大发展。2007 年面市的 iPhone2，是计算与随身娱乐的苹果式体现，它作为“数码中枢产品”拥有基于 iTunes 的影音内容提供，内置 Google 互联网服务，以及近 5000 个应用软件。随着 iPone SDK 对第三方的发布，Apple Store 的应用服务方面吸纳了基于 iPhone SDK 的第三方软件应用开发商。App Store 没有资质限制，任何软件开发商或者个人都可以在 App Store 上销售软件，但是苹果公司有审查和批准在 App Store 发售的软件质量的唯一裁定权。到 2009 年底，iPhone 加 iPod Touch 在全球售出近 6 亿台，App Store 上拥有超过 14 万个可下载的应用程序。2010 年面市的 iPad 也继承了 iPod 和 iPhone 的集成经营模式，与 iTunes 在线音乐商店、App Store 进行整合销售，同样取得了巨大的成功。

“iPod＋ iTunes”、“iPhone ＋ App Store”、“iPad ＋ App Store”等

集成经营的成功，还带动了下游外围产品和策略联盟产品市场的扩大。有关数据显示，目前 iPod 配件的市场规模已经达到了数十亿美元，在 iPod 上花的每 3 美元中就有 1 美元是花在了配件上。现在有 iPod 皮套、iPod 外接扬声器和麦克风、iPod 专用衣兜的名牌滑雪衫等 200 多种配件。但是，不同于“主流品牌开发核心产品、小品牌开发外围产品”的传统模式，iPod 外围产品的制造商中不乏众多知名度高于苹果的企业。包括宝马、奔驰、尼桑、沃尔沃、法拉利在内的顶级汽车制造商纷纷推出 iPod 适配器，以便在汽车上使用 iPod，就连 Gucci、Prada 等高端时尚品牌也设计了 iPod 专用手提包。附加产业链的形成为 iPod 的销售起到了推波助澜的效果。2006 年，耐克公司和苹果公司合作，推出一系列“Nike ＋ iPod”的产品，横跨体育、消费电子和娱乐等多个市场。两家公司合作的第一款产品是耐克 iPod 运动套装。这一套装在耐克的新款 Moire 运动鞋的鞋底内置了一个传感器，这一传感器能和连接着苹果公司的 iPod nano 音乐播放器的无线接收器相互通信。这种名为“Nike＋iPod 运动工具包”的无线系统使耐克生产的鞋类可透过 iPod 荧幕实时显示运动时间、距离、速度和已消耗卡路里等方面的资讯，同时可通过耳机播放音讯内容。该套装一上市就获得了喜爱健身运动的消费者的青睐。为构建现代人缓解节奏、调节身心的生活方式，“Nike ＋ iPod”用全新的体验方式，吸引了更多的市场关注度，刺激了消费者的购买欲望。同时，在构建全新生活方式的基础上，苹果的这种营销方式促进了消费者对苹果品牌的长期友好关系和忠诚度。iPhone 和 iPad 面市后，同样带动了相应配件市场的繁荣。

三、理论价值与现实指导意义

苹果公司历经 30 年风雨而不倒，终于在最近 10 多年里渐入佳境，并在乔布斯去世之前达到最卓越的状态，创造了当代商业史上最壮丽的奇迹，这无论是在理论上还是在实践上都给人们留下了许多宝贵的启迪。其中，最突出的是苹果公司的商业模式创新。本案例涉及理论内容主要包括商业模式创新、竞争理论、定位理论和品牌理论。后三者的研究现状已经在其他案例中做了介绍，此处的理论综述主要介绍对前者的研究现状。

（一）现有的理论研究

1. 国外学者对商业模式创新的研究

商业模式在国外已经受到企业界和学术界的广泛关注，但迄今为止，学术界对商业模式的概念本质还没有达成共识。根据 Morris 等（2003）对众多商业模式定义的归类，人们对商业模式的定义主要源自以下四种角度：经济、运营、战略和整合。经济类的定义仅仅将商业模式描述为企业的经济模式，基本内涵为企业获取利润的逻辑。与此相关的变量包括收入来源、定价方法、成本结构、最优产量等。运营类定义把商业模式描述为企业的运营结构，重点在于说明企业通过何种内部流程和基本构造设计来创造价值。与此相关的变量包括产品/服务的交付方式、管理流程、资源流、知识管理和后勤流等。战略类定义把商业模式描述为对不同企业战略方向的总体考察，涉及市场主张、组织行为、增长机会、竞争优势和可持续性等。与此相关的变量包括利益相关者识别、价值创造、差异化、愿景、价值、网络和联盟等。目前来看，国外对商业模式的定义大部分属于这个范畴。整合类的定义则吸收整合了前述三类定义的思想，把商业模式看做是企业战略、运营管理和盈利逻辑的综合。

国外学者对商业模式创新的研究主要分布在以下三个方面：商业模式创新动力、商业模式创新途径、商业模式创新实施。

（1）关于商业模式创新动力

关于商业模式创新动力，国外学者的观点主要有以下几种：第一种观点认为，新技术市场化是商业模式创新动力之一。代表学者有 Christensen（1997），Gambardella 和 McGahan（2009）。第二种观点认为，商业环境压力是商业模式创新的动力。商业环境瞬息万变，极不稳定，为了适应商业环境的变化，企业的商业模式也必须处于不断地创新之中。Malhotra（2000），Sosna 等（2010）是这种观点的代表学者。第三种观点认为，市场机会是商业模式创新的动力。商业模式创新有时是为了抓住特定的市场机会而进行的。以 Lindgardt 等（2009）为代表的学者持这种观点。

(2) 关于商业模式创新途径

关于商业模式创新途径，不同的学者从不同的视角进行了研究。早期商业模式创新途径的研究主要侧重于对商业模式组成要素创新的研究。有的研究者（例如，Weill 等，2001）强调通过改变商业模式组成要素之间的关系来实现商业模式创新。更多的学者侧重于研究商业模式组成要素本身的创新导致商业模式的创新。例如，Osterwalder（2004 和 2007）指出，在商业模式这一价值体系中，企业可以通过改变价值主张、目标客户、分销渠道、顾客关系、核心能力、价值结构、伙伴承诺、收入流和成本结构等因素来激发商业模式创新。Johnson 等（2008），Lindgardt 等（2009）也通过研究得出了类似的结论。商业模式组成要素创新虽然对商业模式创新的实践具有一定的指导意义，但研究者往往强调商业模式某一个或者某几个组成要素的创新，对商业模式创新的系统性考虑不够。另外，这种方法虽有益于商业模式部分方面的创新，却无法达到商业模式整体创新的目的。

随着商业模式创新研究的深入，学者们开始超越商业模式组成要素创新的研究，从系统视角来研究商业模式创新。作为全球商业模式创新与设计研究的领先学者，Amit 和 Zott（2009）认为商业模式是一个由互相联系的若干活动所组成的系统，这个系统可能越过了企业的边界，并使企业和它的商业伙伴能够创造价值，企业从中分享一部分价值。他们认为，商业模式这个活动系统的设计者需要考虑两个方面的因素，一方面是设计组成因素，具体包括内容、结构和治理；另一方面是设计主题，具体包括新颖性、锁定性、互补性和效率，这部分描述了商业模式活动系统价值创造的源泉。Amit 和 Zott 从两个维度（组成要素和设计主题）出发把商业模式看成是一个活动系统，这虽然弥补了从商业模式组成要素视角研究商业模式创新的片面性的缺点，但总的来说，从系统视角研究商业模式创新的文献还比较少，研究也需要进一步深化。

此外，也有学者从较为独特的视角研究企业的商业模式创新。如 Magretta（2002）从价值链视角，Mitchell 等（2003）从竞争战略视角出发对商业模式创新进行了研究。

(3) 关于商业模式创新实施

商业模式创新实施是商业模式创新的最终环节，卓有成效的实施对商业模式创新来说至关重要。对商业模式创新实施的研究主要体现在以下几个方面：第一，商业模式创新的时机（Johnson 等，2008）。第二，商业模式创新实施的组织学习特性（Sosna 等，2010；McGrath，2010）。第三，商业模式创新实施的过程优化（Morris、Schindehutte 和 Allen，2003；Chesbrough，2007）。总之，商业模式创新实施的研究具有视角多样化的趋势并取得了有一定指导意义的成果。但由于成功实施商业模式创新的企业还相对较少，且数据、资料搜集存在困难，商业模式创新实施研究仍有许多理论空白需要填补。

2. 中国学者对商业模式创新的研究

中国学者对商业模式创新的研究，除了介绍和总结国外的相应研究成果之外，也从商业模式创新的动力/机理、路径、实施与评估以及思维方法等方面进行了研究，并取得了较多的成果。

(1) 关于商业模式创新的动力/机理

黄谦明（2009）、罗珉等（2005）用资源基础理论、企业家理论、熊彼特创新理论以及经济租金理论对商业模式创新的动力和创新行为进行了分析和研究。孙永波，陈柳钦（2011）认为，技术推动、需求拉动、竞争逼迫以及企业家精神等是商业模式创新的基本动力。刁玉柱，白景坤（2012）在系统的思考和研究的基础上提出，投资模式是保证企业商业模式持续创新的重要因素，是连接收入模式与企业战略、创新要素的重要纽带；内化于创新活动之间的因果联结机制是商业模式创新的内在机理，初始创新活动则是商业模式创新的触发动因。王锡秋（2010）在分析企业能力与商业模式关系的基础上，探讨了基于商业模式创新的企业能力发展方向决定机理，以及商业模式创新的不同类型对价值界定、流程管理和资源整合三种基本能力的不同要求。相比于国外学者，中国学者在研究商业模式创新的动力/机理时，更加重视对创新的内因的研究，但在研究的方法的科学性及对细节的处理方面，外国学者有很多值得中国学者学习和借鉴的地方。

(2) 关于商业模式创新的路径

姚伟峰（2011）从公司治理的角度对商业模式创新的路径选择问题进行了研究，指出公司治理机制通过影响企业商业模式创新动力、风险选择及创新程度（新颖性），从而对商业模式创新路径产生决定作用。赵红丹，彭正龙（2009）提出了商业模式的“导弹模型”，据此分析了企业商业模式创新的实现方式，讨论了不同结构维度下的创新模式导入路径问题。高闯，关鑫（2011）从价值链创新的理论视角对企业商业模式创新的实现方式进行了清晰、系统的解释，并根据企业商业模式的不同形成方式对其进行系统分类。孙永波，陈柳钦（2011）提出，基于价值链、价值网络、价值星系、资源能力以及盈利模式的创新，是商业模式创新的路径选择。李椿，高莉莉（2010）从分析顾客需求、市场竞争状况、企业内部价值链、供应链环节四个方面建立了商业模式创新路径的分析框架，并在此基础上，从顾客价值、价值链、供应链角度总结了商业模式创新的基本路径。初冬梅和韩冰（2011），张敬伟（2010），白立新（2011）等分别提出了企业商业模式创新的基本路径。罗天昊（2010）总结了中国企业商业模式创新的七大模式。

(3) 关于商业模式创新的实施与评估

谷斌、欧阳玉湘、梁雪梅（2010）在分析了商业模式创新的维度与动因的基础上，提出了运用 TRIZ 发明问题解决理论的标准程序解决企业商业模式创新的观点，为加速企业的商业模式创新变革提供了科学依据。赵红丹、彭正龙（2009）在讨论不同结构维度下的创新模式导入路径问题的基础上，给出了每种创新维度下所对应的创新导入关键变量，包括战略制定、能力培养和组织设计，并以戴尔公司为例进行了分析。李曼（2007）认为，商业模式创新可以从战略选择和运营方式两个层面进行，其目标是为客户创造成本水平更低或差异化特征更为显著的产品与服务。她借鉴平衡计分卡模型，从商业模式创新与战略目标吻合程度、商业模式的运营效率、产品与服务的客户价值及商业模式的财务价值创造等四个方面建立商业模式创新的评价指标体系。郭毅夫（2010）认为，商业模式创新实践产生的效果是大是小，是利是弊，不能仅仅在自身范围内做出检验。要在与其发生关系的外部活动中得到验证，在更大尺度的参照系统中给予评价。运用不同的时空尺度、不同角度检验创新，就可以防止在创新活动中的狭隘眼界。他提出从逻辑、经济、文化、法律和伦理的角度对商业模式创新进行检验。

(4) 关于商业模式创新的思维方法

李伟（2011）、刘立和曲晓飞（2010）、蔡丹红（2011）、周济谱（2010）等分别从不同的角度探讨了商业模式创新中的基本原则、思维境界和思维路径。

(二) 本案例的理论价值与现实指导意义

苹果公司最近10多年来的商业模式创新举世瞩目，也引发了人们的思考和讨论。关于苹果公司商业模式创新的动力，人们将其归结为多种因素的相互影响和相互转化：乔布斯卓越的领导力，优秀的产品设计人员，优秀的产品营销人员以及苹果公司强大的鼓励创新的企业文化和制度等。至于苹果公司商业模式创新的路径，很多人倾向于“整合说”，即在推出和完善 iPod、iPhone、iPad 等产品的过程中，苹果通过将硬件、软件和服务进行整合而开创了一个全新的商业模式。关于商业模式创新的理论思想非常丰富，其中大多数理论都能在一定程度上解释苹果公司的商业模式创新。苹果公司的商业模式创新不仅印证了许多关于商业模式创新的理论，而且向人们提供了若干新的启示：

1. 正确地处理战略规划、核心竞争力与商业模式创新之间的关系是企业成功创新商业模式的基础和保障

企业的商业模式创新以企业战略规划为基础，以核心竞争力为保障。企业战略规划为商业模式创新“圈定”业务活动的界域并锁定市场机会。商业环境中有许多市场机会，如果没有正确的战略规划将企业的资源配置锁定在合适的市场机会上，那么商业模式的创新就不可能取得成功。乔布斯刚回归苹果公司的20世纪90年代末，苹果公司的产品线相当分散，产品项目非常庞杂，其中多数产品项目的赢利状况不理想。乔布斯重新上任之后，对苹果公司的战略规划进行了大刀阔斧的调整：在电脑

领域，公司只做四种明确定位的产品：专业级和消费级台式电脑，专业级和消费级的便携式电脑。在非电脑领域，大胆砍掉那些虽有技术优势但效益前景堪忧的项目（例如牛顿项目），将精力和资源集中于开发iPod、iPhone等市场前景好的项目。这次战略规划的调整为苹果公司商业模式的创新奠定了重要的基础。以创建产业生态链为特色的苹果商业模式的创新，其成功的保障是苹果公司的核心竞争力。深厚的创新文化底蕴、以乔布斯为首的领导层的企业家创新精神和创新能力、由天才级技术人员的和管理人员组成的研发团队、良好的品牌声誉，等等，使苹果公司在识别和利用新的市场机会、开展商业模式创新的过程中如鱼得水，左右逢源。

2. 处理多种商业模式尤其是新旧商业模式之间的关系应以相容互补为准则。

当企业尤其是大型企业进行商业模式创新之后，往往出现多种商业模式并存的局面。如何处理多种商业模式尤其是新旧商业模式之间的关系成为企业最高管理层必须认真考虑的重大问题。最好的办法是使它们相容相生，达到相互补充、相互促进的效果。苹果的电脑业务基本上承袭原来的商业模式（以硬件销售为主，软件销售为辅），而非电脑业务则采用新的商业模式（以“硬件＋软件＋服务”的一体化销售为主，以硬件销售为辅）。苹果公司对这两种商业模式进行了很好的相容互补性安排：通过相应的软件和苹果公司的网上商店这个平台，iPod用户既可以通过Mac电脑也可以通过基于Windows操作系统的PC电脑实现iPod播放软件和播放内容的及时更新；尽管iPhone、iPad可以无线上网，但这种兼容性仍然给消费者提供了升级和更新所需要的选择的自由和便利。如果Mac电脑用户同时拥有iPhone或iPad，那么两种设备之间的整合使用将会给消费者更丰富的体验和更多实用价值。这样，Mac电脑的销售能在一定程度上促进iPod/iPhone/iPad的销售，反之亦然。此外，尽管苹果没有改变计算机行业的竞争格局，但是它多年来在个人电脑领域持续创新而形成的品牌声誉为其在非电脑领域实现商业模式的创新奠定了重要的基础。不然，那些非电脑领域里的后来作为苹果产业生态圈重要成员的厂商不会选择与苹果合作。从这个意义上说，原有的商业模式是孕育新商业模式的温床。

3. 品类领先占位是品牌/产品市场定位的最高境界，而要成功实现品类领先占位，就必须系统性地创造具有颠覆性的差异化优势

所谓品类领先占位，就是品牌营销者通过营销努力让消费者在购买某种类型的产品时首先想到并优先选择这个品牌。许多学者的理论和众多实践案例证明，品类领先占位是品牌/产品市场定位的最高境界。但是，要让一个品牌在市场上实现品类领先占位，却不是一件简单的事情。苹果不是第一个生产 MP3 的企业，却能让 iPod 在外观、功能、操作体验、个性化需求的满足等方面远远超过竞品。苹果也不是第一个生产智能手机的厂家，却能让 iPhone 拥有比 iPod 更具魅力的特色，这些特色加在一起形成的对消费者的诱惑远远超过当时智能手机市场上最优秀的竞品。由此可见，要成功实现品类领先占位，就必须系统性地创造具有颠覆性的差异化优势。

4. 品牌资产最大化是构建最佳品牌伞的根本目标，而把握母品牌与子品牌之间、子品牌与子品牌之间的适度距离和关系是优化品牌伞的基本原则

苹果公司从为其个人电脑创建 Mac 这个子品牌开始，“苹果”成为一个公司品牌及其所有产品的母品牌，到今天，人们发现已经没有一项具体的产品的品牌直接使用“苹果”名称，而是使用子品牌作为产品的品牌名称（如 iPod、iPhone 等），同时在注明制造商的时候，用“苹果”这个母品牌为子品牌进行背书。虽然苹果公司在实施这种新的品牌战略后不能百分之百地让其所有的新产品都获得成功，但苹果公司的每一个成功的新产品都让消费者不仅记住并乐意接受子品牌而且更加增添了对“苹果”这个母品牌的信任乃至崇拜。正是因为把母品牌与子品牌之间、子品牌与子品牌之间的距离和关系布置和处理得如此精妙，苹果公司拥有世界上迄今为止最佳的品牌伞，其品牌资产在同类品牌中最具有价值。

农夫山泉：高举差异化的旗帜

一、企业简介

农夫山泉股份有限公司（简称“农夫山泉”），原名浙江千岛湖养生堂饮用水有限公司，成立于1996年9月26日，2001年6月27日改制成为股份有限公司。农夫山泉公司先后建成七个国际领先的饮用水、果汁饮料、功能性饮料及茶饮料生产基地。该公司还拥有专业的实验室，长期从事水与健康的研究，与美国国家实验室、国内的知名科学家进行专项合作，不断取得新的研究成果。农夫山泉对优质水源的战略选择以及世界领先的生产设备，在全国饮料饮用水行业中是独一无二的。

作为农夫山泉股份有限公司的母公司（控股投资方）的养生堂有限公司（简称“养生堂”），创建于1993年。养生堂有限公司投资控股农夫山泉股份有限公司、海南药业、海南保健品、北京万泰、新疆基地、厦门养生堂等十几家知名企业，公司成功创立了农夫山泉、农夫果园、尖叫、龟鳖丸、朵而、清嘴、成长快乐、母亲牌牛肉棒以及万泰艾滋病毒快速诊断试剂等知名品牌及产品。公司持有的商标为中国驰名商标。养生堂有限公司聘请了一大批生物科学、中医药学、营养学等学科的专家、教授，组成强有力的科研队伍，对中西新药、营养保健品、基因工程药物以及饮料等进行深度研究和开发。每年的科研投入约占销售总额的5%。

从1999年至2004年在全国瓶装饮用水十大品牌中，农夫山泉市场综合占有率连续六年列第一名。中国商业联合会、中华全国商业信息中心授予农夫山泉荣誉证书，“农夫山泉”牌瓶装饮用水连续五年（2002—2006）荣列同类产品市场销量第一位；“2007百度风云榜·饮料行业报告”中，最受网民关注的饮用水品牌农夫山泉位列第一。在2010、2011、2012年中国民营企业500强中，农夫山泉股份有限公司分别位列第470名、第378名、第470名。2008年，“农夫山泉”被美国《读者文摘》评选为中国瓶装水中唯一的“白金品牌”。

二、营销策略

(一)“农夫山泉有点甜”

1997年6月，农夫山泉瓶装天然饮用水在上海、浙江的重点城市上市；1998年，农夫山泉以世界杯为契机在全国推广，掀起红色风暴，市场占有率跃升到全国第二；2002年3月，AC尼尔森市场研究公司发布的“中国消费市场调查”结果显示，在瓶装水行业，农夫山泉是最受消费者欢迎的品牌。一直到今天，农夫山泉天然饮用水始终在中国饮用水市场上位列前三甲。“农夫山泉”被称为“饮用水中的白金品牌”。

在开拓市场之初，农夫山泉遇到的最大挑战就是同行业内的竞争。自1987年青岛崂山生产出我国第一瓶矿泉水，到1996年，我国矿泉水企业已发展到1200多家。而90年代中期开始起步的纯净水，更是让饮用水市场竞争白热化。从1995年到1997年，娃哈哈相继从国外进口纯净水生产流水线，使得它生产纯净水的能力增加到每天30万箱。紧随娃哈哈之后，不仅乐百氏、康师傅等大型饮料、食品企业纷纷加入到纯净水生产行列中，更多的中小纯净水生产企业也如雨后春笋般地冒了出来。众多品牌的纯净水大量涌入市场，不可避免地引发了激烈的水市大战。

此时，农夫山泉看准了对手的软肋，把产品质量的差异化作为战胜对手的法宝。作为天然水，水源是农夫山泉一直宣扬的主题。天然水对水源的要求极为苛刻，它不像纯净水可以用自来水做原水经过净化后就能达到出售的标准，天然水的水源必须是符合一定标准的地表水、泉水、矿泉水，取水区域内要求环境清幽、无任何工业污染。农夫山泉在早期的广告中就告诉消费者，“农夫山泉是千岛湖的源头活水”，因为国家一级水资源保护区千岛湖的水资源是独一无二的，而农夫山泉来源于千岛湖水面下70米PH值（酸碱度）最适宜的那一层。因此，在农夫山泉红色的瓶标上除了商品名之外，又印了一张千岛湖的风景照片。与其他商品相比，差异性立刻凸显出来，无形中不但彰显了其来自千岛湖水源的纯净特色，红色亮眼的商标更在一摆上货架的同时，立刻吸引住了众人的眼光。

在品牌名称上，赋予饮用水“农夫山泉”这样一个名字，有着它深刻的内涵。“农夫”二字给人以淳朴、敦厚、实在的感觉，“山泉”给人以远离工业污染、源于自然的感觉，这正好迎合了当前都市人回归自然的消费时尚。

在产品包装上，除了小型瓶装水，公司于1997年在国内首先推出了4升包装的农夫山泉饮用水。这种包装新颖、独特，给人以水、油等价的感觉，在消费者心日中留下了农夫山泉比一般饮用水档次高的初步印象。1998年初，养生堂公司继续推出运动型包装的农夫山泉，瓶盖的设计摆脱了以往的旋转开启方式，改用所谓“运动盖”直接拉起的开瓶法。当时这在国内饮用水包装上也是独一无二的。

在价格上，为了显示自己的身价，农夫山泉从进入市场以来，一直定位于高质高价，没有被卷入由水业霸主们挑起的价格战之中。即使在水市价格大战打得不可开交的1999年，它依然不为所动：运动型包装的价格为2.5元/瓶，普通瓶装的价格为1.8元/瓶。这个价格几乎是同量的其他品牌饮用水价格的2倍，从而在消费者心目中树立起农夫山泉作为高档次、高品质、高品位的“健康水”的品牌形象。

1998年的饮用水市场，两大品牌——娃哈哈、乐百氏两巨头雄霸市场，其产品价格低、形象好（分别由明星景冈山、黎明作为产品代言人），品牌认知度很高，已经在消费者心目中建立起稳固的地位。在这种情况下，要想在与两大品牌的竞争中获得成功，农夫山泉必须以非常规的方式卖水，以达到出奇制胜的效果。农夫山泉做到了！它采用了《三十六计》中“借尸还魂”的计谋：在产品卖点上，它的广告创意跳出了水的局限，放在了瓶子上。很多消费者至今还记得被称为当年最佳策划的农夫山泉“课堂篇”广告——课堂上，老师正在黑板上写字，一个调皮的小学生忍不住偷偷地喝着农夫山泉，会运动的瓶塞发出“蹦”、“蹦”的声音，引来同学们羡慕的目光。老师无可奈何地叹了口气，说："上课的时候，不要发出这种声音。"同学们会心地笑了。课后，师生畅饮农夫山泉，齐声赞道："农夫山泉有点甜！"从某种意义上说，这则广告与其说是在卖水，不如说是在卖瓶子，卖可以发出声音的运动瓶塞。借着瓶子来卖水，其创意确实与众不同，高人一筹。很多对手感叹：原来水还可以这样卖！农夫山泉把市场推广的目标顾客放在儿童市场上可谓另辟蹊径。儿童好奇、调皮，对可以发出声响的运动瓶塞有浓厚的兴趣。从儿童市场切入，选择与娃哈哈、乐百氏不同的目标顾客，可以避免一开始就和两大品牌对立竞争的不利局面。运动瓶盖广告的播出，对于启动农夫山泉瓶装水的市场销售起到了重要的作用，越来越多的消费者开始尝试购买和饮用农夫山泉，终端开始传来畅销的好消息。

1998年夏世界杯开幕，两个养生堂人来到中央电视台体育频道直播现场，以"不到100万元"的价格在演播室后面无从利用的背景墙上立起了一块"农夫山泉有点甜"的牌子，结果，世界杯足球赛结束时，全国人民都知道"农夫山泉有点甜"。

2000年前后，农夫山泉在媒体上保持高密度的广告投入，一时间"农夫山泉有点甜"的广告语家喻户晓。但是，农夫山泉发现，几个强大的竞争对手不约而同地对农夫山泉采取打压的策略，不仅在广告密度上超过农夫山泉，而且在销售渠道上对农夫山泉实施"地面围剿"。农夫山泉在投入了几千万元的广告费之后，并没有出现预料之中的持续旺销的效果。情形极其尴尬和紧迫，可谓生死攸关。

怎么办？破局！根据破局营销理论，当市场被强大的竞争对手牢牢把持时，实力弱小的挑战者应当在整个营销管理的过程当中包括创意和传播层面找到竞争对手的弱点进行攻击，务必使消费者对强势品牌产生怀疑。消费者对强势品牌产生怀疑以后就会造成对竞争对手不利的舆论，而大规模舆论的结果导致竞争对手坐立不安，陷入"不应战吧，显得理亏，应战则把挑战者和强大的竞争对手排到了一个层面"的处境，最终，弱势的挑战者以这种非常的破局策略来实现市场的突破。

经过缜密的市场研究和几番脑力激荡之后，农夫山泉的营销团队认为：目前对手产品所诉求的“纯净”恰恰正是对手最大的软肋，因为水太纯净，对人体没有任何的帮助，长期饮用或对人体有一定的伤害。有鉴于此，农夫山泉决定并高调向外界宣布不再生产纯净水，而生产与“纯净水”相对应的“天然水”。“天然水”寓意为“天然生成，健康，无污染”。依托于破局营销理论，农夫山泉的领导层决定再添一把火，通过事件营销的手法来“四两拨千斤”，以不高的代价挑起“纯净水”和“天然水”的论战。2000 年 4 月 24 日，农夫山泉公布了一项“长期饮用纯净水有害健康”的实验报告并宣布全面停产纯净水，由此引发了一场旷日持久的天然水与纯净水阵营在媒体上的“口水大战”。此举虽然招来了同行们的敌视，却树立了农夫山泉倡导健康的专业品牌形象，拉开了与竞争对手在品牌上的距离。

基于破局营销的思考，农夫山泉联合政府相关部门和学校在全国 21 个城市的全国三亿少年儿童中联合发起“争当小小科学家”活动，推出一组紧密联系现实生活，同时又饶有趣味、简便易行的生物比较实验，通过实验，让孩子们自己告诉自己，水对生物的生长有什么样的影响，到底喝什么水更有益于人体健康，培养科学饮水的观念。同时不断召开新闻发布会、恳谈会等吸引媒体的广泛参与。尽管纯净水和天然水都是合格的饮用水，但纯净水毕竟是饮用水的主要来源，国家有关部门不可能在二者之间做出任何褒贬。农夫山泉清楚看到了这一点，它相信以巨资开路，这次的争论将会彻底让纯净水阵营从攻势变为守势，也必将让自己在这次论战中成为最大的赢家。

事件跟预料的一样，好戏开始纷纷上演。首先是饮用水行业内的两大巨头的老总——娃哈哈集团的宗庆后和乐百氏集团的何伯权对农夫山泉的说法提出质问。很快，行业反击成结盟之势。2000 年 5 月 19 日，广西 53 家纯净水生产厂家代表汇聚北海，表示拟在适当时候起诉农夫山泉，并提出索赔要求。5 月 30 日，广东省瓶装饮用水专业协会邀请全国食品工业标准化技术委员会和广东近 20 家饮用水生产厂家的负责人，在广州举行了“安全卫生饮用水保健康”的专题座谈会，直接针对 4 月农夫山泉的“纯净水对健康无益、‘农夫山泉’从此不再生产纯净水而只生产天然水”设立了主要议题。怡宝和景田的代表表示，要规范饮用水行业，并要求“农夫山泉”对此事给个交代。有的代表甚至提出“饮用水行业不能再像以往一样只是拿着盾被动防御，还要拿起矛，对一切破坏经济秩序的行为给予还击”。而到了6月5日，在水大战中一开始低调保持沉默的杭州娃哈哈集团公司向全行业发出邀请，商讨“关于共商反击‘农夫山泉’恶意攻击纯净水、危害纯净水行业健康发展”的诸多事宜。6月8日，诸多厂家一起讨论修改“全国主要纯净水协会与生产厂家关于要求国家有关部门制止‘农夫山泉’不正当竞争、危害纯净水行业健康发展行为的声明”（讨论稿），并在下午召开新闻发布会，对“农夫山泉”炒作“天然水”，打压“纯净水”的行为进行“揭露和批判”。最后据统计，有69家纯净水商在“2000年维护纯净水健康发展研讨会”会后发表联合声明，集体声讨“农夫山泉”的“不正当竞争行为”。

此时，早有准备的“农夫山泉”于当日晚8时30分在杭州西子国宾馆召开记者招待会，广邀正在杭州采访以上事件的全国各地新闻媒体记者，公开阐述了自己对纯净水、天然水的观点，以及企业经营理念，素不露面的养生堂农夫山泉总裁钟睒睒亲自出面，解释了由浙江大学博士后白海波主持的“水与生命”课题组所做的一项实验。认为研究证明天然水及其中含有的钾、钠、钙、镁离子，对维持生命极为重要，而纯净水与之相比则有着极为显著的差距。

农夫山泉负责人同时还做了这样的表态：欢迎并希望用电视现场直播这种形式与大家讨论。同时，针对其他69家企业声言要司法诉讼，农夫山泉表示：不怕打官司，声高不一定理正。表示希望通过这次争论，为饮用水行业的健康发展理清一个符合中国国情和具备国际竞争力的方向。农夫山泉巧妙地以所谓的民族品牌统一战线的论据将了诸多告状者一军。

这场几乎是面对面的辩论赛，让众多财经记者兴奋不已。反方特点是人多，而养生堂有理有据的表现和动情的演说显然更胜一筹。一时间报纸漫天飞扬着农夫山泉的各类消息。事后统计，全国有不下5000篇相关报道。

事实上，这场讨论的直接的市场效果也同样明显：一些分销商及终端超市开始拒绝纯净水的进入。在第二年即2001年1月到5月，农夫山泉已完成的销量相当于2000年全年销量的90％。当时国内贸易局商业信息中心对全国38个城市近2000家超市、商场的权威监测报表显示，农夫山泉天然水在瓶装饮用水城市市场占有率已跃居第一位。

由农夫山泉挑起的“纯净水”和“天然水”之争在短时间内激起了竞争对手的过度反应和媒体的介入，农夫山泉在这场论战中牢牢占据了主动。论战过后，农夫山泉从名不见经传转而牢牢占据了饮用水前三甲的位置，农夫山泉以典型的破局营销的手法实现了由“灰姑娘”到“美丽公主”的完美转身。

值得一提的是，为了满足全国消费者对农夫山泉饮用水的需求并降低生产和营销成本，农夫山泉花了很大的精力在全国寻找优质水源。功夫不负有心人。除了获得千岛湖独家取水权外，农夫山泉又先后获得了其他三个具有重要的市场战略地位的优质水源地的独家取水权，它们分别是：湖北的丹江口水库、广东万绿湖、吉林白山市靖宇县错草泉。

(二)“农夫果园，喝前摇一摇”

2003年是饮料行业的果汁年。在碳酸饮料、瓶装饮用水、茶饮料三大品类几年来相继掀起市场热潮以后，果汁饮料以健康时尚的形象成为饮品市场的新宠。

果汁行业前景十分看好，统计数字表明，美国人年均消费果汁为45公升，德国为46公升，日本和新加坡为16—19公升，世界人均消费量达7公升，而我国人均年消费量仅1公升，国内果汁市场的增长空间很大。从市场现状看，果汁行业发展迅猛，消费者的选择率超过35％，2002年市场容量达到200万吨，并且一直保持两位数的增长幅度。但就整个行业分析，当时在果汁饮料这个品类中还缺少强势的领导品牌。2003年3月底中国全国商业信息中心发布一份报告显示，果汁市场排名前十位的品牌没有一个品牌达到市场综合占有率超过20％的水平，而同为饮料行业的瓶装饮用水、碳酸饮料，市场集中度则要高出很多，前三位的领导品牌市场占有率明显高于其他品牌（见表3）。

表3　　　　饮料行业各类饮料品牌的市场占有率

果汁行业	市场综合占有率％	饮用水行业	市场综合占有率％	碳酸饮料行业	市场综合占有率％
统一	16.14	农夫山泉	21.26	可口可乐	21.04
椰树	10.48	娃哈哈	16.14	百事可乐	19.37
汇源	9.95	乐百氏	11.95	雪碧	14.71
康师傅	9.43	雀巢	8.75	芬达	6.60
露露	7.14	康师傅	3.75	美年达	6.59
酷儿	6.20	天与地	3.71	醒目	6.10
三得利	5.11	益力	3.18	非常系列	5.92
娃哈哈	2.71	怡宝	2.84	健力宝	5.20
大湖	2.13	水森活	2.71	七喜	3.38
梦茹	1.76	屈臣氏	2.09	康师傅	1.34
其他	28.95	其他	23.61	其他	9.75

资料来源：中华全国商业信息中心《消费品市场2002年度监测报告》

从果汁饮料、瓶装饮用水、碳酸饮料三个品类市场占有率的比较来看，果汁饮料领导品牌的暂缺意味着各品牌的发展空间很大，而且一旦在果汁行业胜出，就可以获得绝对多数的市场份额，这也是新的企业为什么纷至沓来的原因所在。2002年以来，可口可乐、康师傅、娃哈哈、健力宝等饮料巨头纷纷挺进果汁饮料行业。一时间，果汁饮料市场硝烟四起，群雄逐鹿。在这样的形势下，行业竞争门槛相应抬高，新进入者要想有所突破，光考虑资金、设备、原料等硬件设施已经不够了，还需要对营销策略做出完整的规划，步步为营，获取一定的竞争优势。

在这种背景下，农夫山泉于2003年向市场推出以农夫果园为品牌的30％浓度果汁。适宜的果汁含量定位，避开了低浓度果汁的红海竞争，较10％含量果汁更有内涵，较百分百果汁口感更清爽，在产品内容物上开辟了一片市场蓝海。其“农夫果园，喝前摇一摇”的广告更因为在饮用方式上的创新宣导给人们留下了深刻的印象。由此，农夫果园一上市就取得了广泛的认可，在中浓度果汁领域取得了不可替代的位置。

产品的差异化设计，是农夫果园迈向成功的第一步。

农夫果园如何在产品设计上实现差异化？市场上 PET 包装的果汁饮料口味繁多，但这些产品一般都是单一口味，而且目前市场的主要竞争停留在单一的橙汁口味。农夫果园作为一个后进的品牌，没有跟随其他品牌，而是独辟蹊径选择了“混合口味”作为突破口。这样做有许多好处：其一，避开了与先入为主的几大品牌正面冲突；其二，确立了在混合果汁品项中的领导地位；其三，新奇的混合口味吸引了众多的消费者。

混合口味作为差异化营销的基础，做出这样的选择显示了农夫的勇气，因为在国内市场上“混合口味”还没有成功的先例。虽然果汁饮料中牵手是混合果汁，但其主要是 100％含量的不同果蔬混合，而且并没有提出混合果汁的概念，采用的也主要是利乐包，不利于即饮渠道的推广。

农夫果园最初推出两种口味的混合果汁，一种是：橙、胡萝卜、苹果；另一种是：菠萝、芒果、番石榴。通过对消费者进行口味测试，这两种口味的消费者喜好度分别为 79％和 78％，而市场上其他品牌的果汁饮料的消费者喜好度一般在 65％左右。这表明消费者更喜欢混合口味，而且混合口味具有排他性。

在果汁饮料产品的命名上，竞争对手大多以水果类别命名，如鲜橙多、蜜桃多、葡萄多、真鲜橙、鲜橙汁等，而农夫山泉公司针对混合果汁的特点，将果汁系列命名为“农夫果园”，这一品牌给人的联想是和谐纯朴的果园风情，宁静悠远的天然环境，增加了果汁来源的真实性，这一名称也注意结合农夫山泉，延续“农夫”的品牌优势。这一与众不同的命名，还具有很好的延伸性，以后出台新的果汁饮料可以统一在“农夫果园”的旗下，品牌的推广可以为以后的新品积累影响力。

农夫果园的包装瓶标签是三种水果横剖面的组合图，色彩艳丽：LOGO 为一个果农怀抱一大筐水果洋溢着丰收的喜悦。包装上最吸引人的还有农夫果园超大口径的瓶口，市场上 PET 包装瓶口一般为 28 mm，而农夫果园的瓶口直径达到了 38mm。这多少显得有些异类，在终端的果汁货架上能够吸引更多的关注。据称这样的设计在国内还是第一家，大瓶口更具人性化，饮用时能够使整个口腔充满果汁，让味蕾更多地品尝果汁原味。包装上还有一个创意——农夫果园的运动盖。农夫果园的包装和农夫山泉一样，分为普通盖和运动盖两种。在瓶盖的差异化上农夫有着丰富的经验，几年前进入瓶装水市场的时候，农夫山泉通过广告宣传和终端陈列把运动装的趣味性、时尚性发挥得淋漓尽致。这一回农夫果园的运动盖，从设计上来说比农夫山泉有过之而无不及，其特点是当瓶子打翻时，盖子会自动关闭，保证饮料不溢出。这样可以增添饮用的乐趣，既吸引目标消费群购买，也在一定程度上培养他们对品牌的忠诚度。

在容量上，农夫果园也显得别出心裁。2003 年生产的农夫果园有两种规格：600ml 和 380ml，而市场上的 PET 包装的果汁饮料，例如统一、康师傅、健力宝、汇源、酷儿等都为 500ml 或 350ml，农夫果园在容量上比同类产品多 100ml 和 30ml。这样有利于其在终端店头的陈列和促销员的口碑推荐，也为其价格策略做好了铺垫。

农夫果园在终端的销售价格在 3.5～4 元之间，明显高于同类果汁饮料，这是其价格体系差异化策略的表现。为了开辟 PET 包装果汁饮料的高端市场，自觉回避同类产品的价格纷争，选择这一道路的农夫果园对果汁市场当时的价格体系进行了深入的分析。2003 年 PE 包装的果汁行业价格上存在以下特点：

第一，产品无明显差异，价格非常接近，一般出厂价在 2 元/瓶左右。

第二，价格战已经开始。2003 年 3 月开始，通路价格稳定性被打破，统一、汇源在部分区域已经争相降价。

第三，各厂家大力扩张产能。“酷儿”新增 10 条生产线，汇源加大 PET 事业部的投入，娃哈哈以大产量切入市场。其他诸如统一、康师傅等积蓄力量扩大果汁项目，众多企业扩大产能，价格战将进一步升级。

第四，激烈的价格竞争下，高于 2 元/瓶的市场逐渐出现空白。

在这样的市场状态下，差异性的定价策略可以避免陷入价格战的旋涡，对于农夫果园来说，在上市之初也有利于保障新品价格体系的稳定性。

当然，农夫果园实行差异化的价格、走高端市场，还必须经受消费者认可、经销商接受两大考验。如果没有一套完整的差异化策略，不对各种差异性进行整合，是不可能取得成功的。正因为有了前面一系列的差异化策略奠定基础，农夫果园的价格策略差异化才能得到很好地推行。对于消费者来说，能够接受农夫果园这样的差异性价格，是由于此前一系列的差异化策略已经增强了对产品的认同。混合果汁的产品形态、“摇一摇”的宣传诉求、包装与众不同、容量多一些，浓度高一些，这些都支持了农夫果园的高端市场定位，让消费者感到物有所值，使产品更具亲和力。

消费者认同了，经销商这一环节就容易打通了。为了不影响铺货进程，提高经销商的积极性，农夫山泉公司采取富有创意的销售政策，还特意召开了一次大型的经销商联谊会，邀请全国各地700多家经销商到农夫果园生产地浙江千岛湖参观果汁饮料的生产线，以此推荐新品，为价格策略的差异化铺平道路。

在促销方面，统一“鲜橙多”主打女性消费市场，喊出“多喝多漂亮”的口号，康师傅、健力宝、汇源等也采用美女明星路线，其宣传诉求的同质化让人感觉似曾相识。在这方面，可口可乐旗下的“酷儿”首先走上差异化道路，以可爱的卡通人物Qoo把自己从众多的果汁品牌中区分开来，一举成为2002年果汁市场上一个亮点。2003年上市的农夫果园决定在促销诉求方面不走寻常路，彻底抛弃形象代言人的思路，既不走美女路线，也不学“酷儿”搞角色营销，而是以一个动作作为其独特的品牌识别，那就是“摇一摇”。

把“摇”作为宣传诉求的差异性，是农夫果园差异化营销成功的第二步。“农夫果园，喝前摇一摇”这一宣传诉求在农夫果园的广告片当中得到了充分的展现。伊拉克战争打响以后，在中央电视台收视率最高的四套和一套，观众都可以看到这样一个广告片：身穿沙滩装的父子俩到饮料店前购买饮料，看到宣传画上写有“农夫果园，喝前摇一摇”的标语，便高举双手自觉地扭起了屁股，随后出现农夫果园产品形象。整条片子在诙谐轻松的气氛中，烘托出“农夫果园三种水果在里面，喝前摇一摇”的主题。农夫果园上市后的短短几个月之内，销售额就超过1亿元。

(三)“尖叫”之起伏

1.“尖叫”之潮起

饮料行业的进入门槛较低，同质化程度较高，任何一款新产品的功能和特点都很容易被竞争对手模仿，甚至超越。2002年之后的功能性饮料市场竞争日趋加剧，各品牌厂商新推出的功能性饮料大多另辟蹊径，在“情绪、性别、文化”等精神文化层面上进行渲染和沟通。对于饮料行业，与其说是卖功能，不如说是在卖概念、卖情感、卖体验、卖文化，更高层次的营销手段——体验营销正悄然来临。

2003年夏天，乐百氏集团在被达能收购后重出江湖，率先推出添加维生素的功能性饮料——“脉动”，标志着中国的饮料行业进入了一个新品类的竞争时代。2003年“非典”的肆虐，人们越来越注重补充维生素，同时消费者对传统饮料的淡漠，让“脉动”以独特的卖点吸引了消费者的目光。2003年脉动无疑让乐百氏着实火了一把。但好景不长，一向后发制人的饮料巨头娃哈哈以及素来以产品推广见长的养生堂也迅速加入了竞争，汇源、统一、康师傅等饮料巨头也迅速跟进，加入了市场的瓜分战。

养生堂作为饮料行业的一支奇军，总是有些出乎人们的意料之外。早在几年前的瓶装水大战中，农夫山泉就以“有点甜”的独特感觉诉求和独特卖点成功挑战乐百氏与娃哈哈，成功地从乐百氏和娃哈哈的竞争缝隙中迅速成长，跻身行业前三甲。而其推广“农夫果园”的策略至今让营销界津津乐道。在这场功能性水饮料大战中，人们自然不能忽视养生堂的“尖叫”。不论是产品名称还是产品包装，养生堂都足以让消费者为之尖叫。而养生堂在广告上依然采用了一贯独特的广告创意，制作上更加唯美，并将尖叫定位为“情绪饮料”，志在与对手再一次划清界限。在广告媒介的选用上，养生堂直接与竞争对手正面过招，同样选择了中央电视台的招标时段。

从农夫果园到“尖叫”，农夫山泉成功实现了向综合性饮料企业的转型。“尖叫”饮料何以定位于“情绪饮料”?“尖叫”在推出之前，农夫山泉公司进行了反复的论证。“尖叫”命名，是一个动词，是一个具有行动感的、定位在情绪释放宣泄概念上面的饮料品牌。通过多方面的市场调研，农夫山泉公司发现现在的都市人都有很多压力，特别是年轻人，当他们从学校毕业踏上工作岗位以后，生活环境发生根本变化——就业的压力、工作的压力、住房的压力、生存的压力等扑面而来，他们需要缓解压力、释放情绪，因此，公司认为“尖叫”的目标顾客应当是这类年轻的消费者。

为了体现“尖叫”与年轻人这种情绪特点的吻合，农夫山泉可谓处心积虑。农夫山泉不但把“尖叫”的瓶体设计成红、蓝、绿三种颇具运动感的颜色，而且螺旋状瓶体呈现出一种张扬、动荡、有棱角、抽象的个性形象，更为讨巧的是，“尖叫”的瓶盖被设计成类似于奶嘴的样子，可以通过“奶嘴”吮吸饮料，也可以用力挤瓶身让饮料形成水柱喷到嘴里，或者在空瓶子里装上白开水在同事朋友之间来个恶作剧。

为了迎合年轻人的心理，农夫山泉还把“尖叫”按照细分市场的需求特点分为三种类型：红色“尖叫”是纯功能的，它有提神醒脑的强功效，口味上也比较强烈，对功能的诉求更多一些；蓝色“尖叫”是多肽饮料，多肽是氨基酸的一种，运动性更强，给人带来一种爆发力，比较适合爱运动的青少年；绿色“尖叫”是纤维饮料，里面含有一种对女士非常有帮助的成分，是面向女性消费者来定位的。

“尖叫”以一种另类、时尚、前卫的都市先锋形象出现在消费者面前。很难想象这款个性十足的饮料有什么理由不火暴。为了突出产品的前卫性，农夫山泉把主导市场放在了北京、上海、杭州这样的一线城市。事实上，“尖叫”推出后，新异的造型和概念颇受年轻人欢迎，各地不断传来断货的消息。为了更快拓展市场，农夫山泉不失时机地在央视黄金时段投放了两个版本广告，广告中另类前卫的年轻人从家、地铁、工作室到露天球场、便利店、迪吧之间自由穿梭。在这种充满着活力和情绪的前卫形象带动下，“尖叫”成为一种都市时尚。

为了紧紧抓住年轻人这个前卫群体，“尖叫”营销部门还展开了一系列有奖推广活动，并举行义卖活动。各大终端都在拼命抢位置、做堆头，大搞促销。在强大的广告攻势和促销带动下，市场的热情一度达到沸点。

2. “尖叫”之潮落

市场对“尖叫”的热情在不到两年的时间内迅速降温。当初农夫山泉对“尖叫”寄予很大的期望，策划和广告上投入了巨大资源。没想到在短暂的成功之后，便再无声息，尖叫似乎成了农夫山泉公司成立10年来最大的败笔。农夫山泉万念俱灰，停止了广告，开始悄悄撤离主战场。怎么会这个样子呢？从喧嚣到沉寂，市场背后到底隐藏着什么玄机？首先，功能饮料因为注重的是健康动力和概念的制造，因此口味个性而不大众化，经过一两年的市场兴奋期后，很多消费者开始对口味产生了要求，而功能饮料并没有跟上这个变化。其次，功能饮料多被赋予前卫的形象出现在市场上，而前卫的时髦的东西是最容易变化的，随着不断有新的功能饮料品牌诞生，年轻的消费者原有的对功能饮料的新奇感逐渐消失。第三，也是最重要的一点，以“农夫果园”为代表的果汁饮料开始发力，功能饮料在饮料市场勉强保持30%市场份额，2007年夏季功能饮料在整个饮料市场上的份额急剧下降到5%。“尖叫”也不可避免地迅速跌落。

一度抢尽风头的“尖叫”销售下滑到低点，在北京、西安等一线渠道，“尖叫”被摆放在根本无人看得到的小角落，而且所占的区域越来越小，大有坐冷板凳的味道。此后两年，不少卖场只能看见有那么一两瓶尖叫孤零零地伫立在不起眼的货架上，而且很久卖不出去。

3. “尖叫”之错位反弹

为了改变“尖叫”市场销售迅速下滑的被动局面，农夫山泉对一类卖场进行收缩，将“尖叫”向二、三类卖场转移（注：卖场分为一、二、三类，其划分根据是卖场的地理位置、营业面积和销售额），同时，在一些零售摊点上也开始出现“尖叫”的身影。这种悄无声息的转移，给“尖叫”带来意外的市场反弹。

这个反弹首先表现在2009年夏季的饮料市场。最早的表现是，在大街上冷不丁地能看到一些孩子书包上挂着“尖叫”的瓶子，随后的几个月内能看到为数众多的孩子拿着这个瓶子满大街疯跑，当然更多的是城市的广场公园里小女孩和小男孩们拿着“尖叫”的瓶子在叽叽喳喳地打水仗。

此时在二、三线销售终端更有实际的表现，超市里常出现这样的镜头：年轻的爸爸妈妈牵着六七岁的孩子购物，先是孩子不由自主地把“尖叫”往购物车里塞，后来是爸爸妈妈或爷爷奶奶自觉地把“尖叫”往购物筐里塞。

“尖叫”先是在西安、济南的二、三线销售渠道找到这种回暖的感觉，随后在武汉、杭州等地也表现出强劲势头。2009年夏季，“尖叫”竟然不知不觉蔓延至全国，成了儿童喜欢的一种饮料。在青岛、大连这样的地区性城市日销量甚至突破了6000瓶，而在整个市场，“尖叫”销售直逼2005年最旺盛时期。

此时，农夫山泉早已停掉了“尖叫”的广告投放，也很少去进行早期那种铺天盖地的促销。这种变化让农夫山泉自身也感觉到了诧异：此时的消费主体与最初的定位竟然来了个大翻车——在精心打造的时候，它让人失望；丧失信心的时候，它却悄悄红火了起来。这种意外也反映出市场的某种客观规律。

（四）水溶C100：饮料市场的新宠

水溶C100是农夫山泉在2008年5月推出了的一款新产品。根据产品简介，水溶C100的柠檬汁含量为12%；每瓶所含的维生素C，相当于5个半柠檬，能够100%满足每日所需维生素C，味道是酸甜的。虽然没有大幅的宣传和广告攻势，但是水溶C100上市后取得了空前的市场反响，在竞争激烈的果汁饮料市场迅速脱颖而出，甚至出现了抢购和断货现象，更是成为2009年饮料市场的新宠。

1. 点水成金

水溶C100的营销从一开始就跳出了和主流品类的竞争，找到了属于自己的蓝海。水溶C100的目标消费者主要是城市白领、学生等时尚人群。首先是由于这部分人群接受西方的文化和习惯影响较大，比较容易接受柠檬汁的概念。其次，这部分消费者追求美容、健康等生活概念，因此维生素 C 的功能对他们的影响较大。最后，由于柠檬汁产业在国内尚未形成，水溶 C100 要实现量产必须依靠进口，较高的成本也从根本上决定了其主要消费者是诸如城市白领、学生等时尚人群，从而使整个产品策略定位于中高端消费人群。

水溶 C100 产品策略：追求口味独特和包装新颖。首先，现在市场上流行的品类主要为橙汁、苹果汁和葡萄汁，而柠檬汁类的产品在国内尚属空白地带。而且在中国消费者心中，象征时尚、高档的柠檬汁，具有目前主流产品无法替代的特性，避开了同质化的激烈竞争。水溶 C 的口味是柠檬独特的酸甜味，口感很受大众欢迎。同时较强的酸甜口感正适应了这个时代年轻人喜好较强刺激的生活习惯。其次，所有人特别是对时尚女人而言，适量补充维生素 C 是保持年轻活力、美容与增强免疫力的重要手段。选择维生素 C 作为产品的功能诉求，很容易让年轻人特别是白领接受。最后，在产品的包装方面，水溶 C100 采用了透明包装，而且瓶子的款式设计得细长，符合现代白领的审美观，具有时尚性。除了美观之外，瓶子的实用性很强，水溶 C100 的瓶子开口大，不仅方便携带，而且便于消费者作为水瓶使用。

水溶 C100 品牌策略：贴近目标顾客 ＋ 品牌背书。水溶 C100 在品牌命名上采用体现产品属性并突出核心诉求的方式。水溶 C100 的“C”意指维生素 C，是人体必需的，有益于身体的健康和活力；而“100”在中国消费者心目中有完美的意思，突出表示水溶 C100 能够 100％地满足消费者每日所需的维生素 C。水溶 C100 还采用“中文名 ＋ 英文字母 ＋ 数字”的构成方式，这与很多白领在工作和生活中的说话习惯相一致，因而更容易让消费者记住。而在品牌来源识别上，水溶 C100 采用的是品牌背书策略。这种方法同时利用多品牌战略的独立性和单一品牌战略延展性的优点。许多实行多品牌的企业如宝洁等都采取过这种战略。

水溶 C100 在定价方面采用了撇脂定价策略。水溶 C100 的价格定在 4.5 元一瓶，而普通软饮料，一般的价格不会超过 3 元。这种与同行业相比带有歧视性的定价策略，使得水溶 C100 显得卓尔不群。在形成了一定知名度之后，饮用水溶 C100，成了一个特定群体的象征，是一种身份的标签。这就使水溶 C 成为快速消费品中的新奢侈品。而水溶 C100 的目标消费者主要是白领和时尚人士，这部分人拥有较高的消费水平同时又有追求奢侈品的心理，因此，其定价策略同目标市场是一致的。

水溶 C100 的渠道策略是：饥饿式铺货，以点带面。在分销渠道上，水溶 C100 是借助农夫山泉的生产基地和渠道。相比其他饮料巨头，农夫山泉最弱的就是渠道。因为农夫山泉目前在全国的水源基地都远离市区，因此其运输费用大大高于竞争对手。由于分销渠道运输成本高，水溶 C100 在分销策略上选择的是以饥饿式铺货的方式点燃市场。具体的步骤是，通过对渠道的控制先在一线城市的学校周边、写字楼附近，以及各类娱乐场所等地铺货，等到消费势能积蓄到一定阶段，再通过经销商环节大面积铺货。这样可以先进行一段时间的市场培育，等到消费者熟知产品之后又能方便地买到。

而对于二级、三级的经销商，水溶 C100 不仅拥有良好的市场销量和口碑，并且较高的价格定位也给了分销商相比于其他果汁饮料更大的利润空间，这些好处大大地刺激了经销商的销售热情。

在促销方面，水溶 C100 采用了低调入市，口碑营销的策略。水溶 C100 在 2008 年 5 月份正式上市，直到奥运期间方才投放了第一轮广告，而且采用的是隔天播出的形式。水溶 C100 的这种明显有悖于传统的促销方式，显得有些沉闷。对此，养生堂市场部设计总监夏文奎曾对媒体说过：“我们要做的不是依靠大众传媒轰炸出来的热卖效果，而是要靠产品本身的吸引力。产品采用全透明的包装，甚至瓶盖、标签等包装细节处都采用了透明或白色，就是想把一种淡雅、清爽、干净的产品理念传递给消费者。”“这是一款不适合用喧哗的气氛做宣传的产品，透着优雅或者淡雅的气质，静静地放在那里就会有人想要购买它，这就是我们最初想要的。”其次，据他所言，水溶 C100 的低调营销与奥运会的召开也有关。奥运会前的营销和推广都比较低调，而奥运会之后才开始进行广告的投放和品牌的宣传。随着农夫山泉将产品投放到部分城市的市场，很快水溶 C100 便以其亮丽的包装、独特的口味以及补充 VC 的营养诉求获得了目标消费者的青睐。而目标群体又具有易受周围朋友影响的特点，这样就不经意地形成了依靠口碑传播的局面，大大促进了销售的增长。

水溶 C100 这种略带点乳白色的柠檬汁没有任何前期的广告轰炸，静悄悄地上架却一天比一天好卖，就连超市里的销售人员都觉得奇怪。上海一家超市的经理告诉记者，“平均一天的销售量就有 100 箱，我特意观察过，放在超市里不到半个小时，零售架就会空，需要不断地补货。”杭州一所学校的超市，第一天进了 50 箱，第二天就直接进了 120 箱，依然脱销。更令人奇怪的是，一款在推出时定位于 15－35 岁之间的年轻群体的饮料，如今却成了杭州城里老少皆知并喜欢的产品。身边有朋友告诉记者，自已 18 个月大的孩子居然也点名要这款饮料。有人说了这样一个故事，一家三口分头去超市，不约而同地抬回了相同的三箱饮料，而这款饮料就是包装简单的水溶 C100。半个月就迅速占领市场并被各个年龄层的消费者所喜爱，的确比较难得。很多人喜欢这款饮料还出自于它的简单而透明的包装，有位消费者说：“我有个朋友家里摆了这个饮料的空瓶子，就像收集伏特加的空瓶子用来装饰个人空间一样，他在自已的房间里铺了整整一圈的空瓶。”

从 2008 年 5 月上市至 2009 年底，水溶 C100 取得了 6 亿元的销售额。

2.“史上最华丽促销”

从 2010 年 8 月至 10 月期间，养生堂展开的水溶 C100“开盖赢好礼，秒杀赢大奖”活动取得成功，被网友和媒体称为“史上最华丽促销”。互动通（一家网络广告公司）在此活动中做的富媒体广告起着功不可没的宣传作用，该广告在 2010 年 8 月 24 日至 2010 年 9 月 1 日以浮层形式投放在凤凰网上，得到了网民的广泛关注，影响力非凡。

互动通基于对养生堂水溶 C100 的受众分析，确定目标锁定在 18－25 岁的消费人群，并且以女性居多。这类女性年轻，对于水溶 C100 的品牌需求是享受纯天然产品、补充维生素 C，共性是追求时尚、爱娱乐八卦，对于大品牌有崇敬向往的心理，对于时下秒杀等热门活动也由衷热情。所以互动通携手凤凰网，通过开盖有礼活动与网络结合，激励消费者参与，形成口碑效应，进一步扩大影响人群，实现了网络媒体精准匹配，促进销量的同时，提高了消费者忠诚度及品牌美誉度。

在视觉效果上，活泼的广告画面、直观的传播效果，一直是互动通富媒体广告所坚持的。在创意表现上以水溶C100的瓶身为指针，以12种奖品围成的表盘为刻度，瓶身指针从“1”开始，每走一个刻度，数字键就立刻变换成诱人的大牌奖品：首饰、香水、包包、神秘礼品……每一秒都有惊喜，每一秒都值得期待。画面的最后是堆积的大牌礼品闪耀着璀璨光芒，这无疑对年轻女性有着巨大的吸引力，同时也自然地吸引了观者把目光转向“集盖享好礼，秒杀赢大奖”活动，促使观者进一步了解、参与。通过吸引消费者点击画面进入相应的互动页面，参与秒杀活动，齐集瓶盖，最终达到放大销量的目的。

随着广告投放时间的拉长，观众的到达率也逐步增多，并受到网友热捧，引起了一传十、十传百的口碑效应，纷纷进入官网注册。为了秒杀LV、GUCCI、Prada、万宝龙、CK等国际顶尖奢侈品牌的产品，甚至出现“秒杀达人”，网上各大社交网站热议秒杀的经验，组建QQ群等。由于秒杀中奖后，获奖者还需凭借对应的数字瓶盖领奖，因此也出现了“一盖难求”的局面。甚至有水溶C100的消费者开始积攒手中的瓶盖在各大网络论坛和社区热炒交换和出售瓶盖。此次活动可谓热闹非凡，影响力深远，在提升销售额的同时也增加了品牌曝光度。

此次养生堂水溶C100在凤凰网首页的投放，广告平均点击率达到5.28%，投放取得了很好的效果。正确的媒体选择和设置、生动的画面表现力和视觉冲击力为该品牌带来了广泛的关注。互联网广告通过互动通富媒体技术在主流媒体的网络平台上投放，实现了网络投放的高效化。另外，广告表现手法的娴熟，更加深了消费者接触广告的频次，提升了网络广告在更大范围的影响力。

三、理论价值与现实指导意义

（一）已有的理论研究

1. 定位理论

“定位”是市场营销理论体系中的一个核心概念。自20世纪60年代末以来，国内外关于定位的研究成果日益丰富，这些研究成果对市场营销理论和实践产生了非常重要的影响。“定位”概念是 Jack Trout（1969）在其发表在《产业营销》杂志上的题为《定位：当今模仿成风的市场流行游戏》一文中首先提出来的。1972 年，美国《广告时代》杂志刊登了 Al Ries 和 Jack Trout 的文章《定位时代来临》，定位理论从此在业界开始流行。菲利普·科特勒揭示了市场细分（segmentation）、目标市场选择（targeting）与定位（positioning）之间的内在联系，提出 STP 是营销战略的基础，之后，定位理论逐渐成为科学严密的理论体系。2000 年，Al Ries 和 Jack Trout 在《定位：攻心之战》一书中指出：“定位就是确定品牌在顾客心智中的位置，商战、营销战并不发生在任何的街道和商店，而是发生在顾客的心智中，顾客心智是竞争的最终战场。”

定位项目如何展开？为了帮助人们有效地思考这个问题，Jack Trout 提出六个能打开思路的问题：（1）你处在什么位置上？弄清自己的品牌或产品在大多数预期顾客心目中的位置，是定位首先必须解决的问题。（2）你想拥有什么样的位置？在不同的品类或产品队列中，能让消费者认可或记住的位置是非常有限的，当既有的队列中好的位置已经被竞争者抢占完毕，企业就得设法发现或创建一个新的队列，并在这个队列中抢占尽可能好的位置。（3）谁是你必须要超过的？避免与领先企业直接对抗，绕开障碍（对手的强项），寻求突破口进行超越，或者找一个别人还没有牢牢占领的位置。（4）你有足够的资金吗？在资金有限的情况，宁可在一个城市里花过头，也比在几个城市里都没花够强。你如果能在一个地方取得成功的话，以后总能在其他地方开展这个宣传活动的，前提是第一个地方要选得合适。（5）你能坚持下去吗？传播过度的社会是一个变幻无穷的大熔炉，为了应付变化，从长计议十分重要。确定你的基本定位之后，就要坚持下去。（6）你与你自己的地位相称吗？有创新精神的人往往反对定位思维，因为他们认为它限制了创造能力。然而，你为自己打的广告与你的地位相称吗？比如，你的打扮能不能向人说明你是个银行家、律师或艺术家？或者说，你那身有独创精神的打扮会不会有损于你的地位？创新精神本身毫无价值可言，它只有在为定位目标服务的时候才能发挥其效应。

国外其他学者也对定位问题进行了研究。例如，Harriso（1987）提出了产品定位的概念，Green 和 Krieger（1989）则提出了市场定位的概念。对定位问题的研究可谓百花齐放，可是 Arnott（1992）却指出这些定义只是“一个硬币的两面”而已，并没有什么本质上的差异或进步。他认为，“定位是一种经过深思熟虑的、不断改进的、具有前瞻性的过程，其目的是为了明确、监控和影响目标市场消费者的认知”。20 世纪 90 年代，国外学术界除了对与定位相关的理论概念进行研究之外，将研究重点主要聚焦于两个主题：（1）广告对企业定位的形象塑造作用（如 Pechmann，C，andS. Ratneshwar，1991；Kalra，A，and R. C. Goodstein，1998）；（2）企业定位的具体分析技术（如 Carroll，J. D，and P. E. Green，1997）。

Kalafatis，Tsogas 和 Blankson（2000）则从战略的视角对定位进行了重新认识，将定位理论的研究推向了一个新的高度。他们提出了一种新的企业战略定位模式，将众多因素引入企业定位的战略思维范畴，并开展了实证验证。他们通过研究指出，企业定位主要取决于企业本身的硬性条件（比如产品质量）和企业与其他机构建立关系的能力；不仅如此，诸如企业内部结构、产品线宽度和业务集中度等也是影响企业战略定位的重要因素。企业战略定位的可操作性和顾客对企业产品的使用经验、熟悉程度等，则是企业在市场上确立清晰而独特的竞争定位的重要前提。荷兰营销学者 Rik Riezebos（2003）等人提出了著名的定位二维度理论，他们指出：定位涉及相对价格和内在因素两个维度，集中体现在功能和表意上。功能即满足消费者对产品质量、属性等的要求，表意即满足其情感体验和精神需求。前者的焦点应放在品牌的独特属性上，即从功能角度定位；后者则应注意从表意角度出发，让消费者喜欢广告的内容，为品牌概念提供情感解释。

Hartmann（2005）等学者将绿色营销和企业的品牌定位结合在一起，借助网站实验研究，探索企业引入绿色营销后，消费者对企业绿色品牌定位的认知和态度会发生什么改变，其中，消费者对企业品牌的态度分别由功能和情感两个维度来衡量。研究表明，企业导入绿色营销理念后，企业的品牌定位会发生明显的变化，功能和情感两个维度会产生交互作用，使得消费者对企业品牌的认知得到最大程度上的改善。

将定位与企业的社会责任、消费者价值观等结合起来进行研究是近几年来定位理论研究的新动向。Du（2007）提出，将企业社会责任（CSR）和竞争定位有机结合起来，有助于提升消费者对企业的认知和观感。研究发现，积极主动地推进 CSR 不仅仅会使消费者更加乐于购买企业的产品，而且还能增强消费者对企业的忠诚度，使得消费者更加自觉地维护企业形象。Añañ 和 Nique 则开发了一个企业定位效果测量表，用于研究消费者的原有价值观对企业定位形象的影响。研究表明，消费者的既有价值观是企业定位形象能否被接受的重要前提，对企业定位形象的传播也有明显的影响，企业在确立企业战略定位时，必须充分考虑消费者的既有价值观。

《定位》一书的简体中文版于 1991 年首次在中国大陆由友谊出版社出版，书名为《广告攻心战——品牌定位》。该书在中国的出版引起了中国学界和企业界对定位的关注，关于定位的思考和研究成果与日俱增。1997 年，营销学者卢泰宏在《广告创意》的新版中将定位提炼为以下五大要点：一是广告的目标是使某一品牌，公司或产品在消费者心目中获得一个据点，一个认定的区域位置，或者占有一席之地。二是广告应将火力集中在一个狭窄的目标上，在消费者心智上下功夫，要创造一个心理的位置。三是应该运用广告创造出独有的位置，特别是“第一说法，第一事件，第一位置”。因为创造第一，才能在消费者心中造成难以忘怀，不宜混淆的优势效果。四是广告表现出的差异性，并不是指出产品的具体的特殊的功能利益，而是要显示和实现出品牌之间的类的区别。五是这样的定位一旦建立，无论何时何地，只要消费者产生了相关的需求，就会自动地首先想到广告中这种品牌，这间公司及其产品，便能达到“先入为主”的效果。2002 年《赢周刊》连续刊载了《不同于奥美的观点》一文，该文中，作者对以“奥美”为代表的国际 4A 公司在中国的广告操作提出质疑，认为“奥美”的品牌形象理论已经不能适合中国市场的实际，定位才是中国企业的唯一出路，并宣称中国市场定位时代已来临。2002年的《销售与市场》杂志连续发表了参与《不同于奥美的观点》一文的作者的文章，继续对定位的理论及实践加以分析和阐释。

罗伯杰（2003）详细阐述特劳特定位理论的同时，从我国商界的实际情况出发，在产品品牌、广告宣传、产品营销、消费者购买心理等层面充分解释了杰克·特劳特的定位理论。付勇（2004）、刘芳（2005）、李东和邢振超（2006）对USP、品牌形象论和定位理论之间的联系和区别进行了有益的探讨。邓德隆（2005）指出中国企业七大品牌观念误区，认为定位的本质是竞争观念，通过与竞争对手形成鲜明的差异化，提出相反的价值主张，做大自己的标准，从而打造强势品牌。侯惠夫（2007）在深入研读两位大师所著的17本著作基础上，撷取精华，融会贯通，原创性地提出了以营销的“两大公理”（大脑有限性和时间有限性）、“两个本质”（战略本质和竞争第一、顾客第二）、“三项原则”（积极进攻原则、集中兵力原则、防御优势原则）和“七大原理”（大脑原理、领先原理、分化原理、聚焦原理、词汇原理、实践原理、领袖原理）为架构的新竞争营销学体系。

国内学者还对定位的层次和方法论进行了研讨。王海峰和张梅（2004）指出现代市场上所描述的定位是一个多维的过程，它包括三个相互关联的步骤，即确定产品定位，确立品牌定位，确立公司定位。蓝进（2007）区分了市场定位、产品定位和竞争定位，并讨论了三者之间的关系：市场定位是企业营销战略意义上的定位，它指出了目标和方向；产品定位和竞争定位都是为实现市场定位服务的；产品定位和竞争定位都是市场定位实现的具体方式和策略，隶属于市场定位。张惠辛（2006）简明阐述了品牌定位的方法论意义，分析了品牌定位的心智特征及产品市场属性，探讨了市场生命周期与定位的关系，突出了定位的七种方法——阶梯定位、扩散定位、细分定位、点证定位、强势定位、跟随定位、反向定位。李飞（2006）建立可应用的市场定位综合模型，即定位的范围包括产品、价格、分销和沟通或传播等方面，定位的内容包括属性定位、利益定位和价值定位等层面，定位的过程包括找位、选位和到位等步骤。

不少国内学者开展了定位的实证分析。张帆（2004）对脑白金案例进行了深入剖析，指出脑白金在中国保健品市场的成功归功于史玉柱对定位策略的成功运用。傅蓉和姜吉荣（2007）讨论了“五谷道场”方便面“非油炸，更健康”的定位策略的成功之处。两篇硕士论文的作者陈艳梅（2007）、周阳（2007）则分别从百度搜索和白沙牌香烟的定位战略分析了定位理论在我国的实践。曲扬、李飞霞和孙国辉（2008）对娃哈哈非常咖啡可乐的定位策略的战略失误进行了点评，并给出了定位策略改进的建议。

2. 差异化理论

差异化战略是迈克尔·波特（1980）提出的三种竞争战略之一。波特认为，“竞争”是企业成败的核心，它决定了企业的创新、文化凝聚力、执行效率等与整体表现息息相关的各种活动。波特的理论贡献在于，他综合前人研究提出“五力分析模型”，认为产业结构系于五大竞争力。厂商的策略即在于如何应付五大竞争力以增加利润。其后波特又指出，要想取得“持续的竞争优势”，必须采取三种“一般性策略”，即成本领先战略、差异化优势战略和聚焦战略，它们可以使企业在其所处产业中获得高于平均水平的绩效。在波特的众多著作中，《竞争优势》一书是他的经典之作。在这本书中，波特提出“价值链”的概念，他认为企业提供给顾客的产品或服务，其实是由一连串的活动组合起来而创造出来的。每一项活动，都有可能促成最终产品的差异化，进而提升产品价值。任何一个企业都应当以价值链为分析的架构，思考如何在每一个企业价值活动上，寻找降低成本或创造差异的策略，同时进一步分析供货商、厂商与顾客三个价值链之间的联结关系，寻找可能的发展机会。

2004年，波特对差异化战略进行了重新解释。他认为差异化是一种有用的竞争方式。从竞争角度来说，任何一个行业都不是只有唯一的一种最佳方式，因为很多客户有各种不同的需求，好的竞争方式有很多种，有很多提供价值的方式。有一种关于竞争的想法更加有用：如何能够做到与众不同，并且以这种方式提供独特的价值。这种竞争方式为顾客提供了更多的选择，为市场提供了更多的创新。他对常见的有关战略的五种误解进行了澄清，并指出：（1）战略不是一个目标（例如“我要做到数一数二”），而应该是方法，也就是“如何”成为第一或第二。关键是你如何实现你的竞争优势，怎样独树一帜。（2）战略不是一些行动（例如“兼并”、“国际化”、“外包”），战略就是怎样定位，使你有特色、有优势，这是关键所在，然后再决定采取什么样的步骤。（3）战略的核心就是整合。一个企业只有一个战略，不能有很多的战略。企业的各项业务、所有想做的事情要整合在一起成为一个整体的战略，而不是把很多战略捏在一起。而且这个战略要一次做成，否则战略各部分就会出现方向不一的情况。（4）战略不是愿景，战略应该是你的竞争优势所在，你在产业中如何定位才能取得竞争优势，才能持续发展。（5）战略不是做试验。成功必须要有一定的远见，必须要建立竞争的优势，这需要你从一开始就要想清楚，看清楚机会所在。波特认为，有效的战略必须具备五大特点：有一个独特的价值诉求；有一个不同的、为客户精心设计的价值链；做清晰的取舍，并且确定哪些事情不去做；价值链上的各项活动相互匹配并彼此促进；有连续性。波特还指出，做战略，并不是对未来进行那种类似 9·11 事件是否会发生的预测，而是做长期差异化分析。

定位理论与差异化理论之间有着密切的联系，波特在论述差异化战略时非常重视定位，并把定位作为取得差异化竞争优势的手段。我们注意到，波特的从战略高度进行定位，“做长期差异化分析”的论述，与 Jack Trout 的“定位须从长计议”的观点是不谋而合的。菲利普·科特勒把差异化当作实现定位的手段，并指出企业在市场营销中可以应用以下五种差异化来帮助实现定位：产品差异化、服务差异化、人员差异化、渠道差异化、形象差异化。科特勒的这种思想既让人们更清晰地看到了差异化与定位之间的联系，更为营销定位的实际操作提供了方法论指导。

中国学者除了介绍西方学者的差异化理论之外，不仅对差异化理论进行了修正和补充，还对中国企业的差异化战略进行了案例研究。仲伟林（2003），芮明杰和李想（2007），林萍（2011）等人就差异化战略与成本领先战略的兼容性问题进行了卓有成效的探讨，认为在一定条件下，企业可以同时具备成本领先优势和差异化优势，从而在这个问题上纠正了波特的观点。周晓红（2008）认为，低成本战略曾是企业决胜市场的法宝，但低成本的负面效应越来越明显。面对激烈的市场竞争，企业要生存要发展，必须实施差异化战略，实现从“低成本”到“差异化”的转变，逐步形成差异性核心竞争力。“差异化”是不断创新的过程，它包括技术差异化、产品差异化、品牌差异化、文化差异化等。齐铁军（2010）认为，以顾客为中心是差异化战略成功的基础，市场的变化在于顾客需求的变化，因此产品的差异性必须能够适时地反映顾客需求的变化，好的产品必须能够满足顾客的需求。郑兵云，陈圻，李邃（2011）在相关研究的基础上，将渐进创新和突破创新作为中介变量，构建了差异化战略、创新选择与企业绩效关系的概念模型，通过问卷调研对239家企业进行了实证检验。鲍林（2009）从被企业忽视的差异化营销误区入手，分析了企业在产品、促销、渠道、服务等4P差异化策略方面存在的误区。徐晓芳，胡继华（2008）对蒙牛的差异化营销战略进行了分析和讨论。何健生（2010）对李宁、新东方等公司的差异化战略进行了研究和归纳。闵丽菁，甘胜军（2010）对娃哈哈饮料产品差异化战略误区进行了分析，并就如何避免这种战略误区进行了探讨。

（二）本案例的理论价值和现实指导意义

1. 在竞争激烈的市场上，新产品成功占领消费者心智的关键是在与竞争对手的产品作有效区隔（对市场进行切割）的基础上进行差异化表达，并在传播中将这种表达的差异化持续放大。

在“农夫山泉”饮用水上市之前，中国饮用水市场的竞争已经非常激烈。“农夫山泉”饮用水尽管在产品品牌名称的选定上做得很巧妙，但仅凭好的名称是不足以与竞品进行有效区隔的，必须找到一把无比锋利的“宝刀”对饮用水市场进行切割。在经过一番仔细的比较和认真的思考之后，农夫山泉终于找到了这把“宝刀”——竞品再好，都不过是人工制造的纯净水，而我的农夫山泉饮用水是无污染的天然水。就这样，一刀将中国的饮用水市场切割为人工饮用水和天然饮用水两个不同的部分，差异化已经被找到并表达出来。而“干净的天然水最符合人体对健康的需要”，则是在强化这种差异化表达。通过赞助名牌大学生物学博士后的科学实验，发动全国小学生参与以水仙花实验为内容的“争当小小科家”活动，同时宣布“停止生产纯净水”，并把这些事件借助媒体进行宣传，进而引发整个水行业的大争论，使表达的差异化被持续放大，最终使农夫山泉饮用水家喻户晓。这就是农夫山泉“破局营销”的本质。它在理论上证明了这样一个道理：在竞争激烈的市场上，在与竞争对手的产品作有效区隔（对市场进行切割）的基础上进行差异化表达，并在传播中将这种表达的差异化持续放大，是新产品成功占领消费者心智的关键。

2. 在为产品进行定位时，在占领品类空白点的基础上，兼顾功能诉求和表意诉求的统一对于巩固产品定位、扩大市场销售是非常重要的。

USP理论教企业管理者如何在营销中给消费者一个购买其产品的理由，而定位理论不仅要做到这一点，更要让消费者在购买和消费某类产品时首先想到某个具体的品牌。在这方面，农夫山泉、农夫果园和水溶C100都成功地做到了，它们分别占领了品类空白点或创建了新的品类并在新品类中占据了较好的消费者心理位置。要巩固、强化所选择的定位，强化消费者对产品的认知，必须在占领品类空白点的基础上将功能诉求和表意诉求统一起来。为此，农夫山泉公司在让消费者知道农夫山泉是优质天然水的同时，一方面大力宣传像农夫山泉这样的优质天然饮用水最符合人体的健康需要，另一方面在表意上以“农夫山泉有点甜”来暗示和刺激消费者的心理感觉和情感。当消费者思考“为什么农夫山泉有点甜”时，自然会联想：哦，农夫山泉是优质天然水，难怪有点甜。那好，喝水就喝农夫山泉吧。

虽然中国饮料市场上早就有果汁饮料了，但在农夫果园上市之前，现有的果汁饮料都是单一水果或蔬菜制作的。农夫果园是国内第一款由多种水果和蔬菜混合而成的“混合型”果汁饮料，功能上的优势十分明显：论营养成分，竞品中无出其右者；论口味，经过反复的消费者测试，所有的选定配方的农夫果园的口味皆为大多数消费者所喜欢。功能诉求通过恰当的表意诉求来衬托，可以获得更好的定位传播效果。为了让作为潜在消费者的广告受众记住“农夫果园”的混合水果的功能特性，电视广告片中“农夫果园，喝前摇一摇!”的广告语特意醒目地配上一对父子在喝“农夫果园”饮料之前大跳扭屁股舞的诙谐视觉界面。看过广告片的消费者当然知道“喝前摇一摇”不是要求消费者在饮用这款产品之前扭屁股，而是指由多种天然果汁混合而成的饮料含有真实的深沉物——果肉，喝前摇一摇能更真切地体验甘甜美味的果肉，更好地获得美味与营养的多重享受。由此，农夫果园广告完成了表意诉求（“摇一摇”）对功能诉求（含有丰富营养的多种果蔬混合的果汁）的烘托。“摇一摇”具有非同一般的传播效果。感性偏好上，农夫果园以消费者可以亲身体验的动作“摇”加强产品与人的互动性，“摇一摇”也使得宣传诉求与同类果汁产品迥然不同，以其独有的趣味性、娱乐性增添消费者的记忆度。理性认同上，“摇”这一动作也暗示了果汁中有“货”。这是基于农夫果园的产品特性：第一，浓度高；第二，含有丰富的果肉纤维。按理说，果肉纤维是个好东西，它被医学界列为第六大营养素，能促进肠胃功能，帮助消化，帮助皮肤减少因肠道消化不佳而引起的过敏、红肿、青春痘、暗疮等现象。更为诱人的是，饭前摄入含纤维素的饮料可控制食量，有利保持理想身材。但在农夫果园之前，果肉纤维的沉淀几乎是所有果汁厂家唯恐避之不及的问题。许多产品在包装上会无奈的打上一排小得不能再小的文字“如有沉淀，为有效成分果肉，请摇匀后放心饮用”，这排文字往往是为消除一种误会：果肉沉淀并不意味着产品质量有问题。而农夫果园勇敢地把“喝前摇一摇”凝聚成一句广告口号，并把“摇”的动作上升为宣传诉求。把果肉纤维暗示为产品销售的一个卖点，把过去摇一摇的推辞口吻换成了推荐语气，农夫果园这样的宣传诉求立足于理性，不失为绝妙的差异化策略。

刚上市时的水溶 C100 从功能上讲的确是一个新品类，但要想占领消费者的心智，还需借助拥有将功能诉求与表意诉求完美结合的广告定位策略。好的广告配合好的产品，不仅能为产品赢得知名度，也能为产品赢得美誉度。农夫山泉的水溶 C100 广告，不仅赢得了市场，也赢得了口碑。感人心者，情也！情趣是广告产生独特魅力的重要因素之一。从之前的“农夫山泉有点甜”，到“我们不生产水，我们只做大自然的搬运工”，再到 2009 年以来一直热播的“一个、两个、三个、四个、五个”——美女翻跟斗的水溶 C100 广告，农夫山泉的广告总能让人在心里小小地赞叹一下、激动一下。水溶 C100 的主要目标群体是都市白领、时尚人士、女大学生。她们可能是其所在的圈子里最新潮、最小资的一部分人。要抓住这些年轻消费者的心，仅仅通过流行文化是不够的。广告大师大卫·奥格威说，你的广告传达信息的能力越强，就越有劝服力。谢佩伦品牌研究机构导师谢佩伦在接受《广告主》采访时也分析道，水溶 C100 巧妙地借助中国人对维生素 C 的认知程度，打出了 5 个半柠檬的精确数字，不是五个，也不是六个，让人觉得这样的说法更准确、更科学，因此更容易获得消费者的信任。与此同时，相比目前众多饮料品牌主推的橙汁产品，柠檬汁非但具有强大的功能诉求，同时也将消费者从橙汁企业主打的“新鲜”和“果肉”两大卖点中拉了出来。果汁饮料普遍的容量会写上 450ml、500ml，果汁含量大于等于 10%，水溶 C100 则用了与其不同的精确表达：445 ml 果汁含量 12%。每瓶所含维生素 C 相当于 5 个半新鲜柠檬，这半个柠檬是怎么算出来的，谁也不会去深究，但强调“多出半个”，恰恰就强化了人们对该产品的认识。正是这些看似微不足道的细节差别，共同构造了水溶 C100 异于同类产品的记忆点。用美女翻跟头的情趣方式展示每瓶水溶 C100 所具有的 5 个半柠檬的功效，广告有理有情，情理交融，功能诉求和表意诉求完美结合，对目标消费者产生了很好的诱导作用和感染力。在为产品进行定位时，在占领品类空白点的基础上，兼顾功能诉求和表意诉求的统一对于巩固产品定位、扩大市场销售是非常重要的。这就是水溶 C100 在 18 个月内取得 6 亿元的销售额的秘密。

3. 品类定位的个性风格可以跳出功能诉求和表意诉求的一般模式，在不经意之间创造奇迹。

“尖叫”之所以能够二次反弹，出乎预料，但也在情理之中。中国有句俗语，叫做“有心栽花花不发，无意插柳柳成荫”。“尖叫”的市场销售在意料之外错位反弹正印证了这句话。用营销学的话来说，就是：品类定位的个性风格可以跳出功能诉求和表意诉求的一般模式，在不经意之间创造奇迹。

“尖叫”在国内市场的重新崛起，来源于其主流消费群体的巨大变化。早期尖叫的目标顾客定位是年轻人，但在 2008 年后，儿童开始变为“尖叫”的主流消费人群。导致这种变化的恰恰是农夫山泉早期埋下的伏笔。农夫山泉为了迎合当时产品定位的需要，体现出“尖叫”的特性，采取了流线型瓶体和奶嘴式设计风格，而这种颇具娱乐精神和诙谐效果的设计，虽然在成人眼里有点恶作剧，但恰恰“迎合”了儿童喜欢新奇的心理，事实上很多孩子喝“尖叫”时根本没有注意到饮料的口味，甚至没有注意到“尖叫”是农夫山泉的产品，只有少数细心的家长在密密麻麻的瓶签上找了大半天才知道它是谁生产的。当然，多数年龄不大的消费者并不关心这些，他们只关心快乐，他们关心的是在喝饮料时，可以把瓶嘴塞到嘴里像小时候喝奶那样惬意地吮吸，也可以用小手使劲捏着瓶子，把一条水柱喷出来，当然，装上白开水打水仗更是他们的专利。所以，“尖叫”的主流消费者从年轻白领转变为儿童也在情理之中。

为什么早期没有形成儿童消费趋势呢？原因在于早期渠道的高端化和广告的引导。儿童的购买多在社区而不是 KA 类卖场（指面积在 3000 平方米以上的大型连锁超市），而且广告一度暗示“尖叫”为成人饮品，这种定位压抑了儿童需求。在 2008 年前后，“尖叫”停止广告，强行定位效应逐渐消失，尖叫才开始在儿童群体中畅销起来。其实这一切都来源于尖叫早期的娱乐化设计风格，“尖叫”的市场卖点其实就在一个小小的瓶盖之上。如果进一步用营销的思维聚焦于这个瓶盖，我们会发现这个瓶盖更多的妙处。这个小小的瓶盖，使得“尖叫”建立起一个非常醒目的识别记忆点，这个记忆点不需要高昂的广告推广，甚至被附加了娱乐价值的瓶盖竟然掩盖住了儿童群体原本挑剔的口味需求，而这个瓶盖设计也恰恰建立起一个天然的竞争壁垒，使“尖叫”在无须大规模推动的情况下，占领了儿童这个新兴的消费群体的心智，而且，其他品牌无法仿制（外观设计受知识产权保护）。从这一点看，“尖叫”已经在一定程度上形成了品类垄断。从企业自身讲，这种设计也符合了其一贯倡导的制造品类定位的个性风格。

4. 增强供应链的差异化优势是强化定位的重要途径之一。

农夫山泉作为饮用水市场的一个全国性品牌，多年来稳居饮用水行业前三甲，这与农夫山泉公司注重增强供应链的差异化优势的努力是分不开的。面对全国那么多想喝“有点甜”的农夫山泉的消费者，仅仅靠千岛湖这一处水源是不可能满足全国消费者的需求的，高昂的运输成本将使农夫山泉的全国销售成为真正的亏本生意。因此，寻找和拥有更多的符合市场战略布局的优质水源，是农夫山泉可持续发展的关键。功夫不负有心人，农夫山泉公司终于在水源地战略上心想事成：除了拥有位于东部市场的千岛湖取水权外，还在中部市场拥有丹江口水库取水权，在南方市场拥有广东万绿湖取水权，在东北和北方市场拥有吉林省白山市靖宇县错草泉取水权。农夫山泉公司与水源地政府签署的取水和水源保护协议具有排他性，这就等于农夫山泉公司拥有了对全国四大优质天然水水源的垄断权，拥有了天然饮用水供应链差异化优势，这种优势对于强化农夫山泉的市场定位是不可缺少的。

奥康：追求梦想的“鞋王”

一、企业简介

奥康集团有限公司，简称“奥康”或“奥康集团”，是一家以皮鞋制造销售为主业，并涉足房产、商贸开发、生物制药、金融投资领域的全国民营百强企业，总部位于浙江省温州市永嘉县。1994 年，奥康创始人王振涛在自办鞋厂的基础上通过运作 10 家温州制鞋企业，成立了奥康集团有限公司，经过 8 年的发展，奥康集团在 2002 年就位居国内鞋业第 2 名。

奥康现有员工 20000 多人，拥有三大生产基地、30 多条国际一流的生产流水线，具有年产皮鞋 2000 万双的生产能力；在全国设立了 30 多个省级分公司、4500 多家销售网点。拥有奥康、康龙、美丽佳人、红火鸟四个自有品牌，以及特许使用的世界知名的 VALLEVERDE 品牌（中文名“万利威德”），形成了纵向一体化的经营模式。主导产品“奥康”牌皮鞋陆续获“中国真皮领先鞋王”、“中国名牌产品”、“中国驰名商标”、首批“全国重点保护品牌”等称号，国内市场占有率稳居同行前列。2001 年，奥康集团以控股股东的身份联合其他投资人共同成立了浙江奥康鞋业股份有限公司（简称“奥康国际”）。“奥康国际”主要从事设计、开发、制造、分销和零售奥康等五个品牌的皮鞋及皮具。2012 年 4 月 26 日奥康国际 A 股股票在上海证券交易所正式挂牌交易。

据国家统计局对全国工业重点行业统计监测结果显示，2005—2007 年，奥康连续 3 年获得全国皮鞋制造行业效益十佳企业第一名。2009—2011 年，奥康连续 3 年荣登中国男鞋榜首。在 2010 年中国制造企业 500 强排行榜中，奥康集团位列第 466 名。2011 年，奥康品牌以 100.19 亿元的价值在中国鞋类品牌独占鳌头，位列中国最有价值品牌100榜第29名。同年，奥康获得我国管理领域的最高荣誉——全国质量奖。在2012年中国民营企业500强榜单中，奥康以137.29亿元的年营业收入总额位居第201名。

二、营销策略

(一) 摘取“顾客心中的金牌”

奥康自始至终狠抓产品质量，走质量兴企之路。

1987年8月8日，在杭州武林门广场，5000多双温州劣质皮鞋被付之一炬。随后，上海、南京、武汉、沈阳等几十个大城市的大商场相继展开对温州鞋的一次全面围剿，商家纷纷把温州皮鞋驱逐出境。一时间，“温州皮鞋”成了劣质鞋的代名词。1965年出生于温州永嘉县的王振滔，那年23岁，当时他正在武汉风风火火推销着皮鞋。为了证明温州人能把鞋做好，他决定自己办厂生产皮鞋。1988年，王振滔与另外两个合伙的自然人各自出资1万元，买来生产设备，请来有经验的制鞋师傅，正式办起了“永嘉奥林鞋厂”(后来在注册时，因为不能用“奥林”注册，就将厂名和商标名改为“奥康”)。鞋子做出来了，由于温州鞋的名声不好，产品不好卖，他就亲自站柜台，真诚地向顾客推荐产品，听取客户的意见，并及时把信息反馈回厂里。由于质量好、款式新，奥康皮鞋逐渐获得了顾客的信任。于是，生意越做越红火。然而，由于市场秩序混乱，大批假奥康、假温州鞋开始充斥市场，温州鞋再次成为众矢之的。1999年在杭州武林门广场，王振滔亲自点燃大火烧了大批假冒温州鞋，这把火让温州鞋重生，从此，温州鞋不再是劣质鞋的代名词。

围绕“顾客满意是企业的主要目标，持续改进是员工的永恒追求”这一质量方针，奥康集团对每位新员工都要进行岗前的质量意识、岗位技能和劳动自我保护的教育培训与在岗的以老带新、言传身教及生产淡季的在职教育。每个分厂上班前，都整队集合，举行集体的质量宣誓仪式，下班后进行质量总结，找出差距，发现不足，以求改进。此外，奥康集团还注重营造质量氛围，善于把质量教育宣传演化为通俗易懂、朗朗上口、富有人情味的标语。如“人品决定产品，产品体现人品”，“产品在我手中，质量在我心中”，并悬挂于厂区内让员工抬头可见，自我提醒，自我鞭策，起到潜移默化的作用。正是从这些细微末节的小处做起，才使奥康的质量文章越做越活，并日臻完善，一举成为“国家免检产品”，多次荣获“消费者信得过产品”的称号。

为提高产品质量，奥康集团首先在生产设备和技术水平上与国际先进水平接轨。公司通过招标，先后从制鞋王国意大利和中国台湾等地引进了15条国际一流的制鞋流水线、生产工艺和技术。同时，公司不惜重金从上海聘来具有丰富经验的生产管理人员，指导企业生产。奥康集团建立了严密的质量管理网络，早在1997年率先在全国同行业中通过ISO9001质量体系认证，并在生产中认真组织贯彻实施，使企业的质量管理向科学的全面质量管理过渡。奥康在产品生产过程中严把三关——进料关、工序关、质检关，同时严格实行质量一票否决制，奖优惩劣。公司还联系实际，分车间，分内容，制定出了122条奖罚标准，在质量管理中奖优罚劣，促进提高。

随着市场上的假冒现象越来越多，范围越来越广。奥康决定将消费者发动起来，投入到奥康的打假防伪工作中去。为此，奥康集团采用了高科技防伪系统——全国电码防伪网络。消费者在购买“奥康”产品时，先要认准奥康电码防伪商标，只要将该商标上的涂层刮开，就可以看到一串数字组成的密码。可以利用先进的数字防伪技术，查询自己的产品是否为正品。同时，公司专门设立了售后服务电话，由专人值班受理消费者提出的各种问题。公司为顾客发放产品信誉卡，实行质量“三包”，对在限期内出现的问题，根据实际情况予以包修、包换或包退。超出“三包”期限的，也将继续跟踪服务，真正做到尽善尽美的服务，让顾客满意。

由于奥康皮鞋质量稳定、款式新颖、价位适中，因而深受顾客和有关部门好评。公司下属的奥康、康龙、美丽佳人、红火鸟均获得国家质检总局颁发的“国家免检产品”的证书。

（二）“以消费者为中心”的渠道变革和渠道模式选择

2010年，国内某一咨询机构在分析奥康集团渠道销售能力时得出了这样一个结论：奥康集团在单店销售方面远远领先于其他国内厂商，年均单店销售额达 80 万元/店，超过第二名近 1/3。按照奥康 2011 年 4500 多家零售终端计算，奥康渠道年销售额超过 36 亿元。奥康超强的渠道销售能力是如何取得的呢？这在很大程度上归功于奥康多年来坚持“以消费者为中心”的渠道变革和渠道模式的选择。

1．因时而动，抢占先机

随着时间的推移，市场营销环境的变化会给企业营销带来相应的机遇和挑战。奥康集团在发展和成长的过程中，善于根据营销环境的变化主动变革营销渠道模式，提升销售能力。奥康集团渠道模式的演变经历了五个阶段：

第一阶段（1988—1990）：产销分离的批发制

在中国改革开放的初期，如同温州其他创业公司一样，奥康集团早期的渠道模式是最为原始的批发制，即经销商到奥康的销售点提货，付款后直接拿到市场上进行销售。在这种原始的模式下，生产商可获得低额的利润，靠薄利多销进行原始积累，但却失去了整个营销渠道网络上的资源。

第二阶段（1990 年以来）：专柜式厂商联营制

在度过了最初的创业期后，奥康集团意识到终端市场对一个企业的重要性。经过对市场形势进行研究，奥康决定打破原来的商场体制，将信息的触角直接延伸到市场。但囿于当时流通领域“国营”体制和供销方式的种种局限，一时难以打开百货商场的大门。在这样的情形下，奥康集团采取积极举措，说服商场经理，率先采用承租柜台、自产自销的方式进行联营，同时为不让商场承担风险，提前交纳租金。一个月试下来，奥康一个柜台的销售额，比商场其他 10 个柜台加起来的销售额还要高。就这样，为实施“厂商联营”的渠道策略，奥康打响了“引厂进店”的第一枪。奥康集团的厂商联营制在中国的鞋业市场经营方式上无异于一声惊雷，突破了原先传统的批发制，并且获得了巨大的成功。至今，奥康集团在全国各地商场设立了 800 多处店中店和专柜。商场专柜和经销商分销制曾一度成为奥康集团产品分销的“两条腿”。

第三阶段（1998年以来）：连锁经营专卖制

伴随着鞋类市场竞争的加剧，消费者对产品的款式、服务及品牌美誉等都提出了更高的要求。由于多级分销带来的成本过高和品牌效应难以保障等固有弊端，使得先前流行的厂商联营和多级分销的渠道模式不再适应市场的要求，因此在新一轮的竞争中，奥康必须开发全新的营销模式，建立起适应市场要求的营销网络和营销方式。在这种情况下，奥康集团决定引进麦当劳特许经营的销售模式，这样可以大量圈地，迅速在二、三线城市进行扩张。奥康集团根据皮鞋的销售具有季节性强、小批量、型号多和服务性强等特点，采用专卖店的流通形式，于2001年3月在上海市南京东路步行街上开出了温州鞋业的第一家连锁专卖店，在鞋业市场引起极大轰动。截至2009年，奥康已在全国成功开设了5000多家专卖店，这种新的渠道经营策略获得了巨大的成功。

第四阶段（2008年以来）：渠道国际化

奥康集团接受了营销大师科特勒的建议，“奥康的国际化进程不应该仅仅是品牌输出，而应该利用欧美市场目前经济下滑和资金短缺的时机，利用资本输出的方式收购一些有着良好分销网络的大型连锁店，然后把奥康的产品摆上柜台。”在2008年3月25日，奥康在印度第一家专卖店（位于新德里）在好莱坞大牌明星们的簇拥下隆重开业。早在几年前（在进入印度市场之前），奥康就在美国、意大利及西班牙等地开设过自主经营的专卖店。此次，奥康印度专卖店则采取了与以往不同的方式，奥康海外营销网络的建设全部是本土化运作，所有管理人员都为印度籍，奥康不会进行管理输出。早在2007年6月，奥康就启动了印度公司的运作，由当地人士对市场进行考察，选择店铺位置，并对人员进行培训。2010年，奥康与世界鞋业知名品牌万利威德（VALLEVERDE）合作，通过双向借道，取得奥康产品进入万利威德在全球2000多家连锁店销售的权利。

第五阶段（2008年以后）：发展网络营销渠道

2008年6月，奥康集团宣布其网络销售平台——奥康网络商城（网址：www. aokang. cn）正式运营，全面开展网络营销业务。奥康2006

年就开始涉足网络营销，当时通过淘宝网、易趣网建立网络专卖店，而这次运营网络商城可谓自立门户。对于这种调整，奥康有关人士打了一个比方：好比乘车前往目的地，搭车，命运掌握在别人手中；开车，命运掌握在自己手里。尽管初期投入很大，但是从长远看，特别是在行业整体效益不景气、传统营销模式成本攀高的背景下，以及在拥有自主品牌、线下销售网络健全前提下，建立自己的网络平台无疑是最值得期待的营销新模式。值得一提的是，阿里巴巴支付宝系统对奥康网络商城商业模式的发展前景非常看好，立即把该网络商城作为今后核心客户进行培育，将不断向数千万会员推介奥康网络商城上的鞋子。

因时而动、抢占先机的渠道策略为奥康集团的成长壮大做出了重要贡献。根据中国皮革工业协会的统计，奥康在2002年已坐上了中国皮鞋业第二把交椅。2011年奥康在鞋业领域的营业收入达到29.66亿元。同时，奥康是中国男鞋市场第一标志性领军品牌，2011年度该公司在男皮鞋市场占有率排名第一。

2. 从连锁专卖店到名品空间

1998年1月，王振滔提议开连锁专卖店。当时公司所有的副总都不赞成，原因很简单：现有的销售模式正有效地使销量稳步增加，行业中还没有连锁专卖的先例，更重要的是奥康品牌还远没有达到具有较高美誉度的程度。然而王振滔看准的事就一定要尝试，大家不同意，他决定用自己的名义去开一家专卖店，如果成功了就再扩大范围展开。就这样，1998年1月，奥康在永嘉县城开设了第一家连锁专卖店，几个月后取得成功并引起行业轰动。从此，奥康营销进入了连锁专卖的时代。连锁专卖给厂家带来巨大成功的同时，消费者也受益匪浅。譬如，他们可以方便地在所认同的品牌中挑选合适的产品，也可以方便地找到“唯一负责人”对其所购产品进行后续服务，更为重要的是，可以不再像从前那样担心受骗买假货。

2001年8月9日奥康第二品牌“康龙”休闲皮鞋的第一家专卖店开业；2002年2月27日，蓄势已久的第三品牌“美丽佳人”高级时尚女鞋专卖店闪亮登场；2004年奥康旗下红火鸟公司成立后顺势开出专卖店；

2008年1月9日，奥康“收购”的意大利品牌万利威德落户中国的第一家旗舰店也在上海开业。至此，奥康五个品牌专卖店相互补充、立体作业的格局业已形成，这极大地提高了奥康的市场占有率，降低了运营风险。

但五个品牌独立设店给消费者在品牌的立体选择上带来不便，为“方便消费者的选择”，奥康又上演了一场新的“合并”战。2003年3月15日，名为“奥康名品空间”的品牌超市横空出世。现在奥康的名品空间里，奥康、康龙、美丽佳人、红火鸟、万利威德五大品牌综合销售，改变了过去“单牌单卖”的习惯，拓展了消费者的“选择”视野，在一个信任的大店里足不出户就能选择好几个品牌的产品，这给消费者带来了全新的购买体验。

3. 奥康渠道的“1＋N”和“零风险”

营销竞争（包括渠道策略的竞争）如逆水行舟，不进则退。虽然奥康拥有国内制鞋业最大的营销网络，但其连锁专卖模式，包括实力非凡的名品空间，在接近白热化的激烈而残酷的市场竞争中，也需要寻求新的突破。基于这种考虑，奥康又一次领先于同行开始了新的探索。奥康这种探索的指导思想依然是如何方便消费者“选择”。

2009年奥康集团在广东东莞举行的一场“泛珠三角区域大型招商洽谈会”向业界发出了一个信号：唯有创新变革营销模式，方能立于不败之地。当天来自珠三角区域200余名代理商共同见证了奥康集团引领中国鞋业营销模式的又一次变革。“在市场上成功的只有两种人：领先半步的和落后半步的。”谈及此次营销模式的变革，奥康集团副总裁王振权概括了两个模式：“1＋N”模式和“零风险”代理模式。“1＋N”模式的意思即“1”代表名品空间或单品牌旗舰店，“N”代表多店。“形象点说就是‘沃尔玛＋肯德基’模式。”王振权如此形象比喻令人耳目一新。而“零风险”代理就是采取“保底提成＋业务提成”的方式保证让代理商不承担任何风险。代理商主要负责店面租赁、维护当地公共关系，其余的均由企业负责完成和费用承担。“沃尔玛＋肯德基”式的营销模式，走的是“鞋业超市＋连锁专卖”路子，加上“零风险”代理模式，奥康正充分整合各种资源，将营销渠道全面铺开，拉网式地贴近消费者，最大化地方便消费者“选择”。

4. 虚实对接：从网络商城到量脚定鞋

如果说各种专卖店是把店开在消费者旁边，那么网络商城则是把店开进了所有消费者的家里。消费者只需在家里轻松点鼠标做出选择，就能很快拿到自己心仪的产品，也能通过这一平台便利地享受售后服务。奥康于2008年开通网络销售平台，该平台正式运营后，通过不断改进，赢得了越来越多消费者的青睐。奥康、康龙、红火鸟、美丽佳人以及国际品牌万利威德等奥康集团旗下五大品牌均亮相于这一集大成的网络销售平台，品种、款式多达1000种。在具体的运作上，借助奥康的品牌号召力和遍布全国的近5000家销售终端，奥康网络商城实现网上零售与网下零售互补，消费者在网上订货后，奥康将订单直接分配给离消费者最近的实体店完成订单，结合最快的物流配送，形成立体式的营销体系。奥康集团决定在未来几年时间里，着力将奥康网络商城打造成为中国最大的网上鞋类销售平台，发展会员1000万以上，每年销售收入超过10亿元。

奥康还是第一家创造性地将网络商城与定制营销结合起来的制鞋企业。

消费者常常有这样的困惑，走了千家店跑了万家商场，总买不到合脚的或自己看着最舒坦惬意的鞋子。这实际上是鞋子的标准化生产与消费者的个性化需求之间的矛盾。奥康人深深理解这种矛盾带给消费者的痛苦及其背后的无限商机，并立志为解决这个矛盾找到一个可行的方案。他们设想，应当发明一种机器，只要消费者把脚踏上机器，就可采集到消费者脚型的各项数据，然后可根据消费者自身的喜好，定制独一无二的皮鞋。如果这项发明成功了，就能让消费者在选购鞋子时想怎么选择就怎么选择。

早在多年前，奥康集团总裁王振滔就设想开办“不摆鞋的专卖店”，即店内无需陈列样品，顾客只要通过电脑就能自由选择心仪的皮鞋，并由厂商在定制完成后送货上门。2009年，由奥康集团和浙江省科技厅、浙江大学联合研制成功的“量脚定鞋机”使这一设想变成了现实。

“量脚定鞋机”的诞生标志着奥康全新“网络营销模式”的成型。因为量脚定制改变了以往客户只能被动选择皮鞋款式的状况，让后者体会到了亲身参与设计的乐趣。机器投入使用后，只需一分钟甚至更短的时间，客户就能量好自己的脚型，然后通过上网，从不同的式样、颜色和皮质中选择自己的喜好，从而定制到一双个性化的皮鞋。

目前“量脚定制机”已投入运营，主要为名人明星提供定制服务，定制鞋的价格每双不低于 800 元。而随着“量脚定鞋机”的批量生产，其造价有望从现今的 20 万元降至 3 万元，3－5 年内就将在奥康全国 3000 余家连锁专卖店内普及。届时，定制鞋的价格也将回归到大众化的水平，那时大众消费者都能享受这一高科技带来的自主选择权。

5. 渠道管理中的“信息反贪”

经过多年发展，初具规模的奥康也开始患上大企业病——上情下达，下情上传的速度较慢，信息沟通渠道不畅，执行力不强，这些病症对管理层及时正确决策带来阻碍。2000 年，奥康总部领导在一次市场调研时发现，囤积在子公司仓库中、已经处于滞销的产品总额高达四五千万元，更为严重的是，对这些囤积的滞销商品，分公司管理者并不知情，让这些滞销商品失去了最好的降价销售时机，造成资金占压，给公司带来很大的经营风险。

对于这种信息失真，奥康集团董事长王振滔形象地把它称为“信息贪污”：这种主动或被动的信息贪污比现金贪污还要厉害，因为如果他的信息不告诉你，或者晚一些告诉你，就会错过很多时机。对内部管理现状的认知，使王振滔下定决心要从根本上解决信息反馈不畅这一基础管理难题。

2001 年，奥康与中国最大的软件商之一用友公司进行合作，从 ERP 软件网络分销着手，打响了“信息反贪”持久战的第一枪。经过几年改造，目前信息化应用覆盖了财务、生产、经营、产品质量、物流、上游供应商、下游分销商、客户及合作伙伴等管理模块，基本实现了信息共享、办公自动化、管控一体化、营销网络信息化，达到了信息快速共享的目的。现在，全国30多个省级分公司、4500多个营销网点，每个分销点每时每刻卖了一双什么样式的鞋子，总部管理层能随时随地清晰查看到。奥康集团信息中心总监肖忠说，“各级业务负责人也可掌握区域内全部库存商品分布、应收实收账款、退货以及商品销售趋势等情况，这样就能有效监控每个销售环节，减少信息受损和信息贪污。”

（三）奥康式的国际化战略

1. 厚积薄发，先国内后国外

国际化是许多大型企业成长的必然趋势，但是，奥康对于国际化是极其谨慎的。奥康的领导人认为，在奥康走出国门之前，一定要先把国内市场做得更大，因为这是成为国际化企业的基础。为此，奥康打出了“全力打造第一品牌”、“形成区域垄断市场”的口号。为了进一步建立健全营销网络，提高品牌影响力，奥康斥资5000万元以奖励那些在扩大营销方面贡献卓越的代理商，这对奥康形成区域垄断市场起到了关键性作用。

“三流企业卖产品，二流企业卖品牌，一流企业卖标准”。为了形成独特的品牌竞争力，奥康除建立以技术标准为核心的企业标准化体系外，还主动参与国家标准和行业标准的起草，同时还积极参与皮鞋行业标准审定工作，把先进的制鞋技术融于标准中，为提高奥康品牌的核心竞争力和行业地位积累了丰富的经验。此外，奥康还有针对性地收集国际标准，全面推动企业采标工作，用国际先进技术标准推动企业技术进步，提高产品质量，这对全面提升自身品牌内涵、加快接轨国际打下了坚实的基础。

制鞋行业是一个劳动密集型产业，想要继续做大做强，避免出现发展瓶颈，就必须让产业链延伸，从一个企业的单打独斗向形成产业联盟过渡。因此，在完成原始积累后，奥康开始了国内产业链布局。2003年1月，奥康10亿元挥师西进，与璧山县政府签订联手打造“中国西部鞋都工业园区”的协议，利用西部，抢先发展，在国内市场为自己的发展营造新的有利空间。2007年8月，奥康挥师南下，与有着“中国皮具之都”之称的广州花都狮岭镇签约打造“国际时尚皮具城”。短短5年间，奥康先后完成了“西部建都”、“中部兴街”、“南部造城”的产业布局。自2003年以来，奥康集团先后与国际鞋业多个知名品牌开展全方位合作，显著提升了自身的技术研发和管理能力。奥康集团目前拥有奥康、康龙、红火鸟、美丽佳人和万利威德五个自有品牌，定位差异化明显，客户覆盖范围广；同时以OEM/ODM的模式为国际知名皮鞋品牌生产产品。奥康男鞋品牌优势突出，全国市场占有率第一。

奥康实施以“奥康”为主，“康龙”、“红火鸟”、“美丽佳人”、“万利威德”品牌为辅的多品牌经营策略，围绕对不同消费者不同需求进行差异化满足的原则，通过差异化的品牌风格、产品设计、价格定位等举措及营销活动，满足各细分市场需求。“奥康”是公司的第一战略品牌，承担着公司对内对外的企业形象，它与公司名称相同，是公司的中流砥柱和“金牛”品牌，提供了集团公司主要的现金流。主要针对白领商务人士，颠覆商务人士穿鞋一贯刻板、沉闷的格调，与国际时尚潮流同步，打造“商务也时尚”的新形象。“康龙”则是主打“时尚和舒适”，以达到彰显自然、健康、休闲的本色，定位都市休闲时尚。康龙以原料考究和传统缝线取胜，强调精细的手工设计创意，整体风格向高贵经典和个性化方向发展，带有充足的流行元素。康龙”还是“奥康”的品牌防火墙，充当品牌阻击者的角色，使温州乃至全国众多瞄准奥康的小型鞋业公司以低价冲击“奥康”时受到强力反击。“红火鸟”主打“越万变，越风潮”，紧跟服饰流行趋势，塑造低价位、高质量、外观时尚的服饰搭配鞋品。“红火鸟”用时尚经典、易于混搭多变产品塑造万变造型，成为引领时尚风潮的国内领先的平价时尚皮鞋品牌。“美丽佳人”是专为都市女性倾心打造的高级时尚女鞋，引领时尚界的优雅风潮。作为高端品牌，“美丽佳人”以打造女鞋顶尖品牌为使命。“万利威德”是奥康的国际化、高端化品牌。结盟万利威德，与国际品牌在设计开发领域深度合作，利用现有的品牌资源、产业链与营销网络的优势配置及整合，为奥康的国际化战略找到了一条捷径。

2. 走向国际市场，走近国际品牌

1999年，奥康在意大利设立设计中心，将最前沿的鞋业资讯以最快的速度带回中国；2001年，奥康集团以百万年薪的代价，将意大利设计名师请到温州，加速了奥康产品与世界潮流的接轨。此外，2000年以来，集团还先后在意大利、西班牙、荷兰、澳大利亚、美国、德国、日本设立了分公司及办事处；成立了专门面向海外的进出口公司，产品的销售触角已经延伸到美国、俄罗斯、韩国、沙特、德国、西班牙、南非等全球20多个国家和地区，并在美国纽约等地开设了自己的品牌专卖店。2008年3月25日，奥康在印度新德里的第一家专卖店在好莱坞明星们的簇拥下开业，这是印度第一家中国鞋品牌专卖店。这就意味着在成功进入这个世界第二人口大国后，奥康已经谋划了世界1/3以上人口的鞋类市场。

国际知名品牌的形成主要依靠两个方面，一个是历史文化，一个就是营销方式。对奥康而言，前者无法一下子创造出来，因此，要打造国际化品牌，必须在营销方式上与国际接轨，形成一套反应灵敏、服务周到的国际化销售网络，培育良好的终端市场，在这种良性循环中，让品牌逐渐成长为世界名牌。为此，奥康先后投入2亿多元引进了30条国际一流的生产流水线，同时，在浙江温州、广东东莞及意大利米兰设立三个鞋样研发中心，每年开发出数千个鞋样新款，引领鞋业发展的时尚潮流，确保奥康品牌走在同行业的前列。

GEOX是意大利第一、世界第四的著名品牌，以“会呼吸的鞋子”闻名世界鞋业。2003年2月，奥康与GEOX达成合作协议，在上海成立公司，GEOX利用奥康的网络，并把奥康作为生产基地，奥康则借用GEOX在世界68个国家的销售网络进行产品销售。

2004年4月初，GEOX中国公司在上海汤臣大厦成立，筹备开设专卖店。两个月后，位于上海淮海中路的GEOX中国大陆第一家专卖店试营业。随后，济南、宁波和温州等地的GEOX专卖店纷纷开业。随着合作地不断深入，双方加快了在温州建立GEOX全球最大生产基地的进程。2004年10月11日，在奥康国际品牌产业园开业仪式上，GEOX公司总裁DIEGO先生亲手将“GEOX亚洲生产基地”的牌匾授予奥康集团总裁王振滔的手中，并宣布：奥康集团作为GEOX公司全球唯一的合作伙伴，双方将在世界范围内实现资源共享，共图发展。由此拉开了奥康全面为国际品牌生产的序幕。

随着国际品牌产业园的开业，奥康的产业布局也显山露水：温州总部生产基地主攻内销产品生产；“西部鞋都”奥康生产基地主攻大众产品生产，为世界零售巨头代加工；瓯北国际品牌产业园主攻高档产品，生产国际品牌，成为意大利GEOX呼吸鞋主要生产基地。整个体系呈现金字塔式的战略布局，形成一个富于层次的鞋业大生产体系。3个基地全部启动，可形成年产2000多万双皮鞋的生产能力。

2005年初，奥康集团接到的海外订单猛增，德国BOSS、美国玖熙、法国佩雷斯和丹麦佛格登等鞋业巨头纷纷前来接洽。其中，意大利GEOX要求其2005年9月前交付的订单量就超过30万双。

2008年1月8日，上海国际会议中心，奥康和万利威德（VALLEVERDE）签订“盟约”。这意味着奥康在国际化的征程中又有新的突破。按照双方的合作协议，奥康集团取得万利威德全球品牌经营权，其全球品牌营销全部由奥康负责运作。生产和销售也均由奥康独立负责。而万利威德方面，其负责提供产品研发资源以及技术和法律方面的支持，协助奥康集团在其意大利总部成立产品研发中心，并提供场地、设备和制作资源。开发成果双方共享。

在熟悉奥康的人士看来，这种全新的合作模式是奥康集团国际化战略升级的需要。“借此奥康已经获得万利威德在全球2300多家连锁形象店的销售渠道，但也许最终获得整个万利威德品牌，才是奥康此举的最终目标”。奥康集团董事长王振滔对此也毫不掩饰：“我们希望从先期的合作开始，到最终控股51%，真正进入欧洲市场。”而这还不是王振滔的最终目的，“未来5—10年内，意大利、西班牙等地的一些顶尖鞋类品牌将为中国鞋企所兼并”。2010年，奥康取得万利威德在大中华区的品牌所有权，初步实现了收购国际大牌的梦想。

3. 定制时尚

王振滔认为，全球化首先是产品走出去；其次是营销网络走出去；然后是品牌走出去；最后，是整个民族工艺走出去。“不但要去迎合国际的市场，重要的是要让中国的产品去引领国际潮流，成为时尚的风向标。显然，奥康从全球制鞋行业产业链重组中分享制造机会后，更谋划在设计上获得追赶欧洲的时尚先锋的机会和途径。为此，2007年奥康将国际研发中心从并非时尚前沿地的温州瓯北迁到了东莞，目的就是为了更靠近这个中国南方制鞋工业之都。

全球时尚行业的时尚潮流很多自英国发端，经过法国和意大利的演绎后便进入亚洲，日本和韩国对国际名牌的嗅觉最为敏锐，接下来的一站就是东莞。在这里，时尚信息会以极快的速度转化而成各行业最时髦的产品。“我们会把东莞作为扩大国际化接单的窗口”，奥康国际研发中心副总监顾枫说。“东莞很特殊，版型出来后样品的确认及试穿，外商都会要求在东莞完成。尽管他们对我们的三大生产基地都非常满意，也认为那里的设备和工人技术都是国内一流，但是他们就是要求我们在东莞搞研发中心，而不愿意在温州。”东莞是中国制鞋行业接受世界信息的第一大枢纽，但意大利更接近时尚起点。为了更快拿到第一手翔实资讯，奥康在米兰附近的传统制鞋小镇维吉瓦诺设立一个研发中心，从这里请来设计师、工艺师在温州与意大利之间往返，将新工艺、新材料、新设计理念和款式带到温州，供奥康的设计师进行一轮重新整合。只有看清需求，把握流行趋势，并通过研发部门将这些需求转化为客户真正需要的产品，才能成为引领行业变革的弄潮儿。在这方面，奥康已经找到了路径。

（四）以文化为主线的品牌营销传播

1. 品牌“变脸”

2003年，是中外著名企业纷纷“变脸”的一年。联想集团启用以“Lenovo”为品牌的国际化新标志；夏新电子股份有限公司宣布启用新的企业品牌标志——“夏新”；麦当劳更换广告语；可口可乐公司对中文标志进行“变脸”；分拆后的中国电信也启用新的“牛头”标志。对鞋企而言，伴随着竞争激烈程度的加剧，利润急剧下滑，鞋业品牌同样也需要“变脸”。2003年11月26日，中国鞋业巨头奥康集团隆重推出新的商标标志——ΛOKANG，同时广告语也由“梦想是走出来的”替代了陪伴奥康走过多年的广告语——“穿奥康，走四方”。面对众多媒体对2003年知名品牌变脸的质疑，奥康集团对其推广新形象更有其独特的见解。

奥康新的品牌识别系统是一个组合型标志，如图1所示：

图1 奥康新的品牌标志

“ΛOKANG”是一个以奥康音译英文字母为主的形象标志，有两方面值得关注：其一，A字变为Λ这个神似韩国知名品牌三星的形象寓奥康一飞冲天，追求理想和达到事业巅峰的姿态；其二，K字母右上方所加的图形符号（沿着K字一撇右上方间断延伸的点状图形）强调“突破的一点”，体现奥康品牌的突破精神，同时既给人以路的延伸感，达到对原有品牌形象的文化继承，又创造意在笔外的情景意境给人以图形之外的联想，也是“路”、“人”、“鞋”的空间想象传达以及对三者之间的关系诠释并以此作为受众的重点记忆点和不同于其他同类品牌的视觉特征，更以此作为品牌视觉形象发散和延伸推广的集散点。

除了基础系统，奥康新的品牌识别系统还包括专卖店形象和广告口号或品牌主张的升级。反响最大的是核心品牌主张“梦想是走出来的”替代了“穿奥康，走四方”。这两条看似无关的广告语之间有着内在的逻辑关系，前者其实是后者的一种升级。此外，奥康还推出了第三代暗红的专卖店形象。据说，这是为了遵循国际上的统一标准，突出国际感和现代感。

在奥康集团总裁王振滔看来，多年来奥康坚守的广告语——“穿奥康，走四方”赋予人们一种闯荡追梦的激情，介于产品诉求和理念诉求之间，而“梦想是走出来的”是一个完全的理念诉求，且立意高：告之人们成功的动因，并承担人们实现梦想的精神代言。奥康推出新一代品牌标志 “ΛOKANG”及广告语“梦想是走出来的”追求三种境界：情感消费、理念激励、民族文化。

不断创新、永远贴近消费者，这是任何企业必须坚守的“法宝”。奥康品牌已经顺利度过了大众化普及阶段，现在面临的是进一步提升品牌美誉度和核心价值的问题。皮鞋是个受关注比较低的行业，而皮鞋购买又如时装一样是一个相对高卷入的购买行为，那么消费者是如何购买挑选皮鞋的？究竟需要为消费者塑造一个什么样的品牌？影响消费者选择的核心因素就是品牌的区别。同质化时代真正的品牌区别就是消费者与品牌之间在价值、情感内涵上的联系的差异。奥康集团管理层认为，奥康的新品牌形象应该符合下列特征：有多年制鞋经验的、有亲和力的、有主见的、有智慧的、领导潮流的、有国际视野的和世界同步的中国名牌并成为国内第一品牌。这种品牌形象能够使奥康的目标消费群体产生情感上的共鸣。

奥康管理层认为，奥康应该不仅是鞋的品牌，更是一种积极向上的人生态度，努力奋进的人生主张，让人备受鼓舞的和激励的意志力量，她能让人感到未来会更美好。人格化的描述应当是这样的：奥康是一个目光高远、胸襟开阔、大气魄的国内名牌；她对消费者的价值和意义是鼓励走理想的人生道路；她是具有进取、远见、智慧和国际观感等个性的国内主导品牌。在奥康走向市场并在市场大显身手的十几年间，有无数耳闻目睹过“穿奥康、走四方”的年幼一代已经长大成人，他们不仅志在四方而且目光远大，心怀梦想。而奥康现在所要讲述的正是一个又一个梦想成真的故事。尤其值得一提的是2003年9月，对奥康而言是一个收获与梦想并存的季节。在这个季节里奥康与意大利第一鞋业品牌GEOX公司成功握手，从而为奥康走向世界铺平了道路；也是在这个季节，由奥康投资的中国西部鞋都顺利奠基，奥康自此拥有了更为广阔的天地。而这一切是象征，是标志，也是光荣与梦想，它们都是走出来的。中国百姓有句常话叫做“想做一番事业就要一步一个脚印”，对那些渴望成功、渴望被别人看作是一个所在阶层内的有理想、有智慧的成功人士的消费者来说，“梦想是走出来的”这句广告语完全可以理解成对消费者的激励。

打造国际品牌也是奥康多年的梦想。“梦想是走出来的”这句简单的话语蕴涵着中国几千年来的民族文化，如今把它提炼出来可以延伸为：

不妥协、不回避，坚持脚下的路，以产业报国。“梦想是走出来的”也表达了奥康打造民族品牌、振兴民族工业的夙愿。

2. 精心策划奥运营销

奥运是一场不折不扣的饕餮盛宴。对于处于快速发展中的中国企业尤其是民营企业来说，无疑是一次亮相世界的绝佳机会。北京奥运会的赞助企业中，共有15家中国民营企业拿到了各个级别的“入场券”，占总数（52家赞助企业）的1/4多。作为2008年北京奥运会皮具产品供应商，奥康集团是最后拿到北京奥运会赞助商入场券的民营企业。拿到奥运会入场券，奥康集团正式拉开了奥运营销的大幕。

因为崇尚奥林匹克精神，奥康集团对奥运营销情有独钟。1988年，以3万元起家的王振滔为他创办的第一家工厂命名为奥林鞋厂，喻义发扬奥林匹克精神。后因无法使用奥林注册商标而改为奥康，喻义奥林匹克健康发展。王振滔并没有想到20年后他的企业能与奥运如此亲近。2000年悉尼奥运会，奥康给奥组委送去了几万双鞋子，供运动员和悉尼华人挑选使用；2004年雅典奥运会，奥康以奥康全明星雅典奥运助威团的名义资助8位前奥运冠军共赴希腊首都雅典，到赛场上为中国奥运健儿呐喊助威。一直绕道参与奥运的奥康集团，期盼有机会直接参与奥运。在北京获得奥运会举办权后，奥康集团抱着必胜的信念参与到奥运会赞助商选拔中。2007年3月，奥康在最后一刻击败对手，成为北京奥运会最后一家赞助商。同年11月22日奥康集团以数千万元代言费签约刘翔为其代言。选择刘翔完全出于奥运营销的考虑，但非常巧合的是，合作之前，王振滔与刘翔就是非常好的朋友了。王振滔与刘翔第一次见面并非在双方合作的签约仪式上，而是在一次全国代表大会上，王振滔和刘翔都是第15届全国杰出青年，那时他们就已经成为朋友。此次合作，两人在见面时不是客气握手，而是热烈地拥抱，道一句“好久不见了”。

在获得奥运会赞助商资格后，奥康希望结合奥运为品牌赋予一个新的品牌价值观。经过研究，奥康人认为奥运会对于中国来说最大意义在于激发中国人民的自豪感和民族自尊心，这是中国举办奥运会收获的最大财富。奥康的营销管理者在了解消费者的心态之后赋予奥康品牌新的价值观，希望奥康品牌成为让中国消费者自豪的品牌。在这层价值观上，他们提出了“2008 看中国脚步”的口号。

“2008 看中国脚步”这句口号既喻义让世界看中国发展和跨越的脚步，又与奥康的产品找到了完美的契合点。这样一句口号需要通过一位颇具代表性的人物有力量地喊出来。无疑，2004 年雅典奥运会男子 110 米栏冠军刘翔是最好的人选。从这个核心价值观演变出来，奥康决定邀请刘翔，因为刘翔无疑是 2008 年的焦点，他可以代表中国跨越、超越的脚步，他更是中国的一张名片。

动用几千万元邀请刘翔代言，是否可以为企业带来预期的价值回报？奥康管理层认为，从短期来看，企业可能得不到预期的回报；但从长远来看，其价值不可估量。与刘翔合作，帮助奥康提升了品牌的高度，因为你与巨人在一起，和全世界最精彩、最受关注的赛事在一起，可以彰显你的实力、身份和价值。

然而体育赛事的结果并不可控，也许一个小小的失误就会导致全盘皆输。赛事结果的不确定性也对奥康的奥运营销提出了挑战。奥康管理层事先评估过可能会遇到的风险，并且做好了应对各种结果的准备。当时，奥康准备了两套应对方案：如果刘翔夺冠，会有与之配套的广告等一系列的营销手段；如果刘翔失利，奥康则会推出一套保障措施，奥康的营销口号会调整为“脚步没有停下来，心中还有梦想，你就是永远的冠军”。后来，刘翔在北京奥运会上因为脚伤而退赛，奥康及时调整广告方案，既给刘翔及其广大粉丝送去了温馨的安慰，又维护和提升了品牌形象。

奥康的奥运营销由体育营销和公益营销两个部分组成。围绕奥运，在选择刘翔作为代言人的同时，奥康开展了一系列的公益营销活动，奥运冠军圆梦计划便是其中的重头戏。此项计划是由奥康发起并提供所有资金支持，6 位前奥运会冠军参与其中，而刘翔也是这次大型公益活动的代言人。一项网络调查显示，对于奥运，消费者更多的是关注公益广告（70.3%）；其次是奥运明星代言的广告（59.9%）；再次是有奥运标志的产品促销广告（48.1%）。由此可见，企业更多表现自己社会责任感的行为将更容易赢得公众的好感。2008 年 5 月 10 日奥康在北京启动了以打造公益奥运、助力北京 2008 年人文奥运的奥康奥运圆梦行动。致力于公益事业的圆梦基金也同时成立，马燕红、高敏、钱红、王军砚、杨凌、田亮等 6 位前奥运冠军成为奥康公益行动的第一批圆梦大使。与奥运相结合的公益营销与奥运体育营销一道，共同为奥康品牌形象的提升立下了大功。

对于奥康来说，尽管此前参与过奥运营销，但往往都是单次营销活动，并没有像此次北京奥运会这样需要进行系统的营销推广。为此，奥康在专门负责企业品牌推广的品牌规划中心设立了奥康奥运推广委员会，集团副总裁亲自挂帅。奥康奥运推广委员会是一个跨部门集合的团队，下设策划部、终端形象部、宣传部、培训部等多个部门，总体协调奥运营销的方方面面。经过奥康奥运推广委员会的总体协调，奥康的奥运营销各个环节都带有浓厚的奥运色彩，彼此相互衔接，为取得整体效果最优创造了条件。进入奥康的专卖店，导购人员的第一句问候语就是“欢迎光临奥康，支持北京奥运”；所有与消费者直接接触的员工都统一穿着带有奥运色彩的服装；从专卖店的门头设计到摆放产品的货架都加入了奥运元素；在产品方面，奥康还专门设计了以刘翔命名的“翔系列”产品，真正做到从视觉、听觉甚至产品触觉等各个方面都对消费者产生冲击。

奥康全方位的奥运营销，在帮助企业提升自身营销软实力的同时也帮助企业提升了品牌价值。据第三方机构中国品牌研究院对所有奥运会赞助商的调研结果显示，奥康通过运作奥运营销，其品牌美誉度在 2007 年度提升了 8.6%。而据中国名牌资产评估公司及世界品牌实验室调查显示，经过一年的奥运营销运作，奥康的品牌价值从 2006 年度的 39.68 亿提高到 2007 年度接近 60 亿，品牌价值增长了近 20 亿元。而在最为直观的企业销售额上，2007 年度奥康集团的销售额相比 2006 年度翻了一番，达到 40 多亿元人民币。在 2011 中国最有价值品牌 100 榜中，奥康品牌价值以 100.19 亿元居第 29 位，是国内鞋业品牌中的第一名。相较于 2010 年的 80.02 亿元，奥康品牌价值上升 20.17 亿，排名上升 3 位，再度实现了价值与排位的双上升。在此次上榜的中国鞋制品品牌中，奥康首超百丽，排名第一。

3. 全新的品牌代言人

赞助奥运会和请体育明星代言，其代价太高，风险也较大。因此2009年之后，奥康在选择品牌代言人方面又走出了一条新路子。2010年12月，奥康与享有“湖南第一主持天团”美誉的湖南卫视“快乐家族”节目组全体主持人员签约，“快乐家族”从此成为奥康旗下高端休闲鞋品牌——“康龙”的形象代言人。该节目自2006年开播以来深受全国广大观众的喜爱。“快乐家族”主持人个个活泼可爱、才华横溢、幽默搞笑，这与康龙所倡导的休闲放松的风格非常契合。把轻松带给世人，让快乐传遍世界，他们的精神追求和相同的奋斗目标正与康龙的品牌诉求不谋而合。康龙携手“快乐家族”就等于锁定了一批消费群体，尤其是在康龙进行品牌形象升级的情况下，与“快乐家族”的合作可以更好地打造高端品牌形象。2011年5月，奥康又牵手韩国新走红电视剧明星李承铉、李妍智兄妹组合，聘其作为“红火鸟”品牌代言人。同年7月3日，江苏卫视“非诚勿扰”栏目当红主持人孟非作为神秘嘉宾现身奥康精品推荐人签约仪式发布会现场，奥康董事长王振滔为其颁发聘书。随后，孟非在精心设计的奥康手印模上按下手印，这标志着孟非正式签约成为奥康的精品推荐人。此外，孟非参与设计的奥康“水晶鞋系列”以及“非诚勿扰享受系列”也在此次发布会上正式亮相。在王振滔看来，选择孟非，并非仅仅看重对方在国内的超高人气。奥康从3万元起家到现在成为中国领先的皮鞋品牌企业之一，为实现梦想，一路历经艰辛与喜悦。孟非从一名印刷厂的印刷工人到现在的著名主持人，一步一个脚印踏实地成长。这种经历与形象跟奥康一路发展起来的理念和形象很是契合，选择孟非作为奥康的精品推荐人，实至名归。此次奥康签约孟非成为精品推荐人，是品牌与代言人之间的精准结合，孟非的气质完全契合奥康的品牌定位。营销专家们认为，在不久的将来，奥康知名度、美誉度会更上一层楼。在2011年9月由国际权威机构公布的中国最有价值品牌

100榜上，奥康以100.19亿元位居第29名和国内鞋业第一名，初步印证了专家们的预言。

4.“奥康非凡体”：网络时代的传播神话

“奥康非凡体”，其文体形式来源于奥康“一路我享”广告，倡导有别于“凡客体”的全新“非凡”人生观（注：“凡客体”是源于网上商城凡客诚品的广告语格式的一种文体）。

2011年12月，浙江卫视与江苏卫视的“非诚勿扰”、“我爱记歌词”等节目上相继播出奥康皮鞋的广告。片子共有六支，分别由主持人孟非、主播伊一、背包客小鹏、模特高明瑶、扮演“李小龙”的影视演员谷尚蔚、独立摄影师花小幽讲述各自成长路上的故事，最后收尾在“享受路上的一切”，扣住奥康皮鞋的品牌主张“一路我享”。

“奥康非凡体”的语言表述格式是话语者以“某某年，经历或发生了某某事”的形式讲述自己的人生经历。“一路我享”系列广告片中，既有明星，也有尚未成名的草根，但把皮鞋和人生道路上的各种体悟、感受杂糅在一起，赋予了广告较为深刻的人文元素，容易打动人心。例如，主持人孟非在广告片中的自述如下：十八岁，学业偏科，高考落榜，就数理化三门加一块还不如语文一门考得高；二十岁，进印刷厂，边做工人边念书，一次意外的工伤，手就被滚筒拖进去了，差一点成残废；二十一岁，和一帮年轻人一块进了电视台做临时工，大多数人都看不到希望；二十八岁，工作压力大，一直掉头发，干脆乐安天命，我就剃光头；三十岁，从打杂到扛摄像机、当记者，一路做到新闻主播台；四十岁，就是现在的我；人生不是一个结果，是一个过程；这是我的路，我是孟非，我穿39码奥康商务鞋，我享受这路上的一切。

广告激起了网友的创作热情，网友们在原有广告文体形式上结合时事、热点进行了疯狂的再创造。“一路我享”的广告精神被迅速延伸成为一种新的人生观：“这个世界上没有凡客，每个人都有非凡的故事。”“奥康非凡体”应运而生，天涯、猫扑等各大论坛以及微博上“奥康非凡体”遍地开花，网友的丰富创造力与想象力令人叹为观止。网友们发挥各自的诙谐创意，进行了大规模的奥康非凡体自主创作，其内容涵盖不同领域，从自我欣赏到恶搞“他人”，从刘翔、LADYGAGA，刘德华，到蒙牛，都成为“非凡体”的主角。各种版本的“奥康非凡体”引来无数网友评论围观并加入了再创造的行列中。网友创作的作品包括各种类型的版本：名人版的有乔布斯版、韩寒版、方舟子版、姚明版等，各种族群职业版的有广告人版、五毛党版等，还有腾讯版、蒙牛版……更有网友创造了自己的2012版奥康非凡体，激起各大论坛、微博的热议与再创造。例如，一位网友自创2012版“奥康非凡体”文案如下：1岁，长得像老外，妈妈吓一跳；7岁，老师认我做干儿子；15岁，最后一次尿床；20岁，一上课就想睡觉；23岁，逃学出来工作；28岁，只谈过一次恋爱；这是我的路，我是suki；我穿39码奥康鞋，我享受这路上的一切。该文案以微博形式在网上发表后，又一次引发网友们的再创造。如果以“非凡体”为关键词在百度搜索引擎中进行网页搜索，可以获得超过60万条有效结果；而如果用谷歌中文搜索引擎进行网页搜索，则可以获得超过14万条有效结果。

很多网友评论说“某鞋的广告平实动人，我看了很多遍，广告就应该这样”，连“童话大王”郑渊洁都在微博上转发称：“让人舒服的广而告之”。一向回避广告的大众，为何引起如此共鸣，还迅速蹿红为网络新文体？有专家评论说，这绝非偶然，“管中窥豹，可见一斑”，“奥康非凡体”成功案例的背后，其实是奥康品牌文化和企业文化的无缝对接，从而满足消费者情感诉求，同时，也是企业文化尤其是品牌文化契合时代特点转变的必然结果。

三、理论价值与现实指导意义

本案例的理论价值和现实指导意义主要涉及以下三个方面：一是渠道变革与渠道模式的选择；二是品牌的国际化；三是品牌的整合营销传播。

（一）关于渠道变革与渠道模式的选择

1. 已有的理论研究

关于渠道变革的研究，市场营销学者一般从微观的角度进行分析。

Louis W. Stern等（1996 ）指出，顾客需求的膨胀、渠道权力的转移和企业优先战略的改变，使得营销渠道发展成为一个由许多直接和间接达到和服务顾客的通路所构成的网状结构。目前，顾客的需求变得越来越复杂，在渠道权力方面，分销商们变得日益强大，顾客掌握的产品和服务的信息越来越多。同时，分销商和顾客后向整合的威胁也越来越大，这就使得权力在营销渠道中逐渐由后向前转移。Sherriff T. K. Luck (1998) 研究了中国营销渠道的变革问题，指出顾客需求是其关键动因。Osborne (1996) 在研究中小型出口制造行业的渠道一体化决策的基础上，指出交易成本决定着渠道一体化决策。RIMA（Routes to Market Association）在 2000 年的报告中分析了导致渠道变革的因素，包括：顾客行为方式、专业知识和技巧方面的变化；许多产品变得越来越标准化；新的销售方式，特别是直接同顾客建立关系的机会大量出现；配套服务方面的竞争越来越激烈；IT、生产技术、物流技术的迅速发展；技术的汇集，使得一项产品就可以提供原来需要多种不同产品才能提供的功能；竞争的压力增强；在某些领域，监管的压力增强；企业希望进入新的市场领域；产品和市场成熟度的变化；技术更新速度的加快；渠道成员间权力的变迁；企业对提高其渠道有效性和运行效率的强烈要求。

企业应当如何选择适当的营销渠道模式？FrederickD. Sturdivant (1987) 指出，应该建立以顾客为导向的渠道系统，并提出了选择营销渠道的八个步骤。Lawrence G. Friedman 等（2000）认为，企业的营销渠道应该和顾客如何购买相一致，为此，企业应首先确定顾客的渠道偏好和购买行为，接着分析能够满足顾客购买需求的渠道模式，然后在以上分析的基础上，为顾客提供灵活的渠道选择空间。

2. 奥康渠道变革和渠道模式选择的理论价值与现实意义

奥康对渠道的变革以及对渠道模式的选择，基本上印证了上述理论观点，但是，奥康的渠道管理实践也对上述理论观点提出了挑战，对于丰富和发展关于渠道变革和渠道模式选择的理论具有重要参考价值：权力向渠道下游转移是渠道变革的主要原因之一，这并不适合于所有的情况，尤其不完全适合于市场上的知名品牌和强势品牌。掌控渠道、增加顾客体验和顾客价值、提升品牌无形资产是奥康持续进行渠道变革和优化渠道模式的三大主要原因。

奥康在1998年前后，已经是国内具有一定知名度的品牌，而且当时奥康已有的渠道在销售效率方面也非常令人满意。在这种情况下，1998年奥康集团董事长王振涛力排众议，坚持开辟连锁专卖店。直到今天，由奥康控制的连锁专卖店系统仍然是奥康旗下各个品牌产品销售的主力渠道。后来，奥康又开设了品牌超市——名品空间以及奥康网上商城，这些新的渠道实际上是连锁专卖店的衍生和有益补充。奥康最近10多年来的渠道变革和渠道模式选择行为最主要的原因不是渠道权力的下移，而更合理的解释是，对于像奥康这样的鞋业品牌制造商来说，开设品牌连锁专卖店和品牌超市，不仅可以加强品牌管理者对渠道的掌控，而且可通过提升顾客体验和选购的便利程度，拉近品牌与消费者的距离，提升品牌无形资产价值。而奥康网络商城则是在奥康品牌、产品和企业形象已经获得较高的消费者信任之后为产品的销售和利润的实现所提供的更为广阔的空间和服务消费者的便利平台，有利于更好地实现品牌的价值。2004年，奥康第一次请专业机构对奥康品牌进行资产评估，当时评估的结果是奥康品牌价值16亿多元人民币。在2011年奥康的品牌价值达到100.19亿元人民币，不到10年，品牌价值翻了好几倍。总之，奥康的渠道实践，其理论价值在于证明，品牌地位提升和品牌战略目标也是渠道变革的重要原因；其现实意义是，对那些已经取得一定的品牌知名度并且打算进一步提升品牌资产的企业来说，对渠道的创新和渠道模式的优化选择是品牌发展道路上的必修课。

另外，奥康在行业内较早成功地实施的渠道信息化管理，这对于将现代物流与供应链管理的先进理念和技术方法引入中国鞋业，从而提高整个行业的运营效率和营销竞争力可能会起到较好的示范和促进作用。

（二）关于品牌的国际化

1. 已有的理论研究

在理论渊源上，品牌国际化问题是从全球化营销理论（又称“国际营销理念”）衍生而来的。Perlmutter（1969），Wind、Yoram、Douglas

和 Perlmutter（1973），Levitt（1983），Ohmae（1985），Rafee and Freutzer（1989）等以世界市场同质化和规模经济为由，都曾提出过支持国际营销标准化的理论观点和假设，并就营销过程的标准化和营销组合的标准化提出了相应的方法论建议。而另一方面，本土化战略的支持者指出，用世界市场同质化假设和规模经济理论来支持标准化观点存在着一些重大的缺陷。他们认为采用完全的标准化战略是过于简单的方法，在实践中是不可想象的（Killough，1978；Douglas and Wind1987），并就营销组合本土化（Shoham 1994；Kotler 1986；Doherly 和 Ennew1995；Martenson1987）和营销过程本土化（Shanks1985；Hofstede1993）提出了策略建议。

在全球化营销理论的基础上，中国学者结合改革开放以来中国企业的国际营销实践，对品牌的国际化问题进行了研究。

关于品牌国际化的定义迄今为止理论界尚无定论。宋水高（2003）认为：“当一个企业用相同的品牌名称和图案标志进入一个对本企业来说全新的国家开展品牌营销就是品牌国际化。通常品牌国际化的目的是在异国他乡建立起本品牌的强势地位。因此，品牌国际化简单地说就是品牌的跨国营销。”张华容（2006）认为：“品牌国际化概念本身是针对地域问题而提出来的。当一个企业用相同的品牌进入一个对本企业来说全新的市场，创建企业的用户资源，让品牌在全球范围内与不同区域市场消费者发生良性的互动关系就是品牌国际化。因此，品牌国际化的目的就是要在本土以外的市场建立品牌的强势地位。”复旦大学教授苏勇等人对品牌国际化内涵作了进一步的研究，从六个方面诠释了品牌国际化，他们认为，“品牌国际化是一个隐含时间与空间的动态营销和品牌输出的过程。该过程将企业的品牌推向国际市场并期望达到广泛认可和企业特定的利益”，并对品牌国际化的时间、空间、动态营销、品牌输出、广泛认可、特定的利益等六个方面进行了详细的阐述。关辉、谢颖（2006）认为，上述三个概念的描述虽然不尽相同，但是没有本质上的差别。三个概念中所指的是以相同的品牌进入国际市场为前提，并不包含企业采用不同的品牌进行国际化的含义，而 TCL 等企业拥有实施多品牌国际化战略的成功实践经验，因此现有的概念并不能很好地概括品牌国际化的涵义，十分有必要对品牌国际化这一概念的内涵进行拓展。他们认为，品牌国际化应当是指企业采用相同或不同的品牌进入不同的国家开展品牌营销并获得广泛的认可和特定利益的过程。

在中国品牌国际化的模式和路径的研究方面，关辉、谢颖（2006）将中国品牌国际化总结归纳为三种模式：单一自主品牌国际化的海尔模式，购并国际知名品牌强化本民族品牌的联想模式，多品牌进入国际市场的 TCL 模式。孙晓强、苏勇（2006）对中国品牌国际化中的市场进入路径和品牌成长路径进行了研究。他们提出中国品牌国际化存在着三种可能的路径：从不发达国家到发达国家（典型案例有华为、力帆等）；从发达国家到不发达国家（典型案例有海尔等）；中间路线和其他路线。中间路线模式就是先进入中等发达国家市场，积累国际化经营的经验后再向发达国家和不发达地区国家拓展。其他可能路径包括“由近及远式”、“单点突破，带动全局式”等。而在品牌成长方面，他们也提出了三种不同的品牌成长路径：（1）直接发展自有品牌。（2）OEM（原始装备制造商）—ODM（原始设计制造商）—OBM（自有品牌制造商）。（3）收购国外品牌。他们还对不同的市场进入路径和不同的品牌成长路径进行了有利因素和不利因素的比较分析。

2. 奥康品牌国际化的理论价值与现实意义

奥康集团把做好国内市场当作品牌国际化的第一步，这是完全正确的。一个品牌在国内称王，积累足够的实力之后，才能在国际市场上更好地开展品牌营销（如在与国际知名品牌合作中获得更多的话语权）。奥康与意大利鞋业第一品牌万利威德的成功合作（包括互相开放销售渠道以及奥康收购万利威德在大中华区的品牌经营权）就证明了这一点。在品牌国际化的市场进入路径上，奥康正在进行一种新探索——同时向发达国家和不发达国家进军。前者主要是指奥康借助万利威德在全球 2000 多家专卖店进行奥康品牌产品的销售；后者则是指奥康在印度等国家开设奥康品牌连锁专卖店。这两种模式的营销效果如何？目前都还没有相关报道或数据披露，因此还不能得出更多的结论。

就品牌成长路径来看，对奥康来说，由于各种外部因素（如国家品牌形象、文化差异等）和内部因素（涉及企业核心竞争力的诸要素，如技术、管理、人才等）的制约，第一条路径——“直接发展自有品牌”可能只适合于开拓不发达国家市场，而在发达国家市场取得成功的希望渺茫。从第二条路径（三个“O”的阶梯式递进）来看，目前奥康集团的皮鞋和皮具产品在国际市场上仍然处于OEM阶段（奥康的出口产品绝大部分是为国际知名品牌代工），近几年奥康加大了引进和消化吸收国际先进技术和管理经验的力度（包括长期聘用国际知名设计师、成立技术研发中心等），有可能在若干年之后，奥康从OEM成长为ODM。如果奥康将来真的成为国际鞋业市场上知名的ODM，那么它也有可能最终成为在国际上有较高知名度和美誉度的OBM。要沿着这条路径完整地走下来，可能需要很长的时间。再看品牌成长的第三条可能路径。奥康于2010年收购了万利威德在大中华区的品牌经营权，但由于市场在国内，因而还算不上品牌国际化。如果将来万利威德在大中华区的经营非常成功，以至于其在大中华区的销售收入和利润在该品牌的全球营销中的地位举足轻重，到那时，奥康以此为砝码，成功获得万利威德在大中华区之外尤其是欧洲、北美和日本等区域市场的品牌经营权和控制权，人们才可能真正看到奥康在第三条路径上的成功希望。在努力学习和培育核心竞争力的同时，将循序渐进与善于利用机会进行突破结合起来，是奥康探索品牌国际化之路的特点。

尽管奥康的品牌国际化尚处于起步阶段，但是它已经做的和正在做的事情为中国企业品牌国际化在理论上和实践上都提供了一个值得关注、思考以及在一定程度上借鉴的样本。奥康几年前在美国、西班牙等国以自有品牌开设专卖店铩羽而归的经历，证明了学者们关于中国企业在传统产品制造领域从发达国家开始以自有品牌开展品牌国际化不易成功的论断，在实践上也为其他中国制鞋企业的品牌国际化提供了可资借鉴的教训。在品牌成长的道路上，奥康不满足于仅做国内鞋王，而是通过全方位国际合作向国际先进鞋业品牌学习，苦练内功，培育品牌核心竞争力，并通过“两条腿走路”（向不发达国家输出自有品牌、在发达国家收购世界名牌），积极探索品牌国际化之路。在企业沿OEM－ODM－OBM路径发展上，越向上游前进，企业价值链两端的要求也越高，特别是OBM阶段，需要企业拥有自己的全球营销渠道网络和企业自己的研发能力。从奥康的企业文化和最近10多年的发展轨迹来看，奥康的品牌国际化探索无论在理论上还是在实践上都使人们充满了期待和遐想。

（三）关于整合营销传播

1. 已有的理论研究

整合营销传播（Integrated Marketing Communications，简称IMC）的概念诞生于20世纪80年代后期，当时美国的一些广告公司中率先出现了名为“整合营销传播”的客户代理小组。该概念深得时任4A（美国广告公司联合会）主席的Keith Reinhard和执行总监John O’Togle的青睐，他们希望在全美广告公司推行这一概念。1988年，他们与西北大学麦迪尔新闻学院联手实施了第一个IMC研究项目，并于1989年提出了第一个IMC定义，这标志着IMC研究在美国的开始。

美国学者敏锐地感觉到营销环境的变化，一批研究广告、公关、促销和营销等问题的学者开始转向研究IMC。1990年西北大学麦迪尔新闻学院率先开设了IMC硕士学位课程，不久美国科罗拉多大学波尔得分校开设IMC硕士学位课程。此后，大批研究广告、公关、营销、促销等课题的学者开始转向研究IMC，出现了像唐·舒尔茨、汤姆·邓肯、约瑟夫·施吉、乔治·贝尔齐和麦克尔·贝尔齐、特伦斯·辛普、理查德·J·塞米尼克、赖瑞·佩斯等IMC研究专家，他们的著作各具风格，大大丰富了IMC研究成果。

到20世纪90年代末期，“整合营销传播”已经成为美国营销、广告、公关领域的主流话语。首先，美国高校营销学和广告学教材纷纷改版，新版中普遍增加IMC的内容。例如威廉姆·伯尔登等人的《营销原理及视角》、皮特·迪克逊的《营销管理》（第2版）、菲利普·科特勒的《营销管理》（第10版）、威廉姆·阿伦斯的《当代广告学》（第5版）、威廉姆·维尔斯等人的《广告原理及实践》（第5版）、托马斯·罗塞尔等的《开普勒广告教程》（第13版）、托马斯·欧奎因等人的《广告学》

(第2版）等都有专门章节论述IMC。美国三大广告期刊（JAR、IJA、JA）在1990年至2008年期间共发表以IMC为内容的学术论文45篇，其中绝大部分论文聚焦于“IMC理论”和“IMC实践”两大研究主题。

自1989年以来，学者们对IMC的定义、原则以及应用都有各种各样的说法，在对概念的辨析上很少达成一致。被誉为整合营销传播之父的美国西北大学的唐·舒尔茨教授在评价整合营销传播的理论构建时曾经说过，20年来，对于整合营销传播的大部分研究都是在实务和应用的领域，IMC的理论建设尤其是它的定义发展仍然存在着很大的空间。各种IMC定义中，影响最大的有以下五种：

(1）美国4A协会在1989年对IMC所作的定义：“IMC是一个营销传播计划观念，它认可企业通过完整的营销传播计划所带来的增加值，即通过评估和使用广告、直接邮寄、人员推销和公共关系等传播手段的战略规则，来提供明确的、一致的和最大的传播效果。”

(2）1991年，美国西北大学的唐·舒尔茨教授和他的同事们为IMC所下的定义：“IMC是对顾客或潜在顾客所能接触到的所有产品/服务信息源的处理过程，它决定顾客的购买行为并保持顾客忠诚度。”

(3）汤姆·邓肯和凯伍德在1996年对IMC所下的定义：“IMC是一个为了创建和培养有效益的品牌与客户间的关系以及品牌与其他股东之间的关系而进行的控制和影响各种信息以及促进有目的沟通的战略性的操纵过程。”

(4）诺瓦克和菲尔普斯在1994年为IMC所下的定义。诺瓦克和菲尔普斯并没有为IMC下一个简单直接的定义。他们把IMC的定义总结为三个要点，分别为“一种声音”的营销传播（One voice marketing communications)、“整合”的营销传播（Integrated Marketing Communications）和“协同作战”的营销传播（Coordinated Marketing Communications)。

(5）唐·舒尔茨和海蒂·舒尔茨夫妇在1998对IMC所下的定义：“整合营销传播是一个可用来计划、发展、执行和评估与消费者、客户以及其他目标相关的外部与内部受众相联系的协调、可测量、可劝服的品牌传播项目的战略商业过程。”

马尼拉学者（Kliatchko）2002年在马尼拉所做的一项针对于广告代理公司和企业高管及资深管理人员所做的一项定性研究显示，大部分人比较认可唐·舒尔茨和海蒂·舒尔茨的这项定义，认为它比较全面、正确和与时俱进。

在概念性研究方面，黄鹂、何西军（2008）对上述整合营销传播的五种定义的优点和缺点进行了对比分析，综合了各种定义中要素的相同点和不同点，并在此基础上提出他们对IMC的定义："整合营销传播是以受众为导向、战略性地整合各种营销渠道、注重对绩效的测量以达到与顾客建立长期品牌联系的观念和管理过程。"高运峰（2007）认为，整合营销传播是适应信息多元化与品牌中心时代的新型沟通体系。"整合营销传播"概念框架中的"整合"有质、量两方面不同的内涵，在整合目标上有品牌战术传播和组织整体战略传播两个高低不同的层次，整合营销传播实践的运行特征包括"接触管理"、"协同效应"、"双向沟通"等三项指标。平成广告公司对建立整合营销传播的中国话语体系进行了探索。他们对整合营销传播思想的阐释立足于"消费者认知"这一中心点，致力于消费者认知的心理机制（内在）和消费者认知资源（外在）两个基本层面。许伟杰（2006）根据老子的辩证哲学思想，认为在信息时代整合营销传播的关键在于两点：一是以消费者为中心，以信息技术为基础，注重信息的双向沟通，实现传播的循环性；二是统一企业内部思想、统一目标、统一企业形象、统一传播信息，系统有效地实现信息传播。

在营销传播方法论方面，吴晓波（2008）根据新媒体迅猛发展的新环境，提出了"多屏的视觉整合，混媒的主题传播"的观点。陈刚（2008）提出了"创意传播管理"（CCM）研究框架。他把新媒体时代的营销传播，称为"以人的智慧和数字技术相结合为基础的创意传播管理，包括三个层面：传播管理、创意传播与传播接触"。

关于整合营销传播在中国的应用问题，一些学者做过调查研究和思考。初广志（2008）对位居中国大陆综合实力前列的23家广告公司和16家公关公司进行了问卷调查和访谈，总结分析了这些公司在整合营销传播实践中的现状和问题。陈刚、王禹媚（2009）通过问卷调查、深度访谈等方式，研究了 IMC 在中国市场的执行状况。他们发现：大多数拥有强势品牌的企业部分执行了 IMC，但 IMC 的执行状况多停留在观念层面，几乎不涉及制度层面；中国市场上本土企业不重视对于客户数据库进行挖掘。张默闻（2008）从执行力的角度分析了中国企业整合营销传播面临的严峻考验，并从多个方面总结了中国企业在整合营销传播方面的不足之处。

2. 奥康整合营销传播的理论价值与现实意义

从理论价值上讲，奥康的整合营销传播印证了一些最新的理论观点，例如，吴晓波提出网络信息时代的“以消费者认知”为中心、“多屏的视觉整合，混媒的主题传播”的观点，陈刚的新媒体传播时代的“创意传播管理”理论。不仅如此，奥康的营销实践还对当前的整合营销传播理论提出了一些新的挑战：多品牌企业如何在整合营销传播中实现“目标”、“形象”、“声音”的统一？处于品牌国际化初级阶段的、源于发展中国家的企业在面向国际目标市场进行整合营销传播时应当遵循哪些原则？这既是奥康遇到的问题，也是需要学者们从营销理论的高度进行思考和探索的问题。

奥康的整合营销传播不仅符合整合营销传播的一般原则和要求，而且在实际运作方面具有以下值得称道和其他中国企业借鉴的特点：

（1）品牌文化基因的传承与创新的统一是保持品牌魅力的关键。“梦想”是奥康品牌中的基本的文化基因。奥康早期的广告语“穿奥康，走四方”，带给消费者的是一种闯荡天下、追寻梦想的激情和壮志。梦想的实现需要脚踏实地、吃苦耐劳、永不言弃的奋斗精神，在这个充满浮躁和投机取巧心理的世界上，这种精神实在是太可贵的，真正能成就长久事业的组织或个人，其梦想的实现都是靠一步一个脚印走出来的。因此，当 2003 年奥康更换新的品牌标志的时候，其广告语换成了“梦想是走出来的”。在品牌的视觉形象上，新的奥康标志以红色为基本色，以大字英文字母和中文正楷字为标准字，设计出具有创新和文化内涵的新标志。新的视觉标志是“路”、“鞋”、“人”的完美融合，让人从穿奥康鞋联想到走路，又从走路联想到追寻和实现人生梦想，而“梦想是走出来的”

这句广告语，则一语道破了隐含在新视觉标志中的文化语义。二者的绝配，既是品牌文化基因的创新，又传承了当年“穿奥康，走四方”的闯荡追梦精神。然而，并非所有的人都能成功实现自己的梦想，在追梦的路上，有成功者，也不乏失败者。成功了，固然可喜可贺。失败了，难道就该灰头灰脸？我们不是常说“不以成败论英雄”吗？英雄是一种你可以在他身上寻找到激励你奋斗，发现一种积极向上的人生价值或者让你惋惜让你为之情动的人。如果把“英雄”二字替换成“幸福的人”，那么这个话题就跟所有的人都扯上关系了。无论你在追梦的路上遭遇成功还是失败，成功或失败都不应当成为阻挡你成为“幸福的人”的障碍，关键在于你是否享受这个过程。正是基于这种思考，奥康非凡体广告尽管有N多个版本，但它们都拥有一个共同的基因——“一路我享”。在未知的路上，以积极乐观的心态面对一切，把握当下，享受当下，一路我享，就会收获无限的风景。这样，奥康非凡体广告又把奥康品牌文化基因的传承与创新推向了一个新的高度。

(2) 善于利用支点是品牌传播的秘诀之一。奥康在利用传播机会的过程中善于寻找和利用最有力的支撑点。以奥运营销为例，从间接赞助2000年悉尼奥运会、2004年雅典奥运会到直接赞助2008年北京奥运会，从签约刘翔到组织前奥运冠军参与奥运圆梦行动，奥康策划的一系列品牌传播活动，都不是简单地把奥运与奥康品牌罗列在一起，而是用一个“义”将它们巧妙的串联起来，这个“义”就是中国人民族自豪感、民族自尊心以及关爱社会大众、热心公益的企业良心和社会责任感。网络调查显示，涉奥广告中消费者关注度最高的是公益广告（70.3%），其次是明星代言广告（59.9%），再次是产品促销广告（48.1%）。这从一个侧面证明，奥康在涉奥传播中善于利用支点的策略是十分英明的。

(3) 全面整合传播资源方能实现传播效果最大化。虽然像电视这样的传统媒体的传播影响力仍然很重要，但是互联网等新兴媒体的传播影响力与日俱增，大有赶上和超过传统媒体的势头。如果在营销传播中将传统媒体与新兴媒体整合进来，其传播影响力更会发生质的飞跃。奥康非凡体广告最初是江苏卫视和浙江卫视等知名地方电视台比较火爆的娱乐节目中插播的电视广告，但很快在互联网上走红，不仅该广告片在土豆、优酷等视频网站上被广大浏览者频繁点击、下载和链接，而且成千上万的网友加入到奥康非凡体的创作、欣赏和传播过程中，且乐此不疲，其影响大有超过电视广告的势头。奥康注重对优质传播资源进行精心挑选和优化配置：请湖南卫视“快乐家族”节目组代言其高端休闲品牌“康龙”，请韩国兄妹组合李承铉、李妍智担任“红火鸟”品牌明星代言人，选择江苏卫视“非诚勿扰”节目主持人孟非作为奥康品牌的精品推荐人，孟非还参与了奥康部分新产品的设计和发布工作。通过与知名媒体和知名人士的合作，以及传统媒体宣传与互联网宣传的无缝对接，奥康实现了传播资源的高效整合和整体传播效果的最大化。

格力：空调领头羊的信念

一、企业简介

格力电器股份有限公司简称“格力电器”或“格力”，是集研发、生产、销售、服务于一体的专业化空调企业，成立于1991年，总部位于中国广东省珠海市。格力电器旗下的“格力”空调，是中国空调业唯一的“世界名牌”产品，业务遍及全球100多个国家和地区。家用空调年产能超过6000万台（套），商用空调年产能550万台（套）。1995年开始，格力连续17年实现空调产销量全国第一。从2005年起，格力一直稳居空调产销量世界第一和全球最大家用空调制造商的宝座。

2008年12月30日，在世界权威的品牌价值研究机构——世界品牌价值实验室举办的“2008世界品牌价值实验室年度大奖”评选活动中，格力凭借良好的品牌形象和品牌活力，荣登“中国最具竞争力品牌榜单”并获大奖。2011年格力电器实现营业总收入835.17亿元，同比增37.35%；净利润52.37亿元，同比增22.48%；纳税超过53亿元，连续9年上榜美国《财富》杂志“中国上市公司100强”。2012年上半年，格力实现总收入和净利润分别为483.03亿元和28.71亿元，同比增长分别达到20.4%和30.06%。在2012年中国500强企业排行榜中，格力排在第137位。

1991年至1993年，处于创业时期的格力电器是一家默默无闻的小厂，但格力人在董事长朱江洪的带领下克服重重困难，开发了一系列适销对路的产品，抢占了市场先机，初步树立格力品牌形象。1994年至1996年，格力以质量管理为中心，提出了“出精品，创名牌，上规模，创世界一流水平”的质量方针，建立和完善质量管理体系，实施“零缺陷工程”，通过几年扎扎实实的努力，使格力产品在质量上实现了质的飞跃，建立起格力产品在质量上的竞争优势，使格力成为著名的空调品牌，在消费者中树立了良好的口碑。

2001年至2005年，格力电器提出“争创世界第一”的发展目标，在管理上持续创新，引入六西格玛管理方法，推行卓越绩效管理模式，强力拓展国际市场。2005年格力家用空调销量突破1000万台/套，实现空调销售世界第一的目标，成为家用空调领域的全球“单打冠军”。2010年，格力空调全球用户数量突破1亿。在最近的6年中，格力凭借自身实力先后在多个大型国际项目的空调招标项目中夺标，在国际舞台上获得了广泛的知名度和影响力，引领“中国制造”走向“中国创造”。

二、营销策略

（一）“好空调，格力造”

“好空调，格力造”。这句话不仅仅是广告语，更是格力企业理念和行为的真实写照。

1995年，格力董事长朱江洪到意大利考察，遇到一个客户抱怨格力空调噪音大，要退机。打开一看，原来是空调外壳里的一块小海绵没有贴好。这个由于工人操作不严谨而引发的质量事件，让朱江洪感觉遭受了“奇耻大辱”。尽管当时空调可以说是供不应求，他还是下令开始整顿质量。也正是这一块小海绵带来的“奇耻大辱”，使格力人萌发了“狠抓质量，打造精品”的念头。自此，格力人开始像修炼生命一样修炼质量。

在珠海格力电器的生产车间呈现着一派紧张忙碌的生产场面。每个工作台上都贴有醒目的《总裁十四条禁令》。保证空调质量关键是要控制住几个重要环节，格力对生产过程中容易发生问题的操作制定出苛刻的规定。任何员工只要违反其中的一条，一律予以辞退或开除。在这道“高压线”面前不容有半点讨价还价的余地！为了控制零部件的产品质量，格力建立了行业独一无二的零部件筛选分厂，这个分厂对进厂的每一个零配件都要质量“过滤”，连最小的电容都不漏过。为此，格力还成立了“质量宪兵队”，由公司董事长朱江洪亲自担任宪兵队队长，专门监督检查各环节中的质量问题。朱江洪要求质控部对于质量不合格的空调产品用大锤砸烂，他把一柄大锤挂在质控部门口，以示警醒和提升产品质量的决心。“要让消费者觉得买格力的产品就是买放心、买舒心。交到消费者手里的产品一定是百分之百放心的产品，我们绝不能把消费者当试验品!”这是经常挂在朱江洪嘴边的话。

自2003年以来，格力相继提出了“没有售后服务的服务才是最好的服务”、“8年不跟用户见面”的服务观，并在生产、制造、物流、销售、安装等环节采取积极有效的措施，使格力空调朝着这一目标前进。2005年元旦起，格力实行“整机6年免费包修”的举措。6年免费服务实际上对消费者是个承诺。可是，当格力提出这个之后，却受到了行业内其他企业的攻击。但是，格力的确是做好了准备，承担这些为质量控制而必需的支出。格力总裁董明珠说：“我有一个1000多人的工厂，专门是无功、没有收益的，这1000多个人一年平均工资是3万块钱，1000多个人就是3000多万元，我要投入到这里面去，投入干什么？所有的零部件进来的时候，我们要进行全检，最早是抽检，后来我们发现抽检不行，也不能保证6年产品不坏，而是要进行全检，这叫货真价实，我用我最真诚的东西去感动别人，这本身就是一个行为。所以我提出产品6年免费服务。”格力此举不仅大大超越了国家标准，也超过了国际标准。行业的竞争门槛从此被抬高了，一大批质量不过关的空调企业不得不退出空调行业，而那些比较有竞争力的空调企业则以格力为质量标杆。

为了提升质量管理水平，格力电器大力推广质量管理体系，自1995年开始推行ISO9000质量管理体系，1996年通过了SGS国际认证服务公司与中国轻工质量认证中心的认证审核，获得ISO9001质量管理体系认证证书。1999年开始，格力投入百万元巨奖推行“零缺陷”工程，率先引进“六西格码管理法”。2004年通过SGS国际认证服务公司的认证审核，分别获得ISO14001环境管理体系和OHSAS18001职业健康安全管理体系认证证书。2006年公司获得国家质检总局颁发的特种设备制造许可证（压力容器）。2007年获得QC080000禁用物质管控体系证书。2008年获得英国零售商协会BRC全球标准消费品第二类产品证书（注：英国大多数大型零售商只选择通过 BRC 全球标准认证的企业作为供货商）。

由于实施多层次、完善的质量控制与质量保证系统，格力保证了每个供应商都经得起严格考验，每个零配件都经过了精挑细选，每一道工序都经历了千锤百炼，每一个产品都力求做到“零缺陷”！

为了在生产率、产品质量和生产柔性等方面获得持续有效的改进并取得最佳效益，格力推行精益管理法。随着先进管理方法在格力的应用，资源得到更加合理的配置和充分的利用，生产管理水平也在不断提高。例如，生产线采用条形码自动化管理，可同时生产和测试不同机型，所有机组的测试全部实现了条形码自动化管理，电脑对测试产品进行自动定位和识别，计算机根据条形码自动设定控制参数和合格判定参数，测试数据自动记录，对不合格项进行实时报告并打印出不合格标签（注明具体不合格参数及机身编码），具有快速、准确的特点，不仅大大提高了功效，而且有效消除了人工主观判断失误的风险，使产品质量更有保障。该系统具有业界国际领先水平。

格力注重技术进步，通过先进的设备和工艺流程，以及不断提高的工艺水平，始终保持着制造方面的优势。格力不仅有适应多种工质（R22、R407C、R134A、R410A）的智能总装生产线（注：工质是指使不同形式能量相互转化的媒介物质），而且通过室外机管路的充氮焊接工艺、高效精确的冷媒灌注工艺、系统双向过滤杂质工艺、带模拟工况自动商检系统和自动打包、套包工艺的配合，形成一套高质量、高效率的整机生产流程。

格力在不断进取开拓中始终贯彻“一流”的原则，其生产工艺始终走在国际前列。通过一流的生产环境，一流的生产线，一流的生产工艺，一流的质量管理，格力创造了一流的产品质量。美国一家企业订购了 4 万台格力空调，结果发现有问题的只有 4 台，也就是万分之一的维修率！格力空调，以其完美的品质，在历次国内、国际招投标中脱颖而出。通过自主创新以及对节能减排的不懈追求，格力在中央空调领域也开始锋芒毕露。在 2008 年北京奥运会工程建设中，格力中央空调先是中标北京奥运媒体村工程，短短几天后又再次中标中体奥林匹克花园。2010 年 4

月，在“2010年中国移动通信团采购供应商合作伙伴会议”上，中国移动通信集团公司公布“2009年度优秀供应商”名单，格力电器、艾默生等11家企业从162家受邀供应商中脱颖而出，成为中国移动的优秀供应商。其中，格力电器是唯一一家空调企业。据了解，电信基站、电话程控交换机以及其他精密仪器的电子设备，对机房内的温湿度要求极为苛刻，空调机组不仅需要具有极高的稳定性和可靠性，还需要精确控温、快速除湿和智能化监控。为此，一般空调机组很难满足它的需求。格力机房专用空调机组的问世，不但在国内市场越来越受到各大电信运营商、精密仪器制造商的青睐，而且开始走出国门，扬名海外。

（二）掌握核心科技：从“中国制造”到“中国创造”

坚持技术创新，是格力的另一种执着追求。格力前董事长朱江洪很早就指出：“一个没有创新的企业，是没有灵魂的企业；一个没有核心技术的企业，是没有脊梁的企业。”“一个没有脊梁的人，永远站不起来。”多年来，格力始终把积累和拓展自主技术创新能力作为企业基业长青的重要基石而予以高度重视。到2012年上半年为止，格力拥有的技术专利超过5000多项，其中发明专利710多项。

格力的技术能力成长过程可分为四个阶段：

第一阶段（1991—1995）：依靠自主设计，在不断推出新品的基础上扩大规模。

1991年3月，朱江洪担任一家当时处于严重亏损、年产只有两万台窗式空调的海利空调厂（格力电器前身）厂长。上任伊始，朱江洪认真分析了企业优势和劣势，利用已有生产和研发条件，解决了海利长期以来依赖外部采购和进口组装件的现象，开发出自主的空调模具，终于生产出自己设计的空调产品，这实质上是格力走向自主技术开发的起点。初期自主设计的成功，让格力先尝到了甜头，获得了产品自主开发与市场绩效的正反馈，1994年销量上升至行业第二位。这一时期格力完成了国内第一款灯箱柜机的开发。1993年朱江洪提出开发灯箱柜机，当时市场上还没有类似的产品，格力研发环境非常艰苦。为了产品尽快推向市场，抢占先机，几个设计员挤在面积只有七平方米的设计室里，朱江洪跟研发人员以公司为家，为攻克技术难题，常常研究讨论至天亮。为了听噪音，现任公司副总裁兼总工程师的黄总当时都是趴在地上观察实验现象。就在这样的办公和实验环境中，格力研制出了第一款灯箱柜机，产品面市后销售异常火暴，格力品牌从此在空调市场上拥有了一席之地。

第二阶段（1995—1997）：树立精品理念，技术突破初露锋芒。

这一时期，格力对内实施“精品战略”：通过一系列的质量目标、按照国际标准建立一系列质量管理体系来锤炼企业的整体运营，从而确保企业形象和产品质量领先于同行；另一方面，对外采取积极的市场策略，创新营销模式，首创淡季贴息返利、年底返利政策，独创区域性销售公司模式，一举奠定了格力空调在市场上的领先地位。营销渠道的创新为格力的产品销售奠定了基础，在这一时期最值得称道的应该是，在产品供不应求的情况下，格力持续实施精品战略，不断提升产品质量，这是格力倡导的“工业精神”的体现，是一种打造“百年企业”的长远战略。1995 年格力取代春兰成为国内空调市场老大。

已经在国内家用空调领域取得领先优势的格力电器正式决定进军中央空调领域。1996 年，格力成功自主开发出了第一台模块式风冷冷（热）水机组，并畅销至今，取得了进入中央空调领域的技术开门红。但这一阶段总体来说，技术突破主要集中在非核心技术领域，产品虽然开发成功，但是高端核心配件，比如全封闭涡旋式压缩机还是采用国外品牌，整体上尚无法撼动“美系”、“日系”企业在中央空调领域的霸主地位。

第三阶段（1997—2005）：确立技术型企业战略，核心技术差距迅速缩小。

这一时期，格力一方面继续走“精品战略”路线，不断强化自身产品和企业在市场上的竞争力，另一方面把眼光投向未来，确定了走“技术型企业”的路线。通过实行科技创新、提高全员效益意识、优化企业内部价值链等，来降低企业整体运营成本、提高企业整体运营效益和效率，巩固国内市场连年第一的销售业绩，并且于 2005 年成为全球家用空调销量冠军。1999 年起，格力电器更是陆续研制开发出户式中央空调、单元式水（风）冷柜机、螺杆式水冷冷水机组、风管机、风机盘管以及大批的中央空调末端设备，格力中央空调产品线大为丰富。

为了更好地参与国际市场的竞争，摆脱技术受制于人的局面，让中国的空调品牌真正走出国门，走向世界，格力电器从2001年底开始加快自主技术研发的步伐，并向中央空调的高端技术迈进。这一时期，格力在中央空调领域有了一批重大技术突破，同时开始在变频空调领域进行前瞻性研究布局。2003年格力电器花了不到两年的时间，成功研制出了日本用了16年时间才研制出的“多联机”——“一拖多”技术，在中央空调的高端技术领域硬是闯开了一条创新之路，打破了美日企业死守的壁垒。随后，相继推出数码多联“一拖十六”、“一拖三十二”等高端技术。格力“多联机”技术突破的当年，就在山东第一高楼——济南明珠商务港大厦多联式中央空调机组招标中，以其优异的综合技术指标，一举击败日本大金、三菱，成功中标。2005年8月，由格力电器自主开发、具有自主知识产权的离心式冷水机组正式下线。2005年11月，全球第一台超低温数码多联式中央空调在格力电器下线，它的成功问世，不但能有效解决我国北方寒冷地区的冬季中央空调制热和采暖效果差的技术难题，而且大大提高了中央空调的冬季制热和节能技术水平，使我国的中央空调在冬季制热和节能技术上一举达到世界领先地位，被建设部组织的专家评估团评为达到“国际领先”水平。

第四阶段（2005年至今）：核心技术全面掌握，局部领域国际领先。

这一时期，格力坚持技术型企业战略，坚持质量和技术是品牌的生命力，不断扩大的产销量，继续支撑其在空调领域的大规模研发，在诞生一大批核心技术的同时，研发的宽度也在不断扩大，广泛拓展至空调各个关联技术领域：压缩机电机技术、控制技术、冷冻冷藏技术、强化热交换技术、包括冷媒研究在内的环保技术，研发队伍也在这一时期迅速壮大。以2009年2月成立的全国唯一一家国家级工程技术中心为标志，其研发能力大幅度提升，尤其是集成外部资源合作技术开发的能力。积极开展项目合作，研发领域向前端转移，重点集中在节能环保制冷设备领域的关键性、基础性和共性技术难题。

这一时期具有标志性意义的事件包括，2008年2月，格力电器一举拿下2010南非世界杯两个主场馆、一个办公大楼及地铁中央空调订单，成为中国中标企业中唯一的空调企业。2010年6月，在南非世界杯的舞台上，格力空调与约克、开利、大金等国际中央空调巨头同台竞技。2008年4月，格力中央空调中标印度电信基站2千万美金商用空调项目，由此成为国内第一家掌握精密空调技术的空调企业。

2010年，格力离心式冷水机组和螺杆式冷水机组共29款水冷冷水机组全部通过了美国空调、供热及制冷工业协会AHRI认证。该协会是目前国际制冷行业最高水平的行业组织，在半个世纪的时间里一直担当着空调和制冷行业的代言人。AHRI认证技术标准严格而苛刻，不仅对制冷产品试验的工况、方法、程序有着严格的规定，而且对于机组的使用性能也有严格而苛刻的标准界定。取得AHRI认证，则意味着制冷产品品质得到了国际制冷界的认可，拿到了全球能效限制门槛最高的市场“入场券”。格力有幸成为国内首家获得水冷冷水机组AHRI认证的中国空调生产商，也是目前唯一一家取得该认证的中国空调生产商，填补了国内空白。这也意味着，格力水冷冷水机组从此拥有了欧美乃至全球市场的“金质名片”和“通行证”，格力从此可以在更广泛的市场上与国际品牌进行角逐。

2010年7月，格力在人民大会堂全球首发，发布了包括G10低频控制技术、超高效定速压缩机和高效离心式冷水机组等三项空调领域国际领先的核心技术，其主要技术性能指标不仅在国内同领域遥遥领先，更是一举超越美、日、欧等国际同类产品。这标志着格力已经成为引领“中国制造”向“中国创造”转变的标杆企业。

（三）渠道创新：布下横行天下的珍珑棋局

格力的渠道创新被营销界视为渠道管理的经典案例。1994年，董明珠开始主管格力销售工作，通过不断创新的营销模式，格力空调的销售持续高速增长。1997年至2001年，格力电器在努力开拓市场的过程中独创的被称为“21世纪经济领域全新营销模式”的“区域性销售公司”，这成为公司制胜市场的法宝；与此同时，格力在海内外的多个生产基地陆续建成，形成规模效应，并通过成本管理提升赢利能力。从此，格力空调在产量、销量、销售收入和市场占有率等方面一直稳居国内空调行业领头羊地位，公司效益连年稳步增长。

格力电器的渠道模式经历了以下五个阶段：

1. 传统渠道模式阶段（1991—1994）

公司在成立之初，实力还比较弱小，格力电器所采取的是“避实击虚”策略，集中开发当时的强势品牌如“春兰”、“华宝”等企业影响力和覆盖程度较弱的地区，在皖、浙、赣、湘、豫、冀等省树立品牌形象，建立巩固的市场阵地。在此阶段，格力所运用的渠道模式与春兰等企业类似，通过发展地区多种经销商，重点经营专卖店和百货店，以良好的售后服务维持客户关系。

2. 新渠道探索阶段（1995—2000）：

这一阶段，格力完成了从改良传统渠道到建立股份制区域销售公司的转变。

1994年以后，格力电器先后在家电行业首创“淡季贴息返利”和“年终返利”政策，并由此奠定格力的行业龙头地位。但是1996年湖北省的四大经销商为抢占地盘，彼此之间开始竞相降价、窜货、恶性竞争，严重损害了厂家利益，这使得格力下决心对渠道动第一次大手术。随后，在1997年底，由格力牵头的中国第一家厂商联合组成的股份制区域性品牌销售公司——“湖北格力空调销售公司”正式成立，这种以股份制组成的销售公司采取统一市场、统一渠道、统一价格、统一服务的手段，开辟了别具一格的专业化销售模式。其实质就是在每个省选定几家大的经销商，共同出资参股组建销售公司，组成“利益共同体”，把区域内大的经销商捆绑到格力的战船上，共同操控和占有区域市场，达到共赢的目的。其中，格力只输出品牌和管理，在销售分公司中占有少许股份。此种模式被格力迅速推向全国，先后在重庆、安徽、湖南、河北等全国32个省市成立了区域性销售公司，成为格力空调参与激烈市场竞争的“杀手锏”。

3. 新渠道发展阶段（2000—2003）

在此阶段，格力加强对股份制区域销售公司的规范和控制，尝试与大型连锁家电零售商合作。

2000 年末，格力在巡查全国市场时认为，湖北公司的一些人想将格力的资源转移到个人注册的小公司中去，损害二、三级经销商的利益，从中牟取暴利。湖北公司却认为，格力由于发展迅速，脑子里的“帝王意识”日渐增强，不把各地的销售公司放在眼里。2001 年初，格力集团在湖北成立了“新欣格力公司”，随后，年销售额逾 5 亿元的湖北格力空调销售公司开始停止营运，董事长兼总经理郎青被炒鱿鱼，这就是名闻一时的“湖北兵变”。类似的事件还在安徽、重庆、东北等地上演，最后在南方地区也相继展开。其主要手法就是格力增持其在分公司的股份。格力的意图就是通过吸收其他实力小的经销商参股，削弱原大股东的地位，这样就没有人敢跟格力叫板，实际操控权便牢牢掌握在格力手中。

与此同时，格力也在积极适应市场的变化，对以国美、苏宁为代表的新兴家电连锁业态并没有漠视，而是选择两条腿走路，积极地与家电连锁企业进行尝试性合作，以期进一步发展紧密的关系。

4. 新渠道巩固阶段（2004—2006）

在这一阶段，格力与国美决裂，并着力建设三级营销网络。

这一阶段因为格力与国美决裂而显得格外引人注目。2004 年 2 月 20 日，成都国美为启动淡季市场，在相关媒体上刊发广告，把格力两款畅销空调的价格大幅度下调，零售价原本是 1680 元的 1 匹挂机被降为 1000 元，零售价原本为 3650 元的 2 匹柜机被降为 2650 元。格力认为国美在未经自己同意的情况下擅自大幅降低了格力空调的价格，破坏了格力空调在市场中长期稳定、统一的价格体系，并有损其一线品牌的良好形象，因此要求国美“立即终止低价销售行为”，在交涉未果的情况下，决定正式停止向国美供货。一波未平，一波又起。由于双方在随后的 2004 年合作谈判中未能达成共识，3 月 10 日，冲突升级、演变为国美在全国停售格力空调的局面，至此，双方的合作关系正式宣告破裂。此后，格力带领各地销售公司下大力气在全国开设专卖店，截至到 2006 年末，格力在全国已拥有专卖店 3000 多家，逐渐形成一个以大中城市为重心，以地级市为基础，以乡镇为依托的三级营销网络。

格力对抗家电连锁卖场的“欺压”，拒绝向国美妥协，并坚持到最后的本钱就是众多经销商的支持。目前格力在国内有28个销售公司，其中只有上海销售公司是格力自建，其他区域的销售全部由经销商承担，同时经销商还负责格力空调的安装和售后服务，售后服务网点已超过5000个。另据格力电器2006年年报显示，格力电器预收账款比2005年同期增长74.18%，表明经销商为了支持格力事先支付了大笔预付款，而2007年第一季度末，格力电器的预收账款余额达54.03亿元，比2006年末高出近22亿元，再次说明了经销商对格力的鼎力支持。

5. 新渠道完善阶段（2007年至今）

在这一阶段，格力再次牵手国美，并以股权转让大力激励经销商。

2007年3月14日，广州国美电器总经理高集群与广州格力总经理王韦权联合签署“国美—格力战略合作升级”协议，并宣布即日起格力空调将在广州国美旗下33个门店全面铺货销售，而国美也一次性向格力抛出了价值2亿元的空调采购订单，此举标志着格力与国美长达3年的冷战结束。2007年4月28日，格力电器发布公告，大股东格力集团将10%股份转让给河北京海担保投资公司（下简称“河北京海”），而河北京海的股东均为格力电器的经销大户。公告显示，格力电器大股东珠海格力集团公司向河北京海转让其持有的格力电器股份中的8054.1万股，占格力电器已发行总股份的10%。这个河北京海是由格力电器重庆、河南、河北、山东等10家销售公司合资注册成立的公司。据了解，这10家销售公司在2006年的销售额占据格力电器内销总额的65%以上，是格力空调的主力经销商。权益变动后，格力集团仍然持有格力电器29.74%的股份，是格力电器的第一大股东。此前，格力电器的法人治理结构一直是投资者最担心的问题，有关人士认为，格力此次引进经销商作为格力电器的战略投资者，能相对改善格力集团一家独大的局面，改进格力电器目前的公司治理结构，保证公司决策的科学性，从制度上保证格力电器的持续健康发展，消除了投资者的后顾之忧。

（四）专业化与“工业精神”

专业化，这是格力电器区分于其他家电厂家最明显的特质，也是格力长久以来所坚守着的战略思考。在董明珠眼里，格力既不排斥，也不否认多元化，但她有一个不可动摇的前提，“你能把握自己，你能掌控，你有主宰权。”渠道如此，技术如此，市场更要如此。

在1996年之前，格力电器基本采取的是以春兰为标杆的跟随战略，加之当时的空调是卖方市场，所以并未考虑企业的长远发展战略。

1995至1996年间，时任春兰总经理的陶建幸推出春兰第一个五年计划，确定“立足空调产业，进行产业扩张，形成多元经营框架”。春兰的触角随之延伸到冰箱、摩托车、卡车、高能电池甚至液晶显示器。在回忆当年格力决定走专业化道路的想法时，格力原董事长朱江洪说，就是从春兰多元化的时候开始，“1996年，在国内市场，我们的标杆没了，市场也悄悄开始蜕变，这个时候我们必须要有一个明确的发展战略来指导今后的发展方向，增强企业的核心竞争力。”“应当根据企业自身的优势、劣势和外部因素来制订正确的战略定向。”陶建幸曾向外界透露过他的想法：“上世纪80年代末、90年代初，春兰做家电狠狠地赚了一把，1年赚了几十亿元利润。”但是，“美国、欧洲一些大的家电企业做大后，最终逃不过两个结果：要么灭亡，要么惨淡经营。中国加入WTO后，将很难见到单一的家电企业，如今的家电企业都在向多元化方向发展，像GE、西门子、松下这样的跨国大公司将越来越多”。这也许是当年春兰选择多元化的动机。

为了使格力保住刚刚拿到的空调业第一的位子，朱江洪选择了专业化，因为“多元化经营势必样样都遭遇激烈竞争，格力没有其他行业上绝对的技术优势，所以，就专心做有把握的空调”。并且他发现“这是双很好的鞋子，我们穿上能大步向前”。董明珠说，格力选择了专业化就是选择了压力，“逼得我们不能退，只能往前走，在这种压力下，才能做得更好。”

在2003至2005年间，随着家电行业尤其是空调行业的利润日趋微薄，已经积累了雄厚现金流的众多企业开始将目光投入到了空调产品的相关行业或回报率较高的其他行业，空调企业又开始了第二次多元化之路。这段时间里最热火朝天的是空调企业扎堆造车事件。2003年7月，奥克斯以4000万元收购沈阳农机集团双马汽车95%的股权，获得SUV和皮卡等车种的生产许可，之后便宣布“投入80亿元资金进入汽车业”。在折腾了一年之后，2005年3月，奥克斯潇洒而退，身后却留下了车主的无助、伤心和愤怒。同年12月17日，当时的资本牛人顾雏军掌控下的格林柯尔通过旗下扬州格林柯尔创业投资有限公司，以股份收购的形式成功购得扬州亚星客车60.67%的股份，从而正式进军国内的汽车制造行业。短暂的辉煌之后，从2006年5月18日起，“亚星”便因连续亏损被上交所停牌。2005年6月9日，由美的集团投资近亿元成立的云南美的汽车产业控股有限公司在云南举行了一期工程主体厂房竣工仪式，从而标志着美的集团正式进入汽车制造行业。2008年12月，美的汽车项目全线停产。

当人们已习惯于空调企业造车的时候，格力电器完成了有史以来的第一次收购，却引来人们的非议，有关于格力是否会违背初衷，走上家电领域多元化的道路引起了悬疑。事发于2004年9月14日，格力电器宣布以1.5亿元收购格力集团旗下的压缩机、小家电等业务。四家企业中，无论是凌达的压缩机、格力电工的漆包线还是新元电子的镀膜电容都可直接作为格力空调产业链上的配套产品，对于当时空调年产量正在向1000万台（套）冲击的格力电器来说，对这三家企业的收购并不存在市场风险。而格力小家电是唯一亏损又远离格力空调产品产业链上的企业，解释收购原因时，格力电器总裁董明珠形象地比喻：“你现在最需要的营养是白菜，但市场要求你白菜萝卜必须一起买，否则，你就得不到你想要的白菜。”

在更多的时候，董明珠强调的是如何更大程度发挥格力的“工业精神”，她认为空调还有很大的市场，只有专业化经营，企业才可以倾其所有积蓄的力量，在生产领域中向“高精深”进军。格力的“工业精神”，除了自主技术创新，还包括它在营销领域里所坚守的理念。

“一不政治作秀、二不随波逐流、三不被利益驱使”，在市场面前，这是董明珠为格力所规定的三条原则。“像我们格力，个性化产品比较多，能满足高层次的、普通消费者需求，这是我们的核心竞争力。”董明珠讲述格力电器在经济危机下的生存姿态时，把核心竞争力定位于产品，这是她所说的工业精神所指向的目标。“一个企业如果有诚信的态度、对品质的要求，那么所有的困难都是暂时的。”“诚信”加“品质”，暴露了董明珠真正注视的地方：市场。“很多企业急功近利，目光比较短浅，简单用价格战，或者是跟渠道之间做一个交易，来实现自己的利润。”这是家电企业抢占市场的惯用手段，但董明珠对此颇为不屑，她已经抛弃了大卖场，选择符合格力气质的渠道。对于价格战，格力则离开了更久的时间。

1996年3月26日，长虹、格兰仕发动的降价风暴打响了家电价格战第一枪，这是一场足以塑造中国企业家基因的著名商战。然而就在当年，格力推出了自己的“精品战略”。

“作为一个企业，不能沉浮于表面短期的行为，而应看到企业的长远发展。我们格力坚持用品质取胜，不会简单地参加价格战。比如说我们的空调，我们的材料成本比别的空调多几百块钱，要想打价格战，就要降低材料成本，降低标准，你的产品虽然能低价卖出，但是消费者会是受害者，买回去很快就会看到问题。”对于品质，董明珠说这才是战略，除此之外都是战术，“我们在行业里面比别人更加耐得住寂寞，吃得了这个亏。”

家电价格战在2002年重演，当年3月初，格兰仕空调率先狂降千元，公开宣称要结束空调暴利，向行业巨头挑战。随后格兰仕的降价行动得到空调业二、三线品牌的响应，乐华、威力等品牌相继跟进，而2001年第一个突破1匹空调1500元下限的小鸭亦不甘示弱，在广州以980元的超低价公开叫卖。但此时格力依然没有在价格上松动。

不仅仅要把所有鸡蛋放在同一个篮子里，集中精神看好这只篮子，更重要的是对每一只鸡蛋要进行特殊的护理，这样鸡蛋才能保存得更长久。这是朱江洪对格力战略的形象解释，至于如何“进行特殊的护理”，就需要董明珠的“工业精神”登场了。对于“用好材料我有很深的体会：消费者是受益者，消费者受益就会对你产生一种依赖或者是信任，这是良性循环。在这个过程中，我们吃了一点儿亏，成本比别人高，但是价格不一定比别人高那么多，我卖得出去”。可见，消费者才是董明珠的“工业精神”的最终检验员和评价者。

空调业里出了名的“坏小子”奥克斯，有专家将其不断秀出的价格战行销称为“大跳脱衣舞”，这个以市场为王的“坏小子”把价格战作为最有效的武器，通过几次大幅度的降价行为，排挤空调行业的第一集团军和第二集团军，从而使自己从一个籍籍无名的搅局者跻身到空调行业的前三。但即便是遇到如此竞争对手的挑衅，董明珠说，“格力不会降价”。

问及对空调业的贡献，董明珠略带自豪地说，至少格力阻止了空调业走向彩电业那样的困境。彩电企业的衰落，与当初坚持价格战有关，而空调行业的格力、海尔和美的，则坚持了对价格的主导权。

（五）格力营销的另外三个“法宝”

1. 稳健的国际化

经济全球化及世界产业结构的转移是不可阻挡的历史潮流，它为企业的成长和经营国际化提供了机遇和挑战。格力电器通过十多年的努力经营，在实施“走出去”战略方面亦取得了可喜的成就。

从1993年开始，格力充分利用质量好、制造成本低的竞争优势，获得了松下、大金等众多国际知名品牌的代工订单，出口量迅速飙升，并出口到家电产品强国——日本，开始打入国际主流市场。1994年底格力拿到国内第一张欧盟CE认证证书，从此打开了通往欧洲市场的大门；1995年起，格力连续17年产销量、销售额、市场占有率稳居行业第一名；1997年起，格力实现银行贷款为零，也就在这一年，格力创造性地建立了以资产为纽带、以品牌为旗帜的区域性销售公司模式，打破了传统的家电企业依靠国美、苏宁等大卖场销售的渠道模式；1998年格力领导通过出国考察，经过深思熟虑，决定走出去，向国际化企业迈进。

自1998年10月起，格力空调产品就敲开巴西市场的大门，以“格力”品牌在巴西的各大超市设立专柜进行销售，并凭借其技术含量高、品质优良等优势渐渐被广大巴西消费者接受与认可。1999年3月格力就专门成立筹备小组，负责在巴西建厂的可行性研究。2001年6月6日，格力在巴西玛瑙斯自由区投资3000万美元，投产建设年产20万台空调的"格力电器（巴西）有限公司"生产基地。目前，格力在巴西的销售网点遍布24个州，拥有200多家代理商，近1000家经销商。2006年格力电器在南亚巴基斯坦建立了第二个海外生产基地，年产量规模达10万台（套）。与巴西基地不同的是，该生产线由当地经销商投资，格力只是提供技术支持，但其生产销售的全是格力牌空调。这是格力在考虑到其对巴基斯坦市场还不是很了解的基础上做出的策略安排，可见格力在开拓国际市场时是慎之又慎。继在南美巴西、南亚巴基斯坦建厂之后，2007年格力电器在越南胡志明市著名的新加坡工业园区内投资建厂，建立了格力在海外的第三个空调生产基地并于2008年4月正式投产。目前，格力电器的空调产能从最初的年产50万台到现在的年产6550万台，格力的产能以几何倍数急剧增加，并成为目前全球最大的专业空调生产商，其产品已远销欧洲、亚洲、非洲、南美洲及北美洲等150多个国家和地区，产品质量、品牌已经能和世界著名品牌同台竞争。

伴随着格力核心技术的重大突破，格力中央空调进攻国际市场的步伐也日益加快：2007年，中标北京奥运会奥运媒体村空调项目；2008年，中标价值2 000万美金的印度电信基站项目，是当时中国空调业自主品牌在海外市场中标金额最大的一个项目；同年，格力力挫群雄，在南非一举中标包括世界杯开闭幕式和决赛主场馆、世界杯官员办公大楼(南非足协大楼SAFAHouse)、世界杯Sinaba比赛训练体育馆以及7个世界杯重点基建配套工程的空调项目，是中国中央空调第一次中标世界杯主场馆空调项目。2009年，格力在安哥拉"非洲杯"足球赛卢班戈主场馆空调项目招标中获胜。2010年有广州亚运会、2014年俄罗斯索契冬奥会等国际知名空调招标项目，也被格力收入囊中。

2. 基于技术进步的低碳化

在以"生态文明与节能减排"为主题的第九届中国经济论坛上，格力电器入选节能减排"二十佳企业"，成为我国制冷家电行业唯一获此殊荣的企业。长期以来格力电器积极寻求低能耗、低污染、低CO_2排放为特征的低碳经济，立足节能技术的自主研发，大规模生产品种丰富的节能产品，利用全球销售网络大力推动节能产品的绿色消费。

2005 年，格力电器家用空调销量突破 1000 万台/套，首次实现空调销售世界第一的目标。作为提高广东家电产品质量示范项目专责成员之一，公司正式将绿色发展战略植入公司发展战略中，确定总体目标为“倡导绿色消费，积极研制和生产绿色产品，节能降耗，不断改进环境行为，对社会负责”。2009 年，格力空调年产能达到 2700 万台（套），产品销往 200 多个国家和地区，用户达到 8800 万。面对如此大的用户市场，如何提高产品的能源利用效率，始终是格力推动低碳发展的关键。通过自主研发，格力公司创新并推出 G-matrik 直流变频技术、热回收技术、水源/地源热泵技术、“冰蓄冷”制冷设备技术、智能化霜技术、舒适省电技术、自动清洗技术等，并将这些具有显著的节能环保效果的先进技术广泛应用于多种型号的新产品中，起到了非常好的节能降耗和减排效果。例如，格力电器经过 12 年研发而获得的拥有自主知识产权的全直流变频技术 G-matrik，是目前最为先进的变频技术，其可自动调整运行频率，直至 15 赫兹低频率运行，能最大限度保持室内温度恒定、舒适；同时，在达到预设温度后，G-Matrik 始终在 15 赫兹低频运行，没有 30 赫兹变频的忽停忽起，大大降低了能耗。实验证明变频空调以 15 赫兹运行，比 30 赫兹运行时省电达 50%－80%。格力最新的 G-Matrik 直流变频技术，低频可达 1 赫兹，在舒适和节能方面都创造了新的技术标杆。截至目前，应用了 G-Matrik 直流变频技术的空调已累计节约电能约 5000 万度。2008 年，该技术已入选 2008－2009 年国家火炬计划。又如，格力空调的智能化霜技术，改变了传统的定期除霜方式，它根据不同时间段室外结霜和内管温度变化率的关系，在判别内管温度变化趋势的同时，结合室外风机运行的挡位、压缩机连续工作时间等因素来修正对室外结霜情况的判别准确程度，通过建立严谨的控制模式，合理的采样方法，使得除霜控制逻辑与空调器室外机的实际结霜情况完全吻合，除霜控制更为精确，大大降低了空调的使用能耗。再如，格力成功研发的高效离心式冷水机组节能效果显著，在大型公共建筑中的应用前景广阔。格力电器的低碳发展道路带来了显著的节能环保社会效益。2005－

2008年，格力电器累计销售节能空调近600万台套，累计实现节电量近17亿kwh，减排CO_2近170万吨。

3. 运营高效化

格力电器是一家长期保持高效运营的企业，运营高效化为其可持续发展提供了保障。格力的高效化运营，首先表现在其产品和服务具有较高的溢价能力。家电业是一个竞争比较充分的行业。从财务角度看，格力电器销售毛利率一直稳定在17%以上，波动性小。在金融危机下，格力电器销售毛利率还屡创新高，展示了格力利用危机控制成本的能力。2009年，格力85%的收入来自国内市场，海外市场下滑了38%。在正常经济环境下，格力销售可以保持30%的增速，公司溢价能力可见一斑。从经营角度看，格力在产品服务溢价方面有一套自己的做法，通过"淡季贴息返利"和"年终返利"的财务策略提高市场占有率；通过推陈出新，利用新产品稳定溢价；通过资本纽带建立营销渠道，凭借卓越的品质和营销，确立了空调行业领导者的地位。

成长性为公司溢价能力提升了话语权，为可持续发展增加了抵御风险的筹码。格力净利润增长始终保持在21%以上，即便是在金融危机时代也是如此。这是格力坚持技术质量取胜，走自主研发道路，不断推出新产品，通过创新提高公司核心竞争力的回报。

格力注重提升资产管理水平，不断提高资产周转率。除了金融危机影响外，格力电器的资产周转率呈稳步上升的态势（从2004到2007年，各年的资产周转率分别为1.31、1.43、1.68、1.8），显示格力资产管理水平在不断的改善和稳步的提高，具有可持续发展的特征。

格力的资产负债率高达75%以上，这样的债务水平不可谓不高，市值资产负债率相对低很多（在32%—66%间）。从格力历年的债务结构来看，长期负债很少，公司债务与银行少有瓜葛，这一点可从已获利息倍数看出（2009年为211.92）。格力已获利息倍数相当高，这是公司经营模式和大量采用商业票据运作所形成的。格力运营模式是自建营销渠道，与经销商建立长期战略同盟关系。资金调动大量采用商业票据，用票据抵押开出票据的手法，消除公司流动资金缺口，实现公司平稳经营。

格力流动比率在1附近波动，速动资产占流动资产50%以上，从财务角度看，这是非常激进的流动资产管理模式。格力一直是这么做的，从过去到现在，没有出现不可持续的迹象。如果换个角度来思维，格力依靠品牌优势，大量占用了供应商和经销商的资金。一个愿打，一个愿挨，只要供应商不断补货，经销商不断预付款，流动比率比较低也不会影响公司正常经营。格力正是利用了商业信用优势，降低了融资成本，提高了公司盈利能力。

长期以来，格力将销售费用与营业收入之比稳定在10.43%到13.61%之间，建立了比较稳健的市场品牌营销战略，占据了空调市场第一的位置，为巩固市场话语权和保持持久竞争优势奠定了基础。

三、理论价值与现实指导意义

本案例的理论价值与现实指导意义主要体现在以下方面：企业核心竞争力；企业经营的专业化与多元化；渠道权力。

(一) 关于企业核心竞争力

1. 已有的理论研究

1990年，C. K. Prahalad 和 Gary Hamel 在《哈佛商业评论》上发表了《企业核心竞争力》一文，将核心竞争力定义为企业开发独特产品、发展独特技术和发明独特营销手段的能力，指出“核心竞争力是在组织内部经过整合的知识和技能，特别是关于如何协同不同生产技能和整合多种技术的集合知识与技能”。他们认为核心竞争力具备三方面的特征：能为企业提供进入不同市场的潜力；对最终产品的顾客价值贡献巨大；难以被竞争对手所模仿和复制。Gallon M. R.，Stillman H. M. 和 CoatesD. 认为，核心竞争力分为基本能力（包括产品能力、市场能力、基础结构能力、技术能力、员工能力）、关键能力（对竞争优势有最大影响的基本能力）和核心竞争力（互补的关键能力的集合体）三个层次。

不同的学者从不同的角度对核心竞争力进行研究，形成不同的流派：(1) 基于技术和技术创新观的核心竞争力。该流派认为企业核心竞争力的积累过程伴随在企业的核心产品、核心技术、制造及营销能力的发展过程中。主要代表人物有 C. K. Prahalad 和 Gary Hamel；H. Meyer 和 J. M. Utterback 等。（2）基于知识观的核心竞争力。主要代表人物有 Dorothy Leonard Barton，以及麦肯锡公司的 Kevin P. Coyne，Stephen J. D. Hail 和 Patricia Corman Clifford 等。该流派认为，核心竞争力是使企业独具特色并为企业带来竞争优势的知识体系。它包括四个维度：技巧和知识基础、技术系统、管理系统、价值观系统，这四个维度之间存在较强的相互作用。核心竞争力的基础是知识，学习是核心竞争力提高的重要途径，而学习能力是核心竞争力的核心。（3）基于资源观的企业核心竞争力。主要代表人物是 Christine Oliver 等。Oliver 认为，资源和能力对企业获取高额利润回报率和持续竞争优势具有极其重要的作用，企业在资源和能力的获取与配置上的“异质性”决定了其获得高额经济回报的可能。从资源的类型看，构成核心竞争力的资源具有稀缺性、独一无二性、持续性、专用性、不可模仿性、非交易性、无形性、非替代性等特征，企业只有拥有了这样的资源，才能在同行业中拥有独特的地位，这种地位就来自其在资源识别、积累、储存和激活过程中独特的能力。（4）基于组织和系统观的企业核心竞争力。主要代表人物有 Coombs 以及 Raffa 和 Zollo。Coombs 认为企业核心竞争力包括企业的技术能力以及将技术能力予以有效结合的组织能力。Raffa 和 Zollo 认为企业核心竞争力不仅存在于企业的操作子系统中，而且存在于企业的文化子系统中，植根于复杂的人与人以及人与环境的关系中。企业真正的核心竞争力是企业的技术核心竞争力、组织核心竞争力和文化核心竞争力的有机结合。

从实践操作的视角看，C. K. Prahalad 和 Gary Hamel 提出了核心竞争力管理的五项主要任务：（1）识别现有的核心竞争力；（2）制定获取核心竞争力的计划；（3）构建新的核心竞争力；（4）部署核心竞争力；（5）保护与维持核心竞争力的领先地位。

国内学者对核心竞争力进行了比较广泛的研究。关于核心竞争力的概念，我国学者大多数都采纳了 C. K. Prahalad 和 Gary Hamel 的思想，但对于核心竞争力的内容和构成要素，可分为窄、中、宽三种代表性的观点：（1）窄的观点认为，核心竞争力是指企业内部一系列互补的技能和知识的组合，主要由洞察预见能力和前线执行能力组成（李建明，1998）。（2）宽的观点认为，核心竞争力是由多种要素体系构成的复合体系（管益忻，2000；鲁开垠、汪大海等，2001；史东明，2002）。（3）介于窄和宽之间的第三种观点认为，核心竞争力是企业拥有的关键技能、隐性知识和智力资本。具体来说，核心竞争力是技能组合，是无形资产和智力资产，是组织资本和社会资本（杨浩、戴月明，2000；汤湘希，2004）。

国内有关核心竞争力的定量研究，比较集中地聚焦于以下两点：一是关于企业核心竞争力诊断分析指标体系的确定（康荣平、柯银斌，2000，2001；杜纲等，1999；鲁开垠、汪大海等，2001），二是用定量的方法对我国企业核心竞争力培育和提升的路径进行描述和分析（李建明，1998；史东明，2002；杨浩、戴月明，2000）。

2. 格力电器打造核心竞争力的理论价值与现实指导意义

多年来，格力电器在竞争日益激烈的空调领域苦心经营，在不断进取和追求卓越的过程中打造和积累核心竞争力，获得了空调技术研发、空调生产质量管理、空调渠道管理、与渠道相关的财务管理等关键能力，以及由这些互补的关键能力组合而成的核心竞争力。在印证已有的核心竞争力理论的同时，其特殊的理论价值主要体现在以下几个方面：

（1）企业核心竞争力的积累离不开企业领导人对企业文化的长期培育和对某种信念的坚守。比如，在质量管理方面，格力无论是“出精品”、“创世界一流水平”还是实施“零缺陷工程”，皆源于对“质量即生命”，以及“不拿消费者当试验品”等理念的长期坚持。又如，格力领导人坚信，“一个没有创新的企业，是一个没有灵魂的企业”；“一个没有核心技术的企业，是没有脊梁的企业”；“一个没有脊梁的人，永远站不起来”。这种战略思维和信念，是支撑格力在空调行业里从实现“中国第一”走向“世界第一”的最坚实的文化力量。

（2）企业核心竞争力的配置和发挥作用体现在很多方面，但关键的落脚点是提升顾客价值和增强企业长期获利能力。例如，格力长期坚持严格的质量管理，不断提升质量管理水平，将产品的售后维修率降到极低，并提供高于竞争品牌的售后服务保障，这既增加了顾客价值，降低了售后维修服务成本，又提升了产品和品牌的美誉度，使格力空调在销售中获得高于竞争品牌的销售量和溢价收益。

（3）注重和追求创新与控制的统一是企业核心竞争形成过程中必须遵守的一条铁律。从狠抓质量管理到核心技术的研发攻关，从壮士断腕般的渠道变革到见缝插针式的市场开拓，格力人充满了创新的激情和斗志，但无论市场风云如何变幻，企业境遇或顺或逆，格力始终没有自乱阵脚，而是牢牢掌控企业管理全局，大事不糊涂，小事不放松，从战略决策到运营流程和操作细节，坚持踏踏实实，一步一个脚印地向前迈进，使企业核心竞争力建立在坚实的基础上。

格力电器打造核心竞争力的实践亦具有重要的现实指导意义。首先，在知识经济和品牌营销时代，中国传统制造企业应当怎样打造自己的核心竞争力，实现可持续发展？格力的经验提供了重要的借鉴——关键是实现从制造到创造的转型。过分倚重低成本、低价格的营销模式已经过时了。其次，企业规模的成长并不等同于核心竞争力的成长，做大并不等于做强。格力是在为顾客做最好的空调，努力在把企业做强的基础上做大的。在正确处理“做大”与“做强”的关系问题上，格力为众多中国制造企业树立了正面的榜样。

（二）关于企业经营的专业化与多元化

1. 已有的理论研究

20 世纪 50 年代，美国学者安索夫（H. Igor. Ansoff）提出了多元化经营战略的概念，指出多元化经营主要是针对企业经营的产品种类数量而言。这是理论界对企业多元化战略所作的最早定义。安索夫也被公认为是企业多元化经营理论的开创者。1959 年，英国学者彭罗斯（Penrose）在其专著《企业成长理论》中指出，多元化包含了各种各样的最终产品的增加、垂直一体化程度的增加以及企业生产领域数量的增加。彭罗斯的定义弥补了安索夫多元化战略定义中的不足，它更接近企业多元化经营的实质。1962 年，钱德勒（Chandler）出版了影响广泛的著作《战略与结构》，并提出了“多元化是企业最终产品线的增加”的思想。他通过产品线的数量定义多元化，区分了企业的多元化战略和差异化战略。同时，他认为企业的组织结构必须适应战略管理的要求。钱德勒首次提出了多元化经营与企业组织结构的关系，指出企业组织结构的相应调整是企业多元化经营成功的关键。1974 年，美国学者罗梅尔特（Rumelt）认为，多元化的定义和度量并不是唯一的，学者可以根据自己研究的需要和目的来定义多元化。他从企业战略的角度为多元化作了指导性的定义：企业本身具有多元化的性质，结合有限的实力和技术，结合原来的活动，多元化是通过新的活动表现出来的一种战略。

专业化通常被看做多元化的一个特例或一种极端状态，专业化战略是指集中公司所有资源和能力于自己所擅长的核心业务，通过专注于某一点带动公司的成长。核心业务是指在公司从事的所有经营领域中占据主导地位的业务，核心业务构成了公司的基本骨架。

关于多元化原因的研究可以分为两大类：第一类是从企业外部压力的角度解释多元化的原因，其理论主要有市场力量理论（Edwards, 1955）、分散市场风险理论（H. M. Markowitz,1952）等。第二类是从企业内部动因角度解释多元化的原因，其理论主要有委托—代理理论（Muller,1969;Amihud 和 Lev,1981;Jesen,1986;Stulz,1990;Sheilfer 和 Vishny,1990）、资源剩余理论（Penrose,1959;TTeece,1980）、内部市场理论（R. Coase,1937;Stluz,1990）。

在企业多元化研究中占有重要一席的学者还有 Leonard Wrigley，他是最早对企业多元化经营进行战略分类的学者。1970 年，Wrigley 在哈佛大学商学院完成了他的博士论文《分部自治与多元化》（Divisional Autonomy and Diversification），提出了多元化程度的度量方法和类型划分方式。Wrigley（1970）首创了专业化比率（specialization ratio，SR）这一概念，即企业中最大一类产品的年销售额占企业年销售总额的比例大小，并以专业化比率作为度量企业的多元化水平和进行战略类型划分的依据。Wrigley（1970）按照多元化程度的高低将企业划分为四种类型，当专业化比率 SR≥95%时，该企业属于单一产品型；当专业化比率

95%>SR≥70%时，该企业为主导产品型；当企业的专业化比率 SR<70%、但所生产的产品相互关联时，该企业为相关产品型；当企业的专业化比率 SR<70%且产品之间无关联时，该企业为无关产品型。显然，后面三种企业类型为多元化经营的企业类型。

1974 年，Richard P. Rumelt 发表了其日后被国际学术界公认为是企业多元化经营研究的“巅峰之作”——《战略、结构和经济绩效》(Strategy, Structure, and Economic Performance)。在这部著作中，在关于企业多元化的度量分类上，Rumelt 在 Wrigley（1970）的专业化比率（SR）的基础上，又提出了相关性比率（related ratio，RR）和纵向（或垂直）一体化比率（vertical ratio，VR）的概念。相关性比率（RR）是指企业最大一组相关业务的年销售额占企业年销售总额的比例大小，而纵向一体化比率（VR）是指企业在生产的纵向一体化过程中所有副产品、中间产品和最终产品的年销售收入占企业年销售总收入的比例。同时，Rumelt（1974）认为，将 Wrigley（1970）多元化分类中的“产品”(product）改为“业务”（business）应更为准确。在此基础上，Rumelt（1974）对企业多元化进行了更为详细的战略分类，他将企业多元化的类型划分为四大类型、九个子类。Rumelt（1974）对 1949 年至 1969 年间美国各种类型的多元化企业的经济绩效进行了分析研究，得出了以下一些主要结论：那些坚持把多元化业务活动严格限制在企业自身的中心技能或能力（central skill or competence）范围内的企业，其利润率和成长率都高于其他类型的企业；具体而言，限制相关业务型和限制主导业务型的企业绩效最好，而无关业务型和纵向一体化主导业务型的绩效最差。

20 世纪 80 年代以来，美国企业的多元化扩张开始退潮，并出现“反混合兼并”、“反多元化”的呼声，许多大公司开始收缩多元化经营业务，将经营资源聚集于核心经营业务，这一现象被称之为“归核化”现象。在“归核化”的新潮影响下，大公司纷纷以多种手段清理非核心业务，并加强核心业务的经营，形成适度的多元化状态。1982 年 T. J. Peters 和 R. H. Waterman《寻求卓越》一书，提倡“回归根本”(Back to basics)。同年，Rumelt 发表了论文《多元化战略与收益能力》

(Diversification Strategy and Profitability)，将其 1974 年的战略分类进一步修正为七种类型，并增加了相关核心比率（related-coreratio，RC）的概念，即企业共享或利用相同的核心技能、能力或资源的最大一组业务的销售额占企业总销售额的比重。Rumelt（1982）用更新的数据和跨度更长的统计时限证明了与其之前相似的结论，即在各种多元化战略类型中，无关多元化和纵向一体化型的企业绩效最差，而限制相关业务型的绩效最好，其他类型的企业绩效从优到差依次为限制主导业务型、联系主导业务型、联系相关业务型和单一业务型。英国学者 C. C. Markides1990 年在哈佛商学院完成了他的博士论文《多元化、归核化与经济绩效》，证实了企业存在最优的多元化经营水平。他结合 Rumelt 的统计数据和分类方法，通过对企业绩效进行分析，首先提出并使用了“归核化”一词，并对归核化经营战略的特征、后果及影响加以讨论。指出，超过最优的多元化经营水平的企业只有进行归核化战略，才能保证最好的绩效。

我国学者康荣平在 1998 年曾多次撰文，对 GE 公司和深圳塞格集团的归核化经营战略加以探讨，在 1999 年出版的《企业多元化经营》一书中对企业多元化经营进行反思，并对企业归核化战略的发展方向进行了总结和展望。同年 1 月，尹义省出版专著《适度多元化——企业成长与业务重组》，对企业成长中的多元化经营战略进行探讨，涉及了企业归核化战略的基本内容。次年，芮明杰和余光胜在《产业制胜——产业视角的企业战略》一书中，对近期的企业战略动向进行分析，并具体说明了企业归核化经营战略的方法内容。2002 年，复旦大学出版社出版了祁顺生的《归核化战略》，从价值均衡的企业理论、价值均衡的战略理论出发，对归核化经营战略的内在机理、实施及在我国的应用进行了论述。裘晓东（2002）认为，企业多元化经营业务的紧缩——归核化，完全是出于理性的战略思维角度的考虑，而并非是多元化战略的利弊结果的影响。多元化经营中业务扩展后又紧缩的过程本身，实质是对企业多元化经营业务的整合，而企业多元化经营成功的本身，就是根据其产品及所处产业生命周期阶段的各项经营业务的不断调整所确立的。通过经营业务的整合——归核化这一过程，企业能够使产品和不同产业的产品或经营业务实现有机组合，将产品及其经营业务尽可能调整到能够使企业创造更多利润的产品和产业的成长期或成熟期的阶段上，增加企业的现金流量，而将处于衰退期的产品或产业予以清除或退出，进而实现企业利润的稳步增长。因此，归核化不应该看作是对企业多元化经营战略实践的否定，而是企业多元化经营战略的运作中对自身业务不断进行优化和整合的决策过程。

我国也有一些学者以中国企业为样本，对多元化动因、对多元化程度与经营业绩的关系以及多元化企业经营失败的原因等进行了实证研究和案例分析。林晓辉、吴世农筛选 2002－2005 年间 39 家“由专业化扩张为多元化的公司”作为研究样本，并选择 39 家在研究期间“保持专业化经营的公司”作为配对样本，基于代理理论和过度自信理论，对公司财务特征及其公司治理特征与企业多元化扩张行为的关系进行理论与实证分析，以探讨我国上市公司多元化的动因。研究结果支持代理理论，表明多元化是管理者或控股股东牟取私利的重要方式之一。李捷瑜、江舒韵（2009）选取了 2000－2006 年间的 A 股上市公司数据为原始样本，在理论建模的基础上进行实证分析，研究结果表明，在股票市场资源配置缺乏效率的情况下，多元化经营对上市公司的市场价值和生产效率具有不同影响。多元化经营最大化了市场价值，却显著降低了生产效率。这一发现揭示了新兴市场下多元化经营有着自身特点，它体现出一种市场机会主义的短视行为，并由此导致了公司投资扭曲和长期绩效损失。吴靖（2010）根据珠江三角洲地区的典型案例，对中国企业多元化战略的实践误区和理论误读进行了解析。他指出，专业化战略与多元化战略二者间并无优劣之分。在某些条件下，多元化战略较易成功，而在其他条件下，专业化战略则更为合适。一位优秀的企业家根本不必拘泥于“多元化”、“专业化”等概念名词，而应从企业自身实力和所处市场环境两个维度出发确定、选择和实施企业的经营战略。企业在经营战略的选择上要力避盲目性，适合发挥企业内部资源优势和充分利用外部市场环境的发展战略模式就是最好的。企业在选择多元化战略模式时一定要慎之又慎，既要看到多元化战略可能带来的丰厚收益，更要考虑其潜在的巨大风险。

2. 格力电器实施专业化经营战略的理论价值与现实指导意义

多年来格力领导人曾多次表示，格力并不是拒绝和反对多元化，但是在是否实行多元化的问题上，格力是非常慎重的。从环境机会来看，无论是国内市场还是国际市场，空调行业的长期增长空间是巨大的；从内部实力来看，空调新技术新产品研发、生产工艺改进、质量管理、成本管理、人力资源管理、供应链与营销渠道管理等各个方面，都可以不断创新和改进。与多元化相比，把资源和精力聚焦于空调产业，对于格力来说，收益远远大于风险。反之，可能是风险远远大于收益。即使是进行横向比较，格力专注于空调产业也被证明是明智之举。春兰集团曾经是中国空调业无与伦比的领头羊，曾经在空调市场赚取了丰厚的利润，但由于对形势的误判以及经不住多元化的诱惑，最后落得连生存都要靠地方政府扶持的境地。海尔和美的都是多元化比较成功的企业，但是其人均赢利能力、资本实际增值率远远低于格力，更无法与GE这样的最成功的多元化企业相比。格力空调不仅行销全球，而且在众多国际知名招标项目中频频中标，说明全球顾客对格力这个专注于空调的品牌越来越了解和信任。在空调行业排名前五位的企业中，格力是唯一一家连年盈利的企业。因此，格力电器实施专业化经营战略的理论价值和现实指导意义主要表现在以下几个方面：第一，对于新兴市场国家的制造企业来说，在长期环境机会适宜的情况下，专业化经营战略是培育和积累核心竞争力，实现企业可持续发展的最佳路径。第二，对于新兴市场国家的制造企业来说，如果不在专业化的道路上做精、做深、做透，就不可能在国际化的道路上取得令人敬佩的成功。第三，在坚持专业化的前提下培育品牌核心竞争力，是在大多数消费者心智中获得最佳位置的竞争利器。第四，格力电器虽然是上市公司，但是其公司最高管理层却没有借助多元化来提高公司的市场价值和管理者个人收益的动机和行为，而是一心一意扎扎实实为提高公司竞争力和股东利益而努力拼搏，这对于中国其他上市企业来说，是一个非常值得在公司制度设计层面学习和借鉴的样板。

(三) 关于渠道权力

1. 已有的理论研究

在渠道系统中，权力一般被定义为一个渠道成员对另一个处于不同层面上的渠道成员的营销决策变量施加影响与控制的能力，这是一个为绝大多数学者所接受的定义。对渠道权力的研究开始于 1969 年，Beier 和 Stern 以社会交换理论、政治学和社会心理学理论为基础，认为以行为科学为基础的权力研究能够弥补传统经济学导向的渠道权力研究的不足。建立在社会交换理论的基础上，二位作者认为渠道权力不是某一个渠道成员的属性，而是渠道关系的一个基本属性，因而渠道关系中总是存在着一定水平的权力。西方学者对渠道权力的研究，主要围绕以下三个方面展开：

(1) 渠道权力的基础及其影响因素。El-Ansary 和 Stern（1972）首次对渠道权力的基础进行了实证研究，二位作者构建了一个以多学科理论为基础的渠道权力测量模型，将渠道权力视为对营销战略变量的控制、依赖以及权力基础的函数，并检验了权力与上述三个自变量之间的关系。Hunt 和 Nevin（1974）在一个明显存在权力结构的渠道（特许渠道）中进行了权力基础与权力关系的实证研究，该研究将 French 和 Raven（1959）的五种权力基础概念化划分为强制权力基础和非强制权力基础（奖赏、专长、合法性和认同）两类，发现了强制权力基础与权力之间的正相关关系，以及非强制权力基础与权力之间的负相关关系。Lusch 和 Brown（1982）的研究也证实了上述权力基础与权力之间关系的结论。Etgar（1976）在传统渠道（非契约渠道）中检验了权力与权力基础、依赖以及抵消性权力的关系。研究发现了权力与权力基础和依赖之间的正相关关系，与抵消性权力之间的负相关关系。在后续的研究中，Etgar（1978）提出基于权力基础是否有效的两个判断标准——选择性和指向性，将 French 和 Raven 的五种权力基础区分为经济性权力基础（奖赏和强制）和非经济性权力基础（专长、合法性和认同），并发现了前者与权力之间的正相关关系和后者与权力之间的负相关关系。Brown 和

Lusch（1982）的研究也证实了经济性权力基础与权力之间的正相关关系、依赖与权力之间的正相关关系，而发现非经济性权力基础对权力没有显著影响。此外，该研究还发现了经济性权力基础、非经济性权力基础与依赖之间的正相关关系，这表明权力基础除了直接对权力有影响以外，还通过依赖对权力有间接影响。

（2）影响渠道权力应用的主要因素。对渠道权力应用的研究存在两种视角，一种视角是将权力的应用概念化为权力基础的应用；另一种视角则将权力的应用概念化为影响战略。

在基于权力基础视角的研究方面，Etgar（1977）检验了环境变量对权力应用（控制）的影响，研究发现当渠道关系面临环境威胁（产品处于生命周期的成熟或成熟后期、渠道间竞争激烈、需求不稳定、顾客服务相对重要）时，渠道成员将使用较多的权力对渠道进行高水平的控制。Gaski 和 Nevin（1985）发现渠道成员的权力基础越多，它越倾向于使用权力，但当权力水平很高时，经常使用的权力是非强制性权力，而不是强制性权力。Lucas 和 Gresham（1985）提出了一个针对不同的任务环境特性可能适用的渠道控制机制和权力，认为在稳定而不复杂的任务环境中强制权力是比较有效的权力形式，而在变化和复杂的环境中，非强制权力则比较有效。Dapiran 和 Hogarth Scott（2003）的研究表明零售产业的集中度以及零售商与供应商之间的依赖结构对于零售商所使用的权力有重要影响。

在基于影响战略视角的研究方面，Frazier 和 Summer（1986）发现制造商权力与其强制性影响战略（威胁、合法抗辩与许诺）的使用是负相关，而与非强制战略（要求和信息交换）的使用是正相关。这一点也得到了 Frazier 和 Rody（1991）的部分证实。该研究在产业渠道中发现渠道关系双方的权力都与其使用非强制战略为正相关，而经销商的权力与其使用强制战略为负相关。Boyle，Dwyer，Robicheaux 和 Simpson（1992）检验了渠道结构对影响战略的影响，研究发现在长期关系导向的结构中威胁、合法抗辩和要求战略是不被经常使用的战略，而信息交换、推荐和许诺战略则是被经常使用的战略；在不同的渠道关系治理结构中，各种类型的影响战略使用的频率都存在较大的差异，在越接近一体化的治理结构中，各种影响战略使用得越频繁，而越是接近市场治理的结构中，各种影响战略使用的频率越低。Gundlach 和 Cadotte（1994）发现渠道关系中相互依赖水平的提高会促使渠道成员更多地使用非强制战略和较少地使用强制战略；而在相对依赖的情况下，权力优势地位的增加并没有增加威胁和惩罚战略的使用频率，而要求和合法抗辩战略较为被经常使用。Boyle 和 Dwyer（1995）发现供应商的权力水平越高，其越倾向于使用信息交换和建议战略，而较少地使用威胁和合法抗辩战略；供应商决策的集中化程度越高，其越倾向于使用许诺、威胁和合法抗辩战略，而关系的正式化程度则与信息交换、建议和合法抗辩战略的使用正相关。Kim（2000）发现信任与关系持续（relationship continuity）对影响战略的使用具有调节作用，当关系中的相互信任水平增加时，权力的不平衡会抑制强制战略的使用，而当关系持续水平增加时，权力不平衡会促使强制战略的使用。该研究对于在权力结构不平衡的条件下权力优势一方是否使用强制战略的不同的发现做出了解释，其原因在于关系中信任与关系持续性的调节作用。

（3）渠道权力应用对其他渠道变量的影响。在渠道行为理论中，渠道权力被认为是渠道行为的基础变量，它与许多渠道变量之间都存在重要的相关关系。在 Robicheaux 和 El-Ansary（1975）的渠道行为整合模型中，权力被认为是渠道行为的基础变量之一，它会对渠道合作与冲突水平、渠道绩效，以及渠道成员对渠道关系的满意水平产生直接的影响。Frazier 的组织间交换行为模型也认为渠道权力是交换关系执行阶段的一个重要变量，它会对交换关系中的合作水平、冲突水平、绩效满意度以及目标兼容程度产生重大影响，从而影响交换双方对交换关系的评价。在 Dwyer，Schurr 和 Oh（1987）的交换关系发展模型中，权力的应用被认为是区分交换关系的探索阶段和扩展阶段的重要标志。在探索阶段，企业以公平的方式使用权力将有助于交换关系的进一步发展，而如果企业以不公平的方式使用权力则会导致交换关系的结束。在 Frazier，Spekman 和 O’ Neal（1988）的 JIT（Just-In-Time）交换模型中，权力的应用被认为是影响交换关系成功的重要变量，企业使用非强制性权力，并以解决问题的方式来应用权力将有助于 JIT 交换关系的成功。在 Mohr 和 Nevin（1990）的渠道沟通模型中，渠道关系中的权力结构被认为是影响沟通战略的基础变量，相对于不平衡的权力结构而言，平衡的权力结构会促进更加频繁、双向、非正式化以及间接影响的沟通，并且权力结构还会与沟通战略、渠道结构及渠道气氛相互交叉影响沟通的结果。

2. 格力电器渠道创新的理论价值与现实指导意义

渠道创新曾被认为是格力电器基业常青的三驾马车之一，研究格力营销案例的人们言必论渠道。的确，格力电器在营销渠道方面的创新不仅载入了格力的成长和成功史册，而且在理论价值和现实指导意义方面也给人们留下了深刻的启迪：

（1）高度相关和均衡的渠道权力结构是建立营销渠道核心竞争力的关键。

对于一个产品市场范围广阔、最终用户高度分散、销售量巨大、市场竞争激烈的制造商来说，构建营销渠道核心竞争力是长期制胜于市场的关键要素之一，而建立营销渠道核心竞争力的关键在于建立高度相关和均衡的渠道权力结构。在空调渠道权力结构中，最重要的两极是制造商和经销商，渠道权力无论是向制造商倾斜还是向经销商倾斜，都是不均衡的因而是不可持续的权力结构状态。只有建立起令制造商和经销商彼此高度依赖、高度满意的权力均衡结构，才能实现营销渠道网络合力的长期最大化。20 世纪 90 年代中期以前，我国家电业处于卖方市场，由于产品供不应求，在家电营销渠道中，权力向家电制造商倾斜。90 年代中期至末期，我国家电市场逐渐向买方市场转变，渠道权力向经销商倾斜，经销商之间为争夺市场经常相互杀价，制造商的利益日益受到侵蚀，格力也不例外。为了应对经销商之间的竞相降价与窜货，格力于 1997 年开始在各省建立股份制区域性专业销售公司，采取统一市场、统一渠道、统一价格、统一服务的政策，以股份的形式把厂商的利益捆绑在一起，达到了双赢的效果。在这种二元渠道权力结构中，格力的品牌及产品是区域性专业销售公司认为有价值的资源，而由实力强大的经销大户组成的专业销售公司拥有区域市场，厂商以资本为纽带实际上锁定了双边关系，导致了较高的转换成本。因此格力空调与区域性专业销售公司的渠道权力结构是高度均衡的。这种高度均衡的权力结构极大地提高了格力空调营销渠道的稳定性和运行绩效，这也是它多年来销售额不断攀升的主要原因之一。2007年，格力又通过产权制度改革，先后两次以一定的比例向各地核心经销商转让格力电器的股权，使厂家和商家的利益得到进一步的捆绑和整合，有力地维护和改善了渠道权力结构的高度均衡，从而使以区域性专业销售公司为主导的格力空调营销渠道成为格力电器在市场竞争中攻无不克、战无不胜的“一线部队”。

（2）渠道权力是渠道控制的基础，科学合理地使用渠道权力可以促进渠道权力的力量和应用效果的整体提升。

French 和 Raven 认为渠道权力可以分为以下五种类型：报酬力、强制力、法定权力、认同权力和专业知识力。格力的渠道管理实践证明，从实际出发，实事求是地应用各种渠道权力可以促进渠道权力的力量和应用效果的整体提升，收到了事半功倍的效果。如“湖北兵变”后，格力逐步控股销售分公司，而后派遣人员在销售分公司管理层任职，牢牢掌握控制权。同时提升总部对所辖销售公司的服务和支持功能，强化培训，加强理念引导。这是对强制力、法定力和专业知识力的合理组合使用。格力先后在家电行业首创“淡季贴息返利”和“年终返利”政策，这是对报酬力的巧妙应用。另外，格力通过对渠道权责的划分、组建战略联盟、品牌建设等系列决策的制定和执行，有效地增加法定权力、认同权力和专业知识力等权力的力量和应用效果。

（3）对中国制造企业来说，要建立营销渠道核心竞争力，关键在于观念和制度创新。

“一个没有创新的企业，是一个没有灵魂的企业”。中国制造企业要建立营销渠道核心竞争力，同样需要创新，尤其是观念和制度的创新。1996年夏季凉爽，空调业在惨淡经营中血战，厂家是靠价格战争夺市场还是保卫品牌价值和经销商的利益来增强渠道竞争力？大多数空调厂家选择了前者，而格力则义无反顾地选择了后者。当时担任格力销售部经理刚两年的董明珠继续扩大和巩固其独创的区域性销售公司模式，宁让市场也不降价，带领23名营销业务员奋力迎战拥有成百上千营销人员的竞争对手，并加大“淡季贴息返利”和“年终返利”的力度，当年8月31日，她宣布拿出每1亿元利润的2%按销售额比例补贴给每个经销商，促使该年格力销售增长17%，首次超过春兰。自1994年以来，董明珠领导的格力电器从1995年至2012年，连续17年空调产销量、销售收入、市场占有率均居全国首位。在董明珠的“格力致利”理念中，看似“靠力气吃饭，靠本事发展”的朴素观点，却隐含着精益比精明更重要、质量比销量更重要、诚信比成本更重要、顾客比渠道更重要、口碑比广告更重要、利益比利润更重要、价值比价格更重要等企业经营过程中“义利”取舍的准则。既是对“不义且富贵，于我如浮云”的传统的继承，又是一种“桃李不言，下自成蹊”自我价值的坚守与自信。2004年，在完善区域性销售公司体制的前提下，格力敢于叫板家电连锁销售巨头，从家电大卖场撤出自己的产品，大力发展格力专卖店，当时，行业普遍认为格力“吃了豹子胆”、“必死无疑”。然而，几年的实践证明，格力不但没死，相反“活得更好”，销售额保持了30%以上的强劲增速。观念和制度的创新带动营销模式的创新，使格力赢得了消费者和经销商，格力空调的销售得以远远超越竞争对手。

加多宝：开辟凉茶新天地

一、企业简介

加多宝集团（简称“加多宝”）是一家由香港鸿道集团全资投资的以生产经营饮料为主要业务的企业，成立于1995年，同年推出首批红罐包装王老吉凉茶（市面称为“红罐王老吉”）。加多宝总部最初设在广东东莞，后又于2011年8月迁往北京。2000年，加多宝集团通过与广药集团签署商标租赁合同获得王老吉商标独家使用权，由王老吉海外商标权持有人、凉茶始祖王泽邦第5代女玄孙——王健仪女士提供配方并独家授权在中国大陆地区独家生产、经营王老吉牌罐装凉茶（食字号）。

2009年，由加多宝生产和经营的“王老吉”创造了中国市场销售额160亿元的奇迹，一举超过可口可乐。经过加多宝集团17年的市场经营，凭着醒目的红罐包装、耳熟能详的广告语“怕上火喝王老吉”以及良好的口感，王老吉凉茶在全国的年销售额逐年攀升，由2002年1.8亿元增加到2011年的近200亿元（相当于2011年中国制造业企业500强排行榜中的第204名的业绩）。根据权威机构的评估，由加多宝投入巨资和多年心血培育起来的王老吉凉茶品牌的无形资产价值已经达到1080亿元人民币。

2012年5月9日，中国国际经济贸易仲裁委员会作出仲裁裁决，加多宝集团停止使用“王老吉”商标。从2012年5月开始，加多宝生产的凉茶改用新的品牌——“加多宝”。目前加多宝集团除了生产“加多宝”牌红罐凉茶和瓶装凉茶外，还生产“昆仑山”牌瓶装矿泉水。“加多宝”和“昆仑山”都是加多宝集团的自主品牌。

加多宝集团启用自主凉茶品牌“加多宝”以来，通过不懈的营销努力，初步实现了凉茶品牌从“王老吉”到“加多宝”的消费者认知转换，并从包装材料、生产原料、生产加工、销售渠道等众多环节进行周密策划和管理控制，实现了“加多宝”凉茶在中国市场2012饮料旺季销售量的同比大幅度增长，在让人们认识到加多宝17年来对凉茶的专注和专业精神的同时，再次创造了凉茶营销的奇迹。

二、营销策略

（一）开辟新的饮料品类——“怕上火，喝王老吉”

1. 红罐王老吉走向全国市场面临的问题

在2002年以前，红罐王老吉虽然有比较固定的消费群，销量稳定且盈利状况较好，但是其主要销售地区局限在广东和浙南，年销售额连续几年徘徊在1亿元。那么，怎样让产品走向全国呢？管理层通过调研发现，红罐王老吉需要解决的问题很多，其中最关键的问题是企业应当确定这款产品的功能定位，即应当把红罐王老吉当传统的“凉茶”来卖，还是当“饮料”来卖？之所以说这个问题最重要，是因为以下三个方面的具体原因：

（1）现有的消费者对红罐王老吉的认知处于混乱状态

广东一带的人们百余年来都是把凉茶当做“下火”的药来服用的。老百姓或自家煲制凉茶或到凉茶铺购买凉茶，后来又有了颗粒冲剂，但这些形式的凉茶都不是人们每日必服的，而是在身体“上火”时才服用的。民间的凉茶作坊牌号甚多，尤以王老吉名气最大。在广东人的意识里，王老吉几乎是“下火用的凉茶”的代名词，所以，很难让广东人把王老吉当做一种饮料经常饮用，因而红罐王老吉的销量难以大幅度提升。

另一方面，加多宝生产的红罐王老吉是经过国家审核批准的食字号产品，其颜色、口味、包装等均与广东人心目中的传统凉茶相去甚远，其偏甜的口感也不符合中国“良药苦口”的传统观念，消费者会觉得其“下火”的药力不足。当消费者感到自己需要“下火”时，宁愿到凉茶铺购买或自家煲制。对于最讲究“下火”功效的广东消费者而言，红罐王老吉也不是他们心目中的理想产品。

红罐王老吉尽管冠以“凉茶始祖王老吉”的招牌，却在包装上以饮料的面孔出现，因此在广东，红罐王老吉到底是“凉茶”还是“饮料”，没有人能说清楚。

在浙南（主要是温州、台州、丽水），消费者把红罐王老吉与康师傅茶、旺仔牛奶等视为同等地位的饮料，其意识中并没有“不适合长期饮用”的禁忌。尽管红罐王老吉在浙南卖得红火，但它与其他饮料到底有何不同？对此，消费者也没有什么特别深的印象。经销商也担心，红罐王老吉会不会像当年的椰树椰汁那样在浙南红极一时之后很快被其他新的时髦产品所替代。

因此，红罐王老吉急需明确的定位，明确其核心价值，并通过广告传播来引导消费者，与竞争对手显著区分开来。

（2）红罐王老吉在其他地区难以打开销售局面

调研结果显示，在广东、广西以外的地区，消费者没有凉茶的概念，甚至有很多消费者认为“凉茶就是凉白开”，表示“我们不喝凉的茶，我们经常泡热茶”。内地消费者大都以服用相关药物（如牛黄解毒片）来达到“降火”的目的。凉茶难卖，卖饮料也不容易。碳酸饮料市场，有可口可乐、百事可乐把守；在茶饮料、果汁饮料市场，有康师傅、统一等称雄。此外，红罐王老吉以中药为主要原料，有股淡淡的药味，而消费者喝饮料是很讲究口味的。每罐3.5元的零售价，在竞争中也没有优势。基于上述情况，如果加多宝不能找到一个好办法使红罐王老吉与竞品区分开来，那么这款产品将无法走出行业“列强”的阴影，甚至面临生存的困境：既无法固守广东和浙南，也很难向全国推广。

（3）缺乏明晰的推广概念

加多宝担心，简单用“凉茶”概念推广红罐王老吉，销量不会有大的增长。但以“饮料”概念推广，又一时找不到恰当的区隔。早期的红罐王老吉曾经有这样一则广告：一个可爱的小男孩为了打开冰箱取一瓶王老吉，不断用屁股蹭冰箱门，配的广告语是“健康家庭，永远相伴”。这个广告根本不能体现红罐王老吉的特殊价值。尽管销售平稳，但消费者不知道为何要买它，企业也不知道为何要卖它，这就是早期红罐王老吉在市场推广中的情况。通过调研，加多宝管理层认识到，要在全国市场做大红罐王老吉的销售，就必须确定一个明晰的推广概念，给消费者一个非常好的要买王老吉的理由。

2. 对王老吉进行重新定位

在成美营销顾问公司（以下简称“成美”）的帮助下，从2003年开始，红罐王老吉的广告促销策略围绕定位问题，正在发生革命性的变化。

成美的营销专家在调研中发现，广东的消费者饮用红罐王老吉主要在烧烤、登山等场合。其原因不外乎“吃烧烤容易上火，喝一罐先预防一下”、“可能会上火，但这时候没有必要吃牛黄解毒片”。而在浙南，饮用场合主要集中在“外出就餐、聚会、家庭”。在对当地饮食文化的了解过程中，研究人员发现：该地区消费者对于“上火”的担忧比广东有过之而无不及，如消费者座谈会桌上的话梅蜜饯、可口可乐都被说成“会上火”的危险品而无人问津（后面的跟进研究也证实了这一点，发现可乐在温州等地销售始终低落，最后它们几乎放弃了该市场，一般都不进行广告投放）。而他们对红罐王老吉的评价是“不会上火”，“健康，小孩老人都能喝，不会引起上火”。这些观念可能并没有科学依据，但这就是浙南消费者头脑中的观念，这是研究需要关注的“唯一的事实”。

消费者的这些认知和购买消费行为均表明，消费者对红罐王老吉并无“治疗”要求，而是作为一个功能饮料购买，购买红罐王老吉的真实动机是用于“预防上火”，如希望在品尝烧烤时减少上火情况发生等，真正上火以后可能会采用药物，如牛黄解毒片、传统凉茶类治疗。再进一步研究消费者对竞争对手的看法，则发现红罐王老吉的直接竞争对手，如菊花茶、清凉茶等由于缺乏品牌推广，仅仅是低价渗透市场，并未占据“预防上火的饮料”的定位。而可乐、茶饮料、果汁饮料、水等明显不具备“预防上火”的功能，仅仅是间接的竞争。

同时，任何一个品牌定位的成立，都必须是该品牌最有能力占据的，即有据可依。如可口可乐说“正宗的可乐”，是因为它就是可乐的发明者，研究人员对于企业、产品自身在消费者心智中的认知进行了研究，结果表明，红罐王老吉的“凉茶始祖”身份、神秘中草药配方、175年的历史等，显然是有能力占据“预防上火的饮料”这一定位的。

由于“预防上火”是消费者购买红罐王老吉的真实动机，自然有利于巩固加强原有市场。而能否满足企业对于新定位后的王老吉“进军全国市场”的期望，则成为研究的下一步工作。通过二手资料、专家访谈等研究表明，中国几千年的中医概念“清热祛火”在全国广为普及，“上火”的概念也在各地深入人心，这就使红罐王老吉突破了凉茶概念的地域局限。研究人员认为：“做好了这个宣传概念的转移，只要有中国人的地方，红罐王老吉就能活下去。”

至此，品牌定位的研究基本完成。在研究一个多月后，成美向加多宝提交了品牌定位研究报告，首先明确红罐王老吉是在“饮料”行业中竞争，竞争对手应是其他饮料；将王老吉品牌定位于“预防上火的饮料”，其独特的价值在于：喝红罐王老吉能预防上火，让消费者无忧地尽情享受生活——吃煎炸、香辣美食，烧烤，通宵达旦看足球……

这样定位红罐王老吉，是从现实格局通盘考虑，主要益处有以下四个方面：其一，利于红罐王老吉走出广东、浙南。由于“上火”是一个全国普遍性的中医概念，而不再像“凉茶”那样局限于两广地区，这就为红罐王老吉走向全国彻底扫除了障碍。其二，避免红罐王老吉与国内外饮料巨头直接竞争，形成独特区隔。其三，成功地将红罐王老吉产品的劣势转化为优势：淡淡的中药味，成功转变为“预防上火”的有力支撑；3.5元的零售价格，因为“预防上火”的功能，不再“高不可攀”；“王老吉”的品牌名、悠久的历史，成为预防上火“正宗”的有力的支撑。其四，利于加多宝企业与国内王老吉药业合作。正由于加多宝的红罐王老吉定位在功能饮料，区别于王老吉药业的“药品”，因此能更好促成两家合作共建“王老吉”品牌。

成美在提交的报告中还提出，由于在消费者的认知中，饮食是上火的一个重要原因，特别是“辛辣”、“煎炸”饮食，因此建议在维护原有的销售渠道的基础上，加大力度开拓餐饮渠道，在一批酒楼打造旗舰店的形象。重点选择在湘菜馆、川菜馆、火锅店、烧烤场等。

凭借在饮料市场丰富经验和敏锐的市场直觉，加多宝董事长陈鸿道当场拍板，全部接受该报告的建议，决定立即根据品牌定位对红罐王老吉展开全面推广。

3. 品牌重新定位后的市场推广

在明确了品牌要在消费者心智中占据什么位置之后，下一步就是要推广品牌，让它真正地进入人心，让大家都知道品牌的定位，从而持久、有力地影响消费者的购买决策。

成美为红罐王老吉确定了推广主题“怕上火，喝王老吉”，在传播上尽量凸现红罐王老吉作为饮料的性质。在第一阶段的广告宣传中，红罐王老吉都以轻松、欢快、健康的形象出现，避免出现对症下药式的负面诉求，从而把红罐王老吉和“传统凉茶”区分开来。

为更好地唤起消费者的需求，电视广告选用了消费者认为日常生活中最易上火的五个场景：吃火锅、通宵看球、吃油炸食品薯条、烧烤和夏日阳光浴，画面中人们在开心享受上述活动的同时，纷纷畅饮红罐王老吉。结合时尚、动感十足的广告歌反复吟唱“不用害怕什么，尽情享受生活，怕上火，喝王老吉”，促使消费者在吃火锅、烧烤时，自然联想到红罐王老吉，从而促成购买。

红罐王老吉的电视媒体选择主要锁定覆盖全国的中央电视台，并结合原有销售区域（广东、浙南）的强势地方媒体进行宣传。2003 年，加多宝投入 4000 多万元广告费，红罐王老吉销量放量增长。同年 11 月，加多宝乘胜追击，再斥巨资购买了中央电视台 2004 年黄金广告时段。正是这种急风暴雨式的投放方式保证了红罐王老吉在短期内迅速进入人们的头脑，给人们留下深刻的印象，并迅速红遍全国大江南北。

在广告推广过程中，加多宝注意结合实际，滚动发展。2003 年初，企业用于红罐王老吉推广的总预算仅 1000 万元，这是根据 2002 年的实际销量来划拨的。红罐王老吉当时的销售主要集中在深圳、东莞和浙南这三个区域，因此投放量相对充足。随着定位广告的第一轮投放，销量迅速上升，给企业极大的信心，于是不断追加推广费用，滚动发展。到 2003 年年底，仅广告投放累计超过 4000 万元（不包括购买 2004 年中央台广告时段的费用），年销量达到了 6 亿元——这种量力而行、滚动发展的模式非常适合国内许多志在全国市场但力量暂时不足的企业。

在地面推广上，除了强调传统渠道的POP广告外，还配合餐饮新渠道的开拓，为餐饮渠道设计布置了大量终端物料，如设计制作了电子显示屏、灯笼等餐饮场所乐于接受的实用物品，免费赠送。在传播内容选择上，充分考虑终端广告应直接刺激消费者的购买欲望，将产品包装作为主要视觉元素，集中宣传一个信息："怕上火，喝王老吉。"餐饮场所的现场提示，最有效地配合了电视广告。正是这种针对性的推广，消费者对红罐王老吉"是什么"、"有什么用"有了更强、更直观的认知。餐饮渠道业成为红罐王老吉的重要销售传播渠道之一。

在频频的消费者促销活动中，同样是围绕着"怕上火，喝王老吉"这一主题进行。如在一次促销活动中，加多宝公司举行了"炎夏消暑王老吉，绿水青山任我行"刮刮卡活动。消费者刮中"炎夏消暑王老吉"字样，可获得当地避暑胜地门票两张，并可在当地度假村免费住宿两天。这样的促销，既达到了即时促销的目的，又有力地支持巩固了红罐王老吉"预防上火的饮料"的品牌定位。另一方面，在针对中间商的促销活动中，加多宝除了继续巩固传统渠道的"加多宝销售精英俱乐部"外，还充分考虑了如何加强餐饮渠道的开拓与控制，推行"火锅店铺市"与"合作酒店"的计划，选择主要的火锅店、酒楼作为"王老吉诚意合作店"，投入资金与他们共同进行节假日的促销活动。由于给商家提供了实惠的利益，因此红罐王老吉迅速进入餐饮渠道，成为主要推荐饮品。

"怕上火，喝王老吉!"这种大张旗鼓、诉求直观明确的广告运动，直击消费者需求，及时迅速地拉动了销售；同时，随着品牌推广的进行，消费者的认知不断加强，逐渐为品牌建立起独特而长期的定位。一个"预防上火"的饮料品牌真正建立起来了。

红罐王老吉成功的品牌定位和传播，给这个有175年历史的、带有浓厚岭南特色的产品带来了巨大的效益。2003年红罐王老吉的销售额比去年同期增长了近4倍，由2002年的1亿多元猛增至6亿元，并以迅雷不及掩耳之势冲出广东；2004年，尽管企业不断扩大产能，但仍供不应求，订单如雪片般纷至沓来，全年销量突破10亿元。2011年红罐王老吉的年销售额达到160亿元，超过可口可乐在中国市场的年销售额。

(二) 开辟第二战场——昆仑山矿泉水

2007年，加多宝集团在青海省格尔木市投资成立青海玉珠峰矿泉水有限公司。该公司的主要业务是以先进的生产技术和经营理念重点开发格尔木市玉珠峰的天然优质矿泉水资源。该项目于2007年6月在格尔木市昆仑经济开发区立项，其中厂区海拔4120米，占地面积75亩，水源地148亩。项目计划投资总额为5000万美元，注册资本2000万美元，在产能方面计划总生产规模为年产2000万箱矿泉水，首期工程年产500万箱，2008年11月正式投产，生产瓶装高档饮用水——昆仑山天然雪山矿泉水。2010年4月，产品已在全国范围上市。

为了寻找具备世界品质的水源地，加多宝集团花费了约10年时间，几乎走遍了中国每一个省，最终在海拔6178米的昆仑山玉珠峰找到了水源。格尔木市地处北纬36度到北纬46度之间，这里盛产好水，被誉为“黄金水源带”。该纬度带分布了阿尔卑斯山、昆仑山、大云雾山等世界名山，法国依云、美国布岭、中国昆仑山、意大利索莱、瑞士瑞梭等珍稀矿泉水均产于这一纬度带。加多宝在昆仑山矿泉水水源地即生产地设有一、二、三、四级水源地防护，其中四级防护的面积为11.15平方千米，采用2.8米高铁质（浸塑处理）通透围栏，避免了人或动物活动对水源地环境的破坏。水源地与厂区之间距离3.2千米，全部通过密闭不锈钢输水管道将水从水源地输送至工厂。在技术和生产工艺方面，昆仑山矿泉水产品100%原产地灌装，采用国际最先进的全自动生产设备，整个生产过程没有任何人体接触，每一瓶水出厂前需要经过232项的严格检验。

在为昆仑山矿泉水进行产品定位和宣传时，加多宝是这样描述的：

昆仑山天然雪山矿泉水，是加多宝集团旗下的高档瓶装矿泉水，源自海拔6000米零污染之地——青海省昆仑山玉珠峰，经过五十年以上天然过滤，是世界稀有的小分子团水，昆仑山矿泉水富含锶、钾、钙、钠、镁等多种有益人体健康的元素，符合国家标准规定的矿物质标准，pH值呈弱碱性，有益人体健康。

关于瓶装饮用水的价格，市场上的差异是很大的。普通瓶装水的价格是每瓶1元多（容量为550毫升），而5100冰川矿泉水却要卖到8元一瓶，一瓶法国依云矿泉水要卖到11元（后两者的容量皆为350毫升）。实际上，这些价格极高的水已经超出了高端的范畴，而是奢侈品了。因此，水市场上的品牌分布于两极：一极是奢侈品牌，另一极是低端水，中间出现了一个巨大的市场空当。

正在升级当中的中国消费者，越来越不满足于消费一般的饮用水，他们希望讲求身份、品质、健康和养生。但是与发达国家相比，大多数国人的消费能力与奢侈品还有很大距离。加多宝集团营销总经理阳爱星说，昆仑山矿泉水希望为消费者提供一个最佳选择——国际顶级的品质，合理的价格。因此，昆仑山矿泉水最终定价在每瓶5元左右。由此可见，昆仑山要做的是大众市场的高端品牌，而不是小众市场里的奢侈品牌。

2010世界斯诺克上海大师赛期间，昆仑山矿泉水首次亮相，赚足了眼球。它以中国首款高端矿泉水的身份成为上海大师赛官方指定饮用水。

通过媒体宣传，有心的人们还发现，昆仑山矿泉水是有故事和一定的文化内涵的。例如，在《广告人》杂志上有一篇文章是这样写的：

自古，昆仑山就是一个有仙气的地方。

《山海经·大荒西经》："西海之南，流沙之滨，赤水之后，黑水之前，有大山，名曰昆仑之丘。"昆仑山在中华文明史上被誉为"万山之祖"，传说中西王母就是采昆仑山水，酿为琼浆玉液，在瑶池之畔款待众神仙，故又称不老之泉。

如今，"昆仑山"一词具有了双重含义。

昆仑山天然雪山矿泉水是加多宝集团旗下的高端瓶装矿泉水，水源来自海拔6000多米的青海省昆仑山玉珠峰，是2010年广州亚运会官方唯一指定饮用水、中国国家网球队合作伙伴。

作为广州2010年亚运会官方唯一指定饮用水，昆仑山矿泉水把"世界纪录"定义为自己品牌的高度，联合广州亚组委设立了"昆仑山世界纪录奖"这个亚运历史上首创的巅峰荣誉！昆仑山世界纪录奖是为在本次亚运会上获得冠军并打破世界纪录的运动员（包括团体）设立，这是一个比亚运会金牌还有含金量的奖励，象征着亚运至高荣誉，旨在鼓励亚洲体育健儿勇于挑战自我，勇于突破的精神。这是一个突破。在亚运会60年的历史上，运动员从来只有金、银、铜牌三个奖项，而广州亚组委宣布：在本届亚运会上夺得金牌并打破世界纪录的运动员（包括团体），还将额外获得由加多宝集团赞助的“昆仑山世界纪录奖”奖杯和1万美元奖金。亚运会的金牌是473枚，奖牌总数更高达1419枚，从观众注意力的角度看，资源并不算稀缺，甚至有些泛滥。而在亚运会上能打破世界纪录，则是一件可遇不可求的事情，尽管运动员都更愿意在这种世界级赛事上突破人类极限。而恰恰是这种可遇不可求才造就了资源的稀缺。从亚运会历史上看，打破世界纪录一直都是个位数。昆仑山通过设立“昆仑山世界纪录奖”，牢牢地将这一高端稀缺资源收入囊中。事后证明，打破世界纪录是媒体和公众的最高焦点之一，因为广州亚运会一共也就打破了两项世界纪录。

除了2010年广州亚运会官方唯一指定饮用水、中国国家网球队合作伙伴这两个身份之外，昆仑山矿泉水还有一个荣耀的身份——人民大会堂宴会饮用水。三个掷地有声的公信力元素出场，再配合全国规模的大众传播运动（广告语为“巍巍昆仑，海拔六千。问鼎昆仑，谁与争峰”），使它迅速成为消费者心智中的高原水的领导品牌，鲜明地将自己与娃哈哈之类的“城市水”相区隔，并从价格区间上划分出5元左右的“高端”的空隙，将竞品定位为低端货。经过2年多的努力，从目前高档水市场产品品牌的知名度和认可度来看，昆仑山天然雪山矿泉水在人们心目中已经成为国内高档水的第一品牌，市场需求不断扩大。

在渠道方面，加多宝对昆仑山矿泉水采取了“差异化”销售渠道，根据目标人群的消费习惯，除入驻高档商超之外，还在高档酒吧、会所、高尔夫球场等高端人士习惯出入的场所开拓销售渠道，实现精准营销。

据新生代市场监测机构的《2011年度中国瓶装水品牌调研报告》数据显示，在2011年全国20个重要城市调研中，昆仑山矿泉水品牌知名度接近六成，而品牌渗透率达到19%，且近七成消费者认为昆仑山是“中国高端水品牌”。这一数据在近期也得到印证，昆仑山矿泉水被国家工商行政管理总局商标管理局认定为中国驰名商标。来自 AC 尼尔森的调研数据显示，2012 年上半年国内高端水市场销售额同比增长了 29%，其中，昆仑山更是占据销售额月度增长率榜首，增长率达到 101%，品牌认知度提升，呈现热销的态势。在 2012 年 4 月 14 日—16 日召开的第五届中国营养产业高层论坛上，昆仑山以营养品质及一脉相承的好水价值受国家发改委等权威机构认可，荣膺“中国营养产业百强前十强”称号，引导好水消费潮流。

（三）慈善营销

1. “要捐就捐 1 个亿”

2008 年 5 月 12 日，四川汶川地区发生里氏 8.0 级大地震。5 月 18 日，由国家多个部委和中央电视台联合举办的募捐晚会上，加多宝集团以现金支票的形式向汶川地震灾区一次捐款 1 亿元人民币，从此，全国人民都知道：大名鼎鼎的王老吉饮料原来是加多宝生产的。

对汶川的巨额捐款，使加多宝及其生产的王老吉饮料获得了媒体和网友的强烈关注。就在加多宝宣布捐款 1 亿元的时候，社会公益产生的口碑效应立即在网络上蔓延，许多网友第一时间搜索加多宝相关信息，结果是消息传出 10 分钟后，加多宝网站随即被刷爆。“要捐就捐 1 个亿，要喝就喝王老吉!”“中国人，只喝王老吉”等言论迅速得到众多网友追捧。

这次四川大地震的西南片区，恰恰是红罐王老吉下一个重点的销售区域。5 月是饮料销售旺季的开端，在王老吉本身强大的销售通路支持下，加多宝销售在全国消费者的热捧下出现始料未及的全面井喷。在加多宝慈善义举的感动下，许多从来不喝凉茶饮料的民众走进超市购买王老吉。2008 年，王老吉饮料销售量迅速增长，这一年的销售额达到了 150 亿元，比 2007 年的 90 亿元增加了 66.67%。

2010 年初，加多宝送水驰援西南旱区，共计 61000 箱昆仑山天然雪山矿泉水．2010 年 8 月 7 日，甘肃南部舟曲县突发特大泥石流灾害，加多宝向灾区捐款 2000 万，用于推动全民公益行动的发展及泥石流受灾地区舟曲等地恢复生产。加多宝的这些救灾行动为灾区民众恢复生产和重建家园增强了信心和力量，获得了广大社会公众的好评。

2010年4月20日晚，《情系玉树大爱无疆——抗震救灾大型募捐活动特别节目》在中央电视台举行，社会各界人士纷纷慷慨解囊，掀起了一波波捐赠热潮。晚会现场，加多宝（中国）饮料有限公司总经理阳爱星郑重表示，“加多宝集团旗下品牌昆仑山天然雪山矿泉水就产自美丽的青海昆仑山玉珠峰。加多宝集团全体员工对于玉树人们的灾难也是感同身受，希望灾区人民早日重建家园!”并表示加多宝集团向玉树灾区捐款1.1亿元人民币，现场掌声雷动，引起了社会各界的强烈反响。中华慈善总会有关负责人表示，加多宝集团作为中国民营企业代表再一次捐出了高达1.1亿元的赈灾捐款，书写了中国企业慈善事业新篇章。2008年汶川地震期间，正是加多宝率先捐出了国内有史以来最高的单笔捐款数额，带动了其他企业踊跃认捐，从某种意义上，加多宝的慈善壮举对于全行业乃至全社会范围的示范和辐射作用，带动了中国的慈善事业迅猛发展。

2. 悠悠学子情

为灾区捐献救灾巨款和急需物资只是加多宝慈善营销冰山的一角。由加多宝赞助的新长城阳光操场项目覆盖13省17县的25所小学，其中21所已竣工，直接受益10000人。“王老吉·学子情”是由加多宝集团发起的一个爱心公益助学活动，自2001年在温州资助13名学子开始，“王老吉·学子情”公益助学活动已持续了整整12年。12年间，秉承“圆今日学子梦，造未来栋梁材”的公益助学理念，“王老吉·学子情”活动的规模和影响力与日俱增，受助学子不断增加，资助范围也不断扩大。到2010十周年之际，“王老吉·学子情”已经覆盖了全国31个省（市、自治区），资助3851名高考贫困学子顺利进入大学，资助总额近2000万元。与此同时，“王老吉·学子情”的公益理念也在不断地发展，鼓励每一个受资助的大学生积极投身于公益事业，传播公益精神。

2012年，加多宝集团将坚持了12年的公益助学项目正式更名为“加多宝·学子情”爱心助学行动，并再次出资1000万元，在全国资助2000名贫困高考生圆大学梦。

“加多宝·学子情”的内容是非常丰富的，其活动分为线上和线下两个部分。

2012年6月5日——2012年8月31日，加多宝集团官方网站面向中国大陆公众开展网上“加多宝·学子情”活动，鼓励公众使用加多宝官网账号、新浪微博账号、腾讯微博账号、人人网账号参与活动。登录后，写出对学子的期望与寄语，并一键转发到自己的微博将获得100颗爱心，每天限发1条。放飞气球后可对自己喜欢的祝福语（自己或者好友的）投上支持的一颗爱心，每天限10次。对参与者的奖励办法是：(1) 周一至周五，每天会从参与用户中抽出2名幸运者，奖励50元话费。(2) 根据参与者当月参与活动所获得的爱心总数（发祝福语所获爱心数＋被支持产生的爱心数）进行排名，6—7月，前17名均获得自行车一辆；8月，前16名获得自行车一辆。线上活动吸引了数十万热心网民的参与，社会反响较好。

“加多宝·学子情”的线下活动则更为丰富和精彩：组织大学生到贫困地区支教；动员城市大、中、小学生参加支持贫困儿童上学的义卖活动；由加多宝集团出资资助在2012年高考中被录取的来自贫困家庭的大学生新生。

2012年7月中旬，“加多宝·学子情”爱心义卖活动已在北京、广州等多个城市顺利完成，在得知义卖收入将全数捐给贫困学子后，广大消费者纷纷慷慨解囊支持公益。而由近300名大学生志愿者组成的28支“一堂课”支教团队，目前已于湖南、安徽、北京等9省1市完成10天的支教活动，为留守儿童、进城务工人员子女开设特色课程，得到当地政府、学校和家长的高度认可和支持。

2012年9月4日，由加多宝集团和中国青少年发展基金会共同举办的2012年“加多宝·学子情”爱心助学捐助仪式在北京隆重举行。加多宝集团品牌管理部副总经理王月贵、中国青少年发展基金会常务副秘书长杨晓禹、往届及应届受助学子代表、全国数十家媒体及社会各界爱心人士出席了仪式，共同见证加多宝集团公益助学事业的又一里程碑。自6月5日，“加多宝·学子情”爱心助学行动启动以来，引起社会公众的广泛关注，来自全国的数万名学子通过网络、报纸、电话等方式提出申请。本着“优中选优，困中选困”的原则，历经近两个月的严格筛选与审核，2000名品学兼优、被重点大学录取的应届贫困高考生成功获得资助。1000万元善款通过银行系统统一发放给全国2000名贫困学子。加多宝的爱心使又一批来自全国的2000名贫困高考生圆了他们的大学梦。

在捐助仪式开始时，一部2012年“加多宝·学子情”爱心助学行动纪录片的播放，不仅将全场观众带入了一片温情的气氛之中，更让大家了解到除资助学子外，“加多宝·学子情”爱心助学行动还开展了爱心义卖、“一堂课”支教等各种爱心活动。包括受助学子在内的广大在校大学生和社会爱心人士积极参与，以行动践行、传承“1帮2”爱心助学理念。捐助仪式上，加多宝集团领导和中国青少年发展基金会领导共同公布受助学生名单。随着电子屏的触动，同步大屏幕显示捐款金额从1元攀升至1000万元，一颗颗心从加多宝红罐飞出，汇聚成录取通知书缓缓展开，2000名受助学子名单正式公布。

曾经的受助学子王春晖也来到捐助仪式现场，作为“1帮2”爱心助学理念的践行者和传承者，他跟大家分享了很多在湖北一所小学支教时发生的故事，让到场嘉宾深受感动。王春晖表示，很感谢加多宝集团给他这个用自己的力量帮助更多人的机会。“其实，我做得还很少，但未来我会继续坚持，将温暖带给每个在困境中的孩子。等我有能力时，也要资助贫困学生，让更多人圆梦大学！”王春晖用自己的实际行动传承了加多宝集团一贯倡导的大爱精神。另外，在支教过程中，志愿者将“一堂课”支教特色课程——“梦想课”上孩子们写下的愿望发布在“微公益*爱心助学”微博群上，吸引大量网友的关注，并表示要为孩子们捐款捐物。这意味着越来越多人认同并践行加多宝集团所倡导的公益理念，同时也标志着加多宝集团由企业公益向社会公益的成功转型。

仪式现场还特别设置了“心愿认领”环节，志愿者将部分心愿带到现场，记者看到，孩子们有的写“我能要一本童话书吗？爸爸妈妈都在打工，都没人给我讲故事”。有的写“我想要一双舞蹈鞋，然后跳漂亮的舞！”，一个个微薄的愿望，打动了现场每个人的心，到场嘉宾也纷纷伸出援手，认领心愿，表示要用自己的力量帮助这些孩子完成愿望，以实际行动支持公益助学。

加多宝年复一年的公益助学活动规模和影响越来越大，不仅赢得了公众、政府和媒体的好评，而且通过对“爱心火种”的传递和播撒，将企业投身公益变成社会投身公益，极大地提升了企业的品牌形象和社会价值。

(四) 事关生死的营销战——“怕上火，现在喝加多宝”

1. 汲取教训，未雨绸缪

根据加多宝与广药集团签订的合同，加多宝拥有对王老吉商标的独家使用权。但随着王老吉品牌价值的迅速增长，合作双方的矛盾日益加深。2010 年 11 月 12 日，加多宝集团网站上公示了一份声明，将双方对“王老吉”品牌的争夺公开化。该声明称，广药集团在其新闻宣传过程中“所使用的红罐王老吉产品图片、广告语、销售数据等，均未征得加多宝企业的同意或授权，相关数据也未经加多宝企业核实”。

加多宝在公开声明中称，红罐王老吉产品是由香港鸿道集团旗下在内地的加多宝企业生产和销售的，并非广药集团生产和销售的。声明还强调，广药集团与鸿道集团、加多宝企业之间无任何隶属关系，也不存在任何形式的控股、参股等投资关系。2003 年，加多宝续租王老吉 10 年使用权，并投入 1 个多亿的广告，使其“红色罐装王老吉”迅速打开市场：2003 年，红罐王老吉的销售额由 2002 年的 1 亿多元猛增至 6 亿元，并冲出了广东。

在加多宝发表声明的同时，广药集团一位高层向媒体表示，该集团将在现有“王老吉”品牌基础上延伸系列健康产业，因此，其将对“王老吉”品牌进行整体营销，“不管是红罐包装还是绿色利乐包装，王老吉品牌的拥有权都属于广药集团，加多宝只是租用该品牌使用权，且很快要到期了。”据该高管透露，广州药业旗下的“王老吉”品牌，所有者也是广药集团。

从 2011 年到 2012 年，加多宝集团与广州药业集团之间围绕“王老吉”商标的官司打了一年多，2012 年 5 月，中国国际经济贸易仲裁委员会裁决判定，加多宝停止使用王老吉商标。早期的王老吉只是众多老字号凉茶中并不起眼的一个。1997年，加多宝从广药集团购得“王老吉”商标使用权，苦心经营，让王老吉迅速成为凉茶的代名词。在10多年的经营中，加多宝集团一直做“幕后英雄”，不太注重对“加多宝”这个企业名称进行品牌化宣传。2008年加多宝捐给汶川地震灾区巨额救灾款终于让部分消费者知道王老吉凉茶是由加多宝集团生产的，但即使是这样，在绝大部分消费者的印象中，那1亿元满含深情的救灾款捐赠者是“王老吉”，这有流传于网络的口头禅作证——“要捐就捐1个亿，要喝就喝王老吉”。十几年含辛茹苦将抱来的养子养育成人，如今却投入别人的怀抱。对于加多宝集团来说，个中的教训何其惨痛！

汲取十多年来在品牌建设问题上的惨痛教训，加多宝集团对“王老吉”商标纠纷案的裁判结局做了最坏的打算，并在营销战略和战术上进行最大的努力。加多宝从2011年开始，先是在红罐包装上加了“加多宝”三个字，“王老吉”逐渐缩小（2012年5月以后生产的红罐凉茶包装上的品牌名称完全被“加多宝”代替）；在广告宣传上，也变成“怕上火，喝正宗凉茶”，突出“加多宝出品”。

为了迎战失去王老吉商标使用权之后的营销竞争和市场挑战，加多宝集团在供应链管理的多个环节提前做好准备：备足原料和库存，控制生产环节和分销渠道，加强销售管理和销售队伍建设……第一，生产凉茶用的植物原料需要专门种植，加多宝在多年的凉茶生产经营中投资开发了大批种植基地，从而为凉茶产销量的持续增长提供了原料保障。第二，为了扩大凉茶影响力，加多宝已先后在绍兴、武汉、北京、清远等地建立凉茶浓缩汁生产基地和生产工厂，建设规模日益扩大。加多宝的凉茶生产基地不仅规模大，技术和设备先进，而且在地理位置上靠近重点市场区域。据调查，加多宝为2012年夏季的到来准备了比往年多2倍的库存量。竞争对手广州药业集团也正在积极准备以王老吉商标推出红罐凉茶，但它没有现代化的生产基地，目前只能靠委托小厂进行加工，生产工艺比较落后，有些生产厂家还是曾经被工商管理查处和点名过的生产不合格食品的厂家。第三，原来从事王老吉凉茶代理和批发的大经销商均与加多宝集团有着良好的关系，他们纷纷表示，红罐凉茶改名加多宝之后，他们将全力支持加多宝。第四，加多宝为2012年的凉茶销售制定了周密的市场营销方案，对加多宝凉茶在各类渠道、各个区域的销售管理进行了详细的规划，并对销售人员尤其是一线业务人员的物质待遇进行了大幅度提升，有效地稳定了销售队伍。第五，为做好凉茶的品牌转换工作，加多宝一方面在为2012年夏季准备的首批库存凉茶的包装的两面分别印上“王老吉”和“加多宝”竖排大字，另一方面为各种媒体和传播场合制作了加多宝凉茶广告及相关宣传材料。

2. 发力传播，转换消费者认知

加多宝凉茶全国上市启动仪式于2012年5月28日在北京举行。这标志着加多宝自主创立的凉茶品牌问世。启动仪式上，加多宝公司展示了新包装。和之前的包装相比，“加多宝”字样完全取代了之前的“王老吉”，其他地方差别不大，仍延续此前的红罐包装。

加多宝集团品管总经理庞振国将本次更名形象地比喻为“只是衣服上换了三颗扣子，其他什么都不变”。他表示，今后加多宝将继续使用“加多宝”凉茶创始人王泽邦的家传秘方进行生产，加多宝凉茶产品的配方、工艺、口味等核心属性都不变。但值得注意的是，凉茶始祖王泽邦第5代玄孙王健仪女士在加多宝上市发布会上发表重要声明，表示“王氏家族独有的王老吉正宗凉茶祖传秘方已经独家授权给加多宝集团”。这表明今后加多宝将继续以凉茶始祖王泽邦的家传秘方向消费者提供品质可靠、口味纯正的正宗凉茶。王健仪在声明中充分赞扬了加多宝对复兴王老吉品牌做出的巨大贡献。王健仪在声明中说：“在加多宝集团经营王老吉品牌的17年中，他们投入大量的心血、人力、物力、一步一个脚印地将王老吉打造成为今天具有千亿价值的品牌。我非常感激加多宝集团对王老吉品牌所做出的贡献。”

加多宝此次发布会吸引了不少合作伙伴。中粮包装控股公司董事会主席王金昌表示，中粮与加多宝合作已有12个年头，他们见证了加多宝的崛起，也相信加多宝有能力、有实力做好凉茶。

提起凉茶，多数消费者会立即想到“王老吉”。加多宝虽然不能再使用“王老吉”这个商标了，但是它从去王老吉开始，就一直在想方设法把消费者对“王老吉”品牌的关注和认可转移和嫁接到“加多宝”这个新品牌上来。“全国销量领先的红罐凉茶改名加多宝!”“还是原来的配方，还是原来的味道！怕上火喝加多宝!”自2012年5月以来，这些广告宣传在全国几乎每一个城市随处可见。超市的LED广告屏，电视媒体，公共交通站，门户网站……凡是人群聚集和接触多的地方，加多宝进行了广泛而密集的广告宣传。

2012年，也是加多宝集团与广药集团围绕“王老吉”商标的争夺而大打官司和口水仗的一年。诉讼与反诉、裁决后的上诉以及互相指责、辩解与对事实的“澄清”，加多宝在这个过程中做到了有理、有利、有节地与对手抗争，不仅吸引了大批媒体纷纷报道和各界人士的点评与预测，而且最大的收获是赢得了广大消费者对加多宝的了解与同情。许多作为消费者的网友发出这样的声音：“啊，原来正宗的凉茶是加多宝生产的!”“王老吉凉茶品牌这个‘养子’是加多宝一手养大的!”“广药作为大国企明显欺负民营企业!”这些来自消费者的声音说明，虽然加多宝失去了“王老吉”这个商标，但并不意味着它一定会失去市场，关键在于你是否善于争夺眼球和人心。据报道，2012年加多宝每月投入的广告宣传费用高达4亿元人民币。据第三方市场调查机构的调查，截至2012年8月，知道“以前的红罐王老吉凉茶是加多宝生产的”、“红罐凉茶已经改名为加多宝”的消费者在全部人群中的比例已经达到74%。

3. 掌控渠道，坚守阵地

加多宝的销售网络组织相对扁平化：五大销售分公司以下是约50个销售大区，大区下辖约500个办事处，办事处管理着8000位业务员。这种结构使得总部指令能够快速传递到业务员层级。从渠道划分看，加多宝的渠道类型分为现代、批发、小店、餐饮和特通（学校、加油站、政府食堂等特殊销售点）。稳定通达的渠道网络，确保资源能够真正达到终端，无缝销售在加多宝更名后的信息传递中发挥着巨大的威力，比如餐饮渠道的宣传物料有40多种，消费者只要进了餐馆，总能让你知道，全国销量领先的红罐凉茶改名加多宝。为了防止销售队伍人才流失，加多宝还普遍给一线业务人员大幅度增加了工资和津贴。

自2012年5月开始，人们发现随便在北京、上海、深圳、南京吃饭，每每听到客人要饮料时，明明是要王老吉，结果，饭店上来的就是加多宝，客人一般都会爽快"笑纳"。客人和酒店似乎都很默认，加多宝就是王老吉。为了迎接夏季饮料旺季的到来，加多宝率先于2012年6月1日前完成了一、二线城市户外广告及海报的更换。到8月底之前，全国包括渠道最前端的农村市场都完成了这部分的工作。加多宝业务员一天要拜访约40个终端点，每个终端一周至少拜访一次作为循环。海报等物料更换信息可以一周之内统计到内部网络上供市场部使用。8月4日晚，证券报记者一行来到深圳梅林食街的一家四川大排档吃饭，点饮品叫的是"三瓶王老吉"，结果服务员端上来的是三瓶"加多宝"。看着红色的加多宝以及身边笑盈盈的"加多宝"推销小妹，大伙都没有异议了。这就是加多宝对酒店和餐饮终端的控制。

2012年夏季伊始，全国各大城市的超市货架上的红罐凉茶绝大部分都是"双面"红罐凉茶——一面印着"王老吉"三个大字，另一面印着"加多宝"三个大字。到了7月底、8月初，各地的"双面"红罐凉茶已经卖完，超市里的红罐凉茶的包装上只有"加多宝"标志，"王老吉"三个字已经不见踪迹。好奇的记者问超市经理，有没有王老吉凉茶出售，得到的回答是"我们只卖加多宝凉茶!"。消费者在各个大超市里，不仅可以买到红罐加多宝凉茶，而且还可以买到容量为500毫升瓶装的加多宝凉茶。

无论是在深圳、广州还是在国内其他主要城市的便利店、小卖部等销售终端，人们见到的不仅是醒目的加多宝广告，甚至许多小店的门面牌匾上也写着"正宗凉茶加多宝"。不用说，消费者走进小店买凉茶，十有八九是加多宝。小店老板对顾客说，加多宝比较好喝，消费者退回一个空纸箱还可得3元现金。

4. 冠名"中国好声音"，既赚吆喝又赚买卖

除了"加多宝·学子情"（加多宝公益助学启用新名称）、"红动伦敦"（加多宝赞助中国体育代表团参加2012伦敦奥运会）等大型公共关

系活动之外，2012年加多宝集团开展的最有人气和影响力的营销传播活动就是大手笔赞助“加多宝·中国好声音”系列音乐节目。“加多宝·中国好声音”是以加多宝集团为主要赞助方和唯一冠名商、由浙江卫视联合星空传媒旗下的“灿星制作”强力打造的大型励志专业音乐评论节目，该节目在风格上源于荷兰节目“The Voice of Holland”。中国好声音于2012年7月13日正式在浙江卫视播出，它不仅仅是一个优秀的选秀节目，更是中国电视历史上真正意义的首次制播分离。刘欢、那英、庾澄庆（艺名“哈林”）、杨坤四位著名歌手将作为明星导师言传身教，为中国乐坛的发展提供一批怀揣梦想、具有天赋才华的音乐人，树立中国电视音乐节目的新标杆。节目录制地点为上海华东师范大学。

节目“加多宝·中国好声音”自播出以来，一次次冲击国内电视收视榜首，成为2012年关注度最高的音乐类节目。作为独家冠名商的加多宝，也因为其独到的眼光，在品牌重塑一役中完胜。“哈林是来做主持的，杨坤是来做宣传的，那英是来唠嗑的，刘欢是来开家长会的，华少（主持人）就是来卖凉茶的。”浙江卫视的节目“加多宝·中国好声音”火了，观众印象深刻的除了美妙歌声，还有节目中“无处不在”的冠名商加多宝凉茶。当初以6000万巨资冠名一个前途未知的节目，是加多宝的一场“豪赌”。如今面对“加多宝·中国好声音”创造的巨大价值，加多宝给自己的提前下注打了“满分”。

“加多宝，押对宝”。从坊间流传的顺口溜中也不难看出，加多宝无疑成为这趟娱乐巨轮中最大的赢家。“加多宝·中国好声音”通过节目场面的布置、产品的展示，再到节目色调、理念的契合，最大限度完成了由经典红罐凉茶到加多宝凉茶的品牌转换，赢得掌声连连。“加多宝·中国好声音”从节目开播以来就占据各大社会化媒体的话题前列，观众在互联网论坛和微博上不仅对学员的声音发表自己的见解，为喜欢学员的离去感到遗憾，更有网友自创“中国好舌头”比赛、“自制转椅盲听好声音”等玩法参与节目，而加多宝红罐凉茶无疑是最有分量的必要元素。

良好的渠道运作，充足的产品库存，准确、及时、持续猛烈的品牌广告传播，使加多宝凉茶保持了全国热销的良好势头，以新的品牌形象和姿态，再次稳坐全国凉茶市场头把交椅。一份来自第三方市场调查公司的数据显示，在2012年饮料销售旺季，更名为加多宝后的凉茶销售同比增长已超过50%，在浙江、广东等凉茶销售的重点区域市场，其同比增长更是超过了70%。2012年12月8日，国家统计局中国行业企业信息发布中心公布“2012年我国饮料行业1－3季度运行状况分析报告”。2012年全国饮料行业逆势上涨，同比上年增长10%，其中凉茶行业市场增幅超过30%，远高于行业平均水平。报告显示，在罐装饮料方面，加多宝市场销售份额近12%，在全国罐装饮料销量中排名第一，这也是继2007年之后，加多宝凉茶连续第六年拿下“中国饮料第一罐”。2012年更名后的加多宝销售同比增长50%，整体市场份额超过72.96%，浙江、广东等传统重点市场稳定；2012年9月，加多宝已完成了全年目标。以公开资料中2011年加多宝红罐凉茶销售额160亿至180亿元人民币测算，2012年全年销售额将超过200亿元。

三、理论价值与现实指导意义

（一）国内外理论研究现状

与本案例关系最密切的理论问题主要有：动态环境下的企业竞争优势与竞争战略、定位方法、品牌背书等。以下分述之。

1. 关于动态环境下的企业竞争优势与竞争战略

“竞争优势”的概念最早是由英国的经济学家张伯伦(E. Chamberlin)在1939年提出的。后来，霍弗和申德尔（Hofer & Schendel）将此概念引入战略管理领域。但直到20世纪80年代中期，美国哈佛大学商学院的迈克尔·波特教授才开始对企业竞争优势进行系统和深入的研究。霍弗和申德尔认为，竞争优势就是，“一个组织通过其资源的调配而获得的相对于其竞争对手的独特性市场位势。”巴尼认为，“当一个企业能够实施某种价值创造性战略而其他任何现有和潜在的竞争者不能同时实施时，就可以说该企业拥有竞争优势。”波特认为，企业竞争优势“来源于企业为客户（即消费者）创造的超过其成本的价值。价值是客户愿意支付的价钱，而超额价值产生于以低于对手的价格提供同等的效益，或者所提供的独特的效益补偿高价而有余”。综合这些学者的观点，企业竞争优势就是指一个企业在有效的“可竞争性市场”上向消费者提供具有某种价值的产品或服务的过程中所表现出来的超越或胜过其他竞争对手，并且能够在一定时期之内创造超额利润或高于所在产业平均水平盈利率的属性或能力。

一般认为，持续竞争优势就是指能够在长期（日历时间）内一直存在或维持的竞争优势。例如，波特就认为一个企业只要能够长时间维持高于其所在产业平均水平的经营业绩，就可以说这个企业具有持续竞争优势。但是，这是从静态角度或基于稳定（渐变）环境来考虑的企业竞争优势。任何事物都不是一成不变的，每一个事物都内在地蕴含着其对立面并朝其对立面方向发展。蒋学伟（2002）对动荡环境下的企业持续竞争优势进行了分析。他认为，在实际的营销环境中，动荡或突变的情况时有发生，即发生“熊彼特冲击”或“产业突变”，从而让企业的某种竞争优势在短时间之内迅速降低甚至丧失。因此，不能够只是从稳态的市场条件来评价一个企业的持续竞争优势，而只有在动荡的市场环境或“创造性破坏”的过程中才能完整和真实地进行评估。而且，任何一个竞争性企业都有可能在某一个时点或某一个方面胜过优势企业。所以说，只有在长期的各种环境之中始终都拥有的竞争优势才算是真正的竞争优势。企业要想真正拥有持续竞争优势，就应该能够经受住环境的剧变，并能在这个过程中创造新的竞争优势。他认为企业持续竞争优势来自于三个基本方面，即企业所处的产业环境、企业所拥有或控制的战略资源和持续性创新。前者是企业获得持续竞争优势的外在条件，后两者是企业创造持续竞争优势的基础力量，其中企业战略资源是持续竞争优势的内在基础，持续性创新是持续竞争优势的内生动力。陆奇岸（2004）指出，在动态环境下企业竞争优势的演化不是线性的，而是非线性的，企业获得可持续竞争优势的关键在于实施相应的战略突破原有的均衡态，从而不断获得新优势。有效突破包含三方面：预见未来能力、拥有优势资源和有效的组织能力。姜大鹏、和炳全（2005）认为，随着市场领域顾客导向的确立，顾客价值已成为企业追求持续竞争优势的新来源。郑艳芳（2011）基于动态持续竞争优势观，分析了动态环境下营销力对持续竞争优势的作用机制，指出企业要通过营销力强化和提升的双重作用，使得原有的竞争优势被侵蚀殆尽之前能培育和发展出新的竞争优势，形成持续竞争优势。她根据竞争优势出现消散的原因，从营销资源配置战略角度提出了营销力强化与提升的方法。

关于竞争战略，迈克尔·波特认为企业在市场竞争中面临着五种竞争力量，它们是：供应商的讨价还价能力、购买者的讨价还价能力、新进入者的威胁、替代品的威胁、行业内现有竞争者的竞争。为了与这五种竞争力量抗争，企业应当根据产业竞争环境和自身的价值链优势（价值链的概念和模型也是波特最先提出来的）在以下三种竞争战略中有选择地采取适合自己的战略：总成本领先战略、差异优势战略、目标聚焦战略。后来，波特又将他的理论延伸到国际竞争领域，提出了“钻石体系”（又称“菱形理论”）分析架构。波特早期的竞争理论虽然非常有名，但批评者指出，这些早期理论有若干缺陷，比如，没有从动态的角度考虑竞争；只强调竞争而忽视竞争者之间的合作；企业在三种通用竞争战略中只能选择其中之一的论断不完全符合实际，等等。但我们从波特后来关于国际竞争优势的理论中可以看出他在一定程度对自己原来理论中的缺陷进行了修正。比如，关于多点竞争、竞争与合作的网络化等。

安德鲁斯等人（Andrews et al.）提出了“优势－劣势－机会－威胁”（SWOT）模型。SWOT分析通常是在某一时点对企业内外进行扫描，然后进行优势、劣势、威胁和机会的分析，从而形成四种内外匹配的战略，即，SO战略：依靠内部优势，利用外部机会；ST战略：利用内部优势，回避外部威胁；WO战略：利用外部机会，克服内部弱点；WT战略：减少内部弱点，回避外部威胁。尽管有些学者对每项匹配的具体解释会有所不同，但是在当下对企业的优势、劣势、机会和威胁的静态分析，很难确保还没有实际发生的内外匹配一定会实现。SWOT分析往往作为战略规划的第一步被广泛地使用，然而利用SWOT分析常常产生难以操作的战略选择，因此招致了广泛的批评。

20世纪80年代中期，艾尔·里斯和杰克·特劳特在其合作出版的

《营销战》一书中提出他们的营销竞争理论。在该书中，他们借鉴军事理论，结合对战争史上重大战役和营销史上的著名案例的分析，发表了他们对营销的本质的看法，提出了企业在营销竞争中应当遵循的战略和战术原则。他们认为，市场营销就是战争，在这场战争中，敌人就是竞争对手，而顾客就是要占领的阵地。他们将战争中的“兵力原则”、“防御优势原则”等用于对市场营销竞争的分析，就营销战中的战略形式、防御战原则、进攻战原则、侧翼战原则、游击战原则等进行了详细的论述，详细剖析了曾经发生在饮料、啤酒、快餐、计算机等行业的营销竞争案例，还对营销中的战略和战术的关系，如何更好地发挥营销将领的作用等问题进行了阐述。《营销战》被认为是一本迄今为止罕见地以系统而简洁的方式（即数学法则）道出营销竞争之真谛的作品。不过我们还是可以发现他们的理论并非无懈可击，比如，在营销竞争中难道没有竞争者之间的默契、共生乃至合作吗？还有，《孙子兵法》告诉我们，在与敌人的斗争中，“上兵伐谋，其次伐交，其次伐兵，其下攻城”。营销战也应当从中汲取营养，丰富战法，而不是只想到如何“伐兵”和“攻城”。里斯和特劳特在论述营销将领的时候，主要论述了营销将领的作用及其应当具备的品质，但却忽略了如何正确处理将领与士兵之间的关系。最后，营销竞争是竞争对手之间在营销体系和整体营销策略上的竞争，企业管理的最高决策者不仅要重视单次的战斗和战役，更应当从战略全局和企业长远利益来考虑竞争策略。关于这一点，两位作者也较少论及。

关于动态环境下的竞争战略，讨论较多的就是多点竞争。对于多点竞争的涵义，不同学者有不同的表述。Porter（1985）在其《竞争优势》中首先提到了多点竞争是“厂商之间在一个以上市场彼此竞争的情况”。Karnani 和 Wernerfelt（1985）也关注了多点竞争的问题，认为多点竞争是“厂商之间同时在数个市场彼此竞争的情况，最常见的是在不同地理区域市场为相同产品展开的竞争”。陈明哲（1996）指出多点竞争是指“企业在多个地域、多个产品进行竞争的状态，包括有进攻/反击和合作等竞争表现”。国内学者马浩（2006）则指出多点竞争“包括在不同的产品市场上竞争；也包括在同一种产品上或同一个行业里的不同的地域市场比拼；还包括在多个国家市场对垒”。吴旭云（2011）认为，在动态环境中，企业对多点竞争的关注可能使企业通过有效的行动和回应来改变内外部资源配置和能力培育，获取竞争地位，从而达到获得竞争优势的目的。杨兰、卢润德（2006）认为，多点竞争战略因其双方的相互牵制和威慑力可以避免企业间针锋相对的恶性竞争，保护所处产业的正常健康发展。蓝海林、黄嫚丽（2002）认为，多点竞争一方面增加了企业竞争的机会，另一方面增加了竞争战略的多样性。企业选择心照不宣的多点竞争协作战略将缓和企业间的竞争激烈程度，这种协作战略不是直接的合作，而是心照不宣的暗中合作。它是企业多点竞争多次互动的结果，是一种互动企业明白相互的动机和战略，有效地通过信号传达意图，共同组织市场竞争以达到共赢和促进行业稳定的战略。

2. 关于定位方法

定位理论是由艾尔·里斯和杰克·特劳特提出来的。20 世纪 70 年代，美国《广告时代》杂志约请这两位作者撰写关于营销和广告新思维的文章，其总标题就是“定位时代”。这些文章发表后，在营销界和广告界引起了巨大的反响，定位成为当时最热门的话题。1981 年，这两位年轻人合作出版了对营销和传播有着重大影响的一本书——《定位》(Positioning)。2001 年，里斯和特劳特的“定位”理论被美国市场营销学会评选为有史以来对美国营销影响最大的观念。里斯和特劳特认为，定位要从一个产品开始，但是，定位不是要对产品做什么，而是要在预期客户的头脑里给产品定位，也就是如何让你的产品在预期客户的头脑里如何独树一帜。他们还说：“定位的基本方法不是创造出新的、不同的东西，而是改变人们头脑里早已存在的东西，把那些早已存在的联系重新连接到一起。”他们借助现代脑科学、心理科学的研究成果，分析了人的大脑对信息的接受和处理的有限性与当今社会信息爆炸之间的矛盾，指出在预期客户的头脑中，每一类产品都有一个阶梯（最多可能是七层），只有处于第一层那个位置的品牌才是最有利的。因此，广告传播的目标应当是“心理占位”。如何才能击中消费者的心呢？那就是以极其简化的信息在消费者关于某个品类的大脑阶梯中占据第一的位置。他们提出了几种常见的定位方法——领导者定位、跟随者定位、给竞争对手重新定位，并分析了几种常见的定位陷阱——“无名”陷阱、“搭便车”陷阱、“产品延伸”陷阱。在分析若干有关定位的成功和失败案例的基础上，他们提出了定位项目取得成功的六大步骤以及管理者在定位中应具有的素质、心态和观念。

1993年，里斯和特劳特又联手推出《22条商规》，将定位理论的精要总结为22条简单、明晰的定律。它们是：(1) 领先定律；(2) 品类定律；(3) 心智定律；(4) 认知定律；(5) 聚焦定律；(6) 专有定律；(7) 阶梯定律；(8) 二元定律；(9) 对立定律；(10) 分化定律；(11) 长效定律；(12) 延伸定律；(13) 牺牲定律；(14) 特性定律；(15) 坦诚定律；(16) 唯一定律；(17) 莫测定律；(18) 成功定律；(19) 失败定律；(20) 炒作定律；(21) 趋势定律；(22) 资源定律。该书出版后，不仅受到了奶酪理论创始人塞斯宾·约翰逊，著名营销学教授菲利普·科特勒等著名人物的倾情推荐，而且获得了全球读者尤其是工商界人士的一致好评，被誉为美国CEO最害怕竞争对手看到的一本书。令人遗憾的是，从1993年首次出版到2009年被翻译成中文期间，这本书长期受到中国企业界的忽视。

1996年，杰克·特劳特和史蒂夫·瑞维金合作出版了《新定位》一书。该书是《定位》的刷新之作，其主要创新点表现在以下三个方面：第一，转向深挖消费者，确立基于消费者的定位方法，即从“消费者请注意”扭转到“请注意消费者”。第二，建构基于应变的重新定位。变化是永恒而无所不在的，所以在必要时应当重新定位。但重新定位是有限和必须控制的，应避免过分频繁改变定位及广告。第三，冲破传统规则和思维定势，强调定位中的感觉创意。

中国营销学者和专家结合自己的研究和实践经验，对定位理论的发展做出了一定的贡献。营销策划专家路长全（2008）站在企业营销管理者的立场，从分析消费者心理出发，对定位发表了独到的见解。他说，面对庞杂的市场，要清晰切割出有利于企业的人群、市场区域、新品类别、认知差异，在消费者心智中清晰划出消费者接受我们、同时又规避对手正面竞争的区域，实现难得的成长时间和空间！他还提出了营销中的五种切割方法：人群切割实现有效投入；感性切割实现有效认知；品类切割实现以弱击强；区域切割实现聚焦运作；渠道切割实现分销高效。孙习祥、谢江林（2007）根据消费者记忆储存信息的特点，从品类与品牌之间关系的角度对定位思想进行了研究。认为，要打造品牌，应该首先建立品类，通过品类驱动品牌。品牌与品类是相互联系、相互补充的共生关系。周敏（2009）结合中国电视媒体产业竞争的实际，分析和阐述了品类建设与品牌打造的关系。指出品类建设是电视品牌建设的基础，电视差异化竞争的根本是“品类竞争”。刘健喜、贺聂（2007）对战略性品牌定位的决定因素和基本模式进行了分析和探讨。易磊（2009）讨论了现代企业品牌定位的影响因素和原则，在分析存在的问题的基础上，提出了以顾客感知为导向的品牌定位策略。徐鹏（2009）在其博士论文中结合对300名大学生和300位消费者的实际调研，对品牌定位的四个基本模型进行了实证分析，提出了整体品牌定位概念、四个基本品牌定位模式以及定位模式的关键结构变量。罗赳赳（2007）在深入研究国内外相关理论及研究方法的基础上，建立品牌定位测评的指标体系，提出从品牌定位准确性、品牌定位差异性、品牌定位竞争力三个层面对品牌定位进行测评，探讨了进行测评研究的数学分析方法，并以国内主要洗发水品牌为例，在调研基础上对其品牌定位测评指标体系与品牌定位测评模型进行了验证和实证研究。

3. 关于品牌背书

对于品牌背书，中国学者的研究范围比较广，而外国学者大多将注意力集中在品牌代言人问题上。

唐文龙（2007）探讨了品牌背书的内涵和方式。他指出，品牌是企业对消费者的一种承诺，品牌为了增强其在市场上的承诺强度，通常还会借用第三方的信誉，然后第三方以一种明示或者暗示的方式来对原先品牌的消费承诺做出再一次的确认和肯定，这种品牌营销策略称为“品牌背书”（Brand Endorsement）。通过品牌背书，被背书品牌从而达到对于消费者先前承诺的再度强化，并与消费者建立一种可持续的、可信任的品牌关联。他分析了以下几种常见的品牌背书方式：品牌的国家背书、品牌的企业家背书、品牌的媒体背书、品牌的名人背书。叶茂中（2007）讨论了弱势品牌如何利用强势品牌的背书效应的问题，并结合初级市场的特性，分析了弱势品牌实现突破的方法。

韩志锋（2005）探讨了“品牌爸爸”对“产品子女”的“背书”效应问题。“品牌爸爸”与“产品子女”之间的关系有两种典型的情形：一种情形是单品牌伞状结构，另一种情形是多品牌树状结构。他对这两种情形的特点及企业在品牌背书中应注意的问题进行了分析。陈京培（2009）以北大荒集团为例，提出和讨论了如何利用“品牌儿子”的名气为“集团爸爸”背书的问题。这对于深化企业品牌系统中“儿子”为“爸爸”背书的机理和方法的认识具有重要意义。

品牌原产地效应属于品牌背书中的一个重要问题。王海忠、赵平（2004）在文献回顾基础上，建立了品牌原产地效应的理论模型，并通过实证研究证实了品牌原产地对消费者品牌信念和品牌购买意向的显著性作用。曹艳爱（2010）研究了农产品区域品牌伞策略背书效果的影响因素，构建出一个影响农产品区域品牌伞策略背书效果的概念模型。

在国外研究者中，Rajan Nataraajan 和 Sudhir K. Chawla（1997）从有关产品和服务的营销“适当性”的角度比较了真实广告的来源可信度，研究结果证明，名人代言的广告比非名人代言的广告具有更高的可信度。Brian 和 Terence（1998），以及 Darin，Lucretia 和 Nick（2008）则通过经验研究，从消费者感知的角度探讨了明星代言人的负面信息对于他们所代言的品牌的影响；后者还同时研究了品牌的负面信息对明星代言人的影响。不过，Brian（1999）是最早研究品牌的负面信息对明星代言人的影响的学者。

牛奶胡子广告是一种旨在宣传喝牛奶的好处的公益广告，广告中的明星都有一个共同特点——喝完牛奶后胡子上都沾着雪白的牛奶。Chung-kue Hsu 和 Daniella McDonald（2002）以美国 50 个牛奶胡子广告为研究对象，讨论了多个明星代言的广告的优越性及其潜在的问题。他们发现这些牛奶胡子广告将代言明星的性别、年龄与牛奶属性的类型进行了很好的匹配，而这些属性分别适合男人/女人，青少年/成人。研究结果支持这样一种观点：在使用多个明星代言的广告中，代言产品与各种明星之间的适合是一个关键因素。

Jessica R. Braunstein-Minkove、James J. Zhang 和 Galen T. Trail 开发了一个解释模型，用来分析在非运动产品的促销中的运动员代言效果。该模型是一个包含 42 个测项的五因素模型，这五个因素是：运动员身份、运动身份、匹配度、感知价值和购买意向。研究发现，该模型与数据之间有很高的拟合度。企业常常使用运动员对非运动产品进行代言，但这种方法的风险是很高的。该模型可用来对这种方法进行检验，以降低营销风险。关于代言明星与代言产品之间的匹配问题，Brian 和 Michael（1998）认为，多数基于“匹配假设”的研究把注意力集中在明星的外貌上，明星外貌上的吸引力确实对其所代言的品牌的消费者态度有积极的影响，但是对于推动代言者与品牌之间的匹配来说，代言者的专长则具有更重要的意义，因为匹配效果是建立在代言者专长的基础上的。

Christopher C. Muller（1998）探讨了饭店管理中的品牌背书问题。他认为，品牌背书战略是饭店品牌管理战略中最复杂的一种，在应用这种战略的过程中应当全盘考虑各种因素，但由顾客感知到的绩效和价值是公司关注的重心，也是公司对产品/品牌的概念进行刷新和重生的依据。在饭店连锁聚焦于标志性产品的内在意义的同时，公司也可以考虑使用品牌背书战略将其基本故事延伸到新的品牌中去。

（二）本案例的理论价值与现实指导意义

1. 品类和品牌相互依赖，但创造品类更重要，基于品类创造的品牌推广是将非物质文化遗产转化为巨大商业财富的重要途径

市场上绝大多数消费品都是有品牌的，这便于消费者选购。但是，品类（即产品类别）是消费者在购买产品的过程中要考虑的第一个信息要素。在确定其所需要的品类之后，消费者才决定选择品牌。在消费者关于某个品类的大脑阶梯中，排在第一位的品牌是消费者最优先考虑的

对象，消费者甚至将该品牌等同于这个品类。往往很多成功的品牌管理都是先为自己的品牌创造一个新的（即竞争对手尚未发现和占领的）品类，然后立即让自己的品牌在这个品类的消费者大脑阶梯中占据第一的位置。品牌定位的精要，就是让品牌在某种品类的消费者心智中占据最有利的位置。因此，“开创新品类”永远是品牌定位的首选。如果一个新的品牌能够将自己定位于与现有强势品牌有着显著区别的、独特的“新品类”，那么，其广告只需传达出新品类的信息就可以获得惊人的效果，而且随着品类的成长，这位“开创者”将在行业中获得最大的收益。

王老吉是广东众多传统凉茶品牌中的一个，加多宝在租用王老吉品牌将红罐凉茶从广东市场推广到全国市场的过程中面临非广东消费者对传统凉茶的无知和混乱认知，它通过创造性思维，为王老吉牌红罐凉茶创造了一个新的品类，它让全国消费者知道，这个品类既不是传统的中药凉茶，也不是普通的饮料，而是一种具有特殊功效——预防上火的饮料。用切割营销理论的话说就是，加多宝一刀把中国饮料市场切成了两部分——其他的饮料再厉害，也只是普通的饮料（对上火无能为力），而我的红罐凉茶是能预防上火的饮料，这样竞争对手就没有办法跟我打仗了。里斯和特劳特说过，“定位的基本方法不是创造出新的、不同的东西，而是改变人们头脑里早已存在的东西”。怎么改，就是“把那些早已存在的联系重新连接到一起”。对于中国消费者而言，他们不仅熟知什么是“上火”，也知道什么东西好吃但容易上火，更是希望和相信世间必定有某种东西让他们喝了之后能预防上火，能使他们既饱口福又不上火。重新定位之后王老吉红罐凉茶，借助“怕上火喝王老吉!”的定位传播，把想饱口福又担心上火的中国广大消费者脑海中早已经存在的联系重新连接起来了，王老吉这个品牌在“预防上火”的饮料这个全新的品类中占据了消费者心智中排名第一的位置。很多消费者把王老吉等同于凉茶。尽管后来市场上出现了跟随者“和其正”凉茶，但它始终无法撼动王老吉在凉茶品类中的老大地位。加多宝对王老吉凉茶的成功营销说明，品类和品牌相互依赖，但创造品类更重要。

广东传统凉茶是我们祖先创造的一项非物质文化遗产，但是长期以来都无法成功地大规模商业化。1995—2003 年期间，加多宝生产的王老吉红罐凉茶也只能在广东等少数地方有销售市场，年销售额最高也只有 1 亿多元。2003 年经过广州成美营销顾问公司对王老吉红罐凉茶进行品牌战略定位之后，王老吉凉茶成为新的品类头牌，才得以畅销全国，年销售量从 1 亿元上升到 200 亿元，创造了中国饮料行业的营销奇迹。中国有非常丰富的非物质文化遗产，其中许多具有巨大的潜在商业价值。科学合理地对之进行开发利用，是摆在中国企业面前的一项重要课题。加多宝多年来对王老吉凉茶的经营实践证明，基于品类创造的品牌推广是将非物质文化遗产转化为巨大的商业财富的重要途径。

2. *灵活而有效的品牌背书在新品牌的启用中具有特别重要的意义*

加多宝在 2008 年汶川地震救灾以及 2010 年玉树地震救灾中的非凡善举，通过新闻媒体的报道，等于同时为“王老吉”和“加多宝”进行了背书，但其中“王老吉”品牌得益更多。加多宝在 2012 年之前在品牌运作方面最深刻的教训就是：由于自主知识产权意识的淡薄，“加多宝”这个“企业品牌”长期处于“幕后英雄”的地位，以至于一直以来在消费者心智中没有使“加多宝”与“王老吉”、“凉茶”等概念建立起明显的联系。

面对失去王老吉商标使用权后的困境，从 2012 年开始，加多宝实施的品牌背书战略无论在形式还是在时机选择上都是灵活多样，有的放矢的。

由于在消费者大脑中，王老吉这个品牌已经与正宗凉茶之间建立起根深蒂固的联系，要让消费者接受加多宝是正宗凉茶，难度是非常大的。解决这个问题最有效的办法是在消费者大脑中建立和强化加多宝与王老吉之间的联系，让王老吉为加多宝背书。无论是在王老吉商标纠纷案裁决之前还是裁决之后，加多宝都在努力实施这种背书战略。

裁决之前，通过双面红罐王老吉凉茶强化“王老吉”与“加多宝”之间的联系的方式为“加多宝”背书。这为红罐凉茶改名为“加多宝”做好了铺垫。

裁决之后，产品包装和广告都必须改版，改版后的加多宝红罐凉茶则以较隐晦的方式让“王老吉”为“加多宝”背书：仍然是红罐，只是没有了“王老吉”三个字，但跟从前的红罐王老吉有八分相似；加上新的广告语“全国销量领先的红罐凉茶改名加多宝!”、“怕上火，现在喝加多宝!”双管齐下，让越来越多的消费者明白：从前那个大名鼎鼎的王老吉凉茶原来是加多宝生产的！而且现在改名叫“加多宝”了！

此外，在商标案裁决前后，加多宝与广州药业集团之间的口水战从未停止，这种口水战吸引了众多媒体争相报道和专家的点评，使越来越多的消费者知道了加多宝与从前的王老吉凉茶之间的真实联系。这也是一种让“王老吉”为“加多宝”背书的方式。

还有一点值得一提的是，王氏正宗凉茶始祖王泽邦第五代玄孙王健仪女士在多个场合尤向大众媒体宣布：“王氏家族独有的王老吉正宗凉茶家传秘方已经独家授权给加多宝集团。”加多宝获得“独家授权”这个事实，再配上“怕上火喝加多宝!”“正宗凉茶加多宝出品!”的广告宣传，相信没有多少人会怀疑加多宝凉茶的正宗性。

浙江卫视富有创意的音乐节目“中国好声音”，预期能够“一鸣惊人”。如果某个产品品牌获得独家冠名权，那么对于这个产品品牌来说，知名的电视台、精彩且在全国声名大震的节目无疑将是加多宝品牌最佳的背书者！加多宝集团通过大手笔赞助获得了“中国好声音”独家冠名权。事实证明，“加多宝·中国好声音”是 2012 年最受中国电视观众和互联网网民欢迎、最有影响力的娱乐节目。许多消费者还通过微博和论坛，参与到有浓厚的加多宝元素的《中国好声音》互动中来。可以说，节目史无前例地火爆，“加多宝”也借助这档最受欢迎的节目而名利双收！

权威调查显示，超过 74％的消费者已经明白现在的加多宝凉茶就是从前的王老吉凉茶，消费者对加多宝凉茶品牌认可度已经达到一定的水平。由此可见，加多宝 2012 年以来实施的品牌背书战略是有效的。它给企业家们一个重要的启示：灵活而有效的品牌背书在新品牌的启用中具有特别重要的意义。

3．基于多种持续竞争优势之组合应用的多点竞争和重点突破是企业在动荡环境中生存和发展的基础

广药收回了王老吉商标使用权，等于拿到了一个成熟而强大的品牌心智资源，但是广药并没有拿走王老吉这个品牌资产的全部，因为产品的配方、制造工艺、产能、渠道网络、销售团队、媒体资源、品牌运营能力，这些品牌资产的重要组成部分，仍然留在加多宝手中。

失去王老吉商标使用权的加多宝根本不可能有第二个选择！只有启用加多宝品牌背水一战，让加多宝牌凉茶成为中国凉茶销量第一的品牌，加多宝才能在凉茶市场继续生存和发展。

环境动荡，市场险象环生，唯有组合应用多种持续竞争优势并实施多点竞争，方能增加竞争制胜的机会，赢得生存发展空间。多年来，加多宝获得的持续竞争优势包括：生产优势，渠道优势，销售管理优势，媒体传播优势，公共关系优势，营销执行力优势，创新求变的决策优势。多种持续竞争优势为加多宝开展多点竞争、提升加多宝凉茶业务的安全性和发展空间提供了重要条件。为了加多宝凉茶的生存和发展，加多宝集团积极主动地开展了全方位、多层面的竞争：在全国各个区域市场开展竞争；在各种渠道和终端开展竞争；在各种传播媒体和传播场合开展竞争；在道义和法律上开展竞争；在公共关系方面开展竞争。

围绕凉茶市场的争夺，在所有层面的竞争中，渠道竞争是重中之重。

一边是加多宝凉茶，一边是几乎成为凉茶饮料代名词的广药王老吉，两军对垒，战斗越来越激烈。对于加多宝来说，除了告诉消费者加多宝是正宗凉茶，并嫁接家喻户晓的“怕上火”广告语之外，绝对不能坐等广药王老吉越来越凶猛的“地面进攻”（这种凶猛是必然的）。作为王老吉品牌的辛勤培育者，加多宝深知品牌打造之艰难、费用之昂贵、时间之难测，新品牌的生存肯定不能寄希望于“汶川捐款1亿元”的慈善效应，因为市场不相信眼泪，同情不代表消费。作为一个新的产品品牌，加多宝要与已经深入人心的王老吉对阵，唯有用渠道拦截品牌的市场战法，方能为加多宝品牌的崛起赢得时间。对于加多宝来说，只有将广药王老吉阻挡在渠道之外（至少是在很大程度上抑制广药王老吉在渠道中

的销量），才能扭转消费者的自然选择趋势，让消费者接受加多宝凉茶。2012 年的加多宝在渠道运作上就是这样去做的。

从 15 年前开始，以康师傅和可口可乐为典范，“卖服务”已经成为中国饮料行业渠道竞争的基本游戏规则。10 多年来，加多宝在渠道管理上借鉴、融合了可口可乐、康师傅对超市、小店零售的覆盖模式，以及啤酒、白酒对酒店、夜场渠道的操作模式等渠道运作精华，建立起深度协销的渠道运作体制，即由加多宝的业务员、导购员负责对各类经销商覆盖的终端进行拜访、拿订单、铺货、理货、生动化、促销、导购等市场服务，各类分销商只是物流配送商（邮差经销商）。加多宝对渠道的掌控和运作的功力和资源，决非短时间就能形成的。因此人们看到，虽然广药很强势，对加多宝的“逼迫”日甚一日，但 2012 年饮料黄金季节在渠道终端并没有见到多少广药王老吉凉茶的销售。与之形成鲜明对照的是，在痛失著名商标使用权的不利条件下，加多宝以多种优势的组合运用，扬长避短，实现 2012 年旺季凉茶销量同比剧增，让“加多宝”这个凉茶新品牌在市场上逐渐站稳了脚跟。

加多宝在逆境中奋发图强的经历证明：基于多种持续竞争优势之组合应用的多点竞争和重点突破是企业在动荡环境中生存和发展的基础。

参考文献

英文部分

［1］Mary Wanjiru Kinoti. Green Marketing Intervention Strategies And Sustainable Development: A Conceptual Paper［J］. International Journal of Business and Social Science, 2011, 2(23): 263－273.

［2］Durmaz Yakup; Zengin Sevil. A THEORETICAL APPROACH TO CONCEPT OF GREEN MARKETING［J］. Interdisciplinary Journal of Contemporary Research In Business, 2011, 3(2): 1808－1814.

［3］Sandeep Tiwari; Durgesh Mani Tripathi; Upasana Srivastava; Yadav P. K. GREEN MARKETING-EMERGING DIMENSIONS［J］. Journal of Business Excellence, 2011, 2(1): 18－23.

［28］Jill Meredith Ginsberg; Paul N. Bloom. Choosing the Right Green-Marketing Strategy［J］. MIT Sloan Management Review, 46(1): 79－84.

［4］Chun-Shuo Chen; Long-Yi Lin. A New Framework: Make Green Marketing Strategy go with Competitive Strategy［J］. Journal of Global Business Management, 2011, 7(2): 1－6.

［5］Andrea Woolverton; Carolyn Dimitri. Green marketing: Are environmental and social objectives compatible with profit maximization?［J］. Renewable Agriculture and Food Systems, 2010, 25(2): 90－98.

［6］Michael Jay Polonsky; Philip J. Rosenberger, III. Re-evaluating Green marketing-a sophisticated strategic marketing approach［J］. 2000

AMA Educators' Proceedings:313.

[7] Jaime Rivera-Camino. Re-evaluating green marketing strategy: a stakeholder perspective [J]. European Journal of Marketing, 2007, 41(11/12):1328－1358.

[8] Nair, Sumesh R; Ndubisi, Nelson Oly. Stakeholder Influences on Environmental Marketing [J]. Journal of Management Research, 2011, 11(2):67－76.

[9] Getzner, Michael; Grabner-Krauter, Sonja. Consumer preferences and marketing strategies for "green shares": Specifics of the Austrian market[J]. The International Journal of Bank Marketing, 2004, 22(4/5): 260－278.

[10] Sourabh Bhattacharya. Consumer Attitude Towards Green Marketing in India [J]. IUP Journal of Marketing Management, 2011, 10(4):62－71.

[11] Hartmann, Patrick; Vanessa Apoalaza Ibá? ez; Forcada Sainz, F Javier. Green branding effects on attitude: functional versus emotional positioning [J]. Marketing Intelligence & Planning, 2005, 23(1):9－29.

[12] Richard Murphy; Melissa Graber; Abigail Stewart. Green Marketing: A Study of the Impact of Green Marketing on Consumer Behavior in a Period of Recession[J]. Journal of American Academy of Business, 2010, 16(1):134－140.

[13] Timmers, P. Business models for electronic markets[J]. Journal on Electronic Markets, 1998, 8(2):3－81.

[14] Amit, R, and Zott, C. Value creation in e-business[J]. Strategic Management Journal, 2001, 22(6/7):493－520.

[15] Fumio Kodama. Measuring emerging categories of innovation: Modularity and business model[J]. Technological Forecasting & Social Change, 2004, 71(4), 623－633.

[16] Faber, E, et al. Designing business models for mobile ICT services[R]. 16th Bled Electronic Commerce Transformation Conference, Slovenia, June 9—11, 2003.

[17] Yovanof, G S, and Hazapis, G N. Disruptive technologies, services, or business models? [J]. Wireless Personal Communications, 2008, 45(4): 569—583.

[18] Willemstein, L, Valk, T, and Meeus, M. Dynamics in business models: An empirical analysis of medical biotechnology firm in the Netherlands[J]. Technovation, 2007, 27(2): 221—232.

[19] Deloitte Research. Deconstructing the formula for business model innovation[EB/OL].

http://www.deloitte.com/dtt/cda/doc/content/business_model_innovation.pdf, 2002.

[20] IBM Global Services. Business model innovation — the new route to competitive advantage[EB/OL]. http://www—05.ibm.com/services/fi/cio/flexible/enflex_wp_ibm_businessmodel.pdf, 2006.

[21] Venkatraman, N, and Henderson, J C. Four vectors of business model innovation: Value capture in a network era[A]. in Daniel Pantaleo, and Nirmal Pal (Eds.). From strategy to execution: Turning accelerated global change into opportunity[C]. Berlin: Springer, 2008: 259—280.

[22] Linder J, and Cantrell S. Changing business models: Surveying the landscape[R]. Accenture Institute for Strategic Change, 2000.

[23] Mahadevan, B. A framework for business model innovation[R]. IMRC 2004 Conference, Bangalore, India, December 16—18, 2004.

[24] Miles, R E, Miles, G, and Snow, C C. Collaborative entrepreneurship: A business model for continuous innovation [J]. Organizational Dynamics, 2006, 35(1): 1—11.

[25] Osterwalder A. The business model ontology—A proposition in

a design science approach[D]. Universitéde Lausanne ,2004.

[26] Osterwalder A. Business model design and innovation [EB/OL]. http://business-model—design. Blogspot. com/,2007.

[27] Voelpel S, Leidold, M, and Tekie, E. The wheel of business model reinvention: How to reshape your business model leapfrog competitors[J]. Journal of Change Management,2004,4(3):259—276.

[28] Davila, T, Epstein, M, and Shelton, R. Making innovation work: How to manage it, measure it and profit from it[M]. NJ: Wharton School Pub. ,2005:29—58.

[29] Morris M, Schindehutte M, and Allen, J. The entrepreneur's business model: Toward a unified perspective[J]. Journal of Business Research,2003,58(1) :726—735.

[30] Chesbrough H. Open business models: How to thrive in the new innovation landscape[M]. Boston: Harvard Business School Press, 2006:107—134.

[31] Trout, Jack. Positioning is a game people play in today's me—too market place[J]. Industrial Marketing, Vol. 54, No. 6, June 1969, 51—55.

[32] Trout, Jack, and Al Ries. The Positioning Era Cometh[M]. reprint of a three — part series in Advertising Age. Chicago: Grain Publications, 1972.

[33] Trout, Jack, and Al Ries. Positioning: The Battle for Your Mind[M]. Ohio: McGraw-Hill, 2000.

[34] Harrison T. A Handbook of Advertising Techniques[M]. Kogan Press, London, 1987.

[35] Green, P. E, and A. M Krieger. An application of a product positioning model to pharmaceutical products[J]. Marketing Science, 1989, Vol. 11, No. 2, 117—32.

[36] Arnott, D. Robert. Bases of financial services positioning. Manchester Business School, Manchester, unpublished PhD thesis, 1992.

[37] Pechmann, C, and S. Ratneshwar. The use of comparative advertising for brand positioning: association versus differentiation[J]. Journal of Consumer Research, 1991, Vol. 18, 145—160.

[38] Kalra, A, and R. C. Goodstein. The impact of advertising positioning strategies on consumer price sensitivity [J]. Journal of Marketing Research, 1998, Vol. 35, 210 —240.

[39] Carroll, J. D, and P. E. Green. Psychometric methods in marketing research: part II multidimensional scaling [J]. Journal of Marketing Research, 1997, Vol. XXXIV pp. 193—204.

[40] Kalafatis, S. P. , M. H. Tsogas, and C. Blankson. Positioning strategies in business markets [J]. Journal of Business &Industrial Marketing, 2000 Vol. 15 Iss:6, 416—437.

[41] Riezebos, Rik, H. J. Riezebos, Bas Kist, and Gert Kootstra. Brand Management :A Theoretical & Practical Approach[M]. Financial Times Prentice Hall, 2003.

[42] Du, Shuili, C. B. Bhattacharya and Sankar Sen, Reaping relational rewards from corporate social responsibility: The role of competitive positioning [J]. International Journal of Research in Marketing, 2007, 24 (3), 224—241.

[43] Añañ, Edar, Da Silva, and Walter Meucci Nique. A professional category positioning: The role of personal values and their influence on consumer perceptions[J]. Journal of Database Marketing & Customer Strategy Management, 2007, Vol14, No. 4. 289—296.

[44] Rajan Nataraajan, Sudhir K. Chawla. "Fitness" marketing: Celebrity or non-celebrity endorsement? [J]. Journal of Professional Service Marketing, 1997, 15(2): 119—129.

[45] Chung --kue Hsu, Daniella McDonald. An examination on multiple celebrity endorsers in advertising [J]. Journal of Product & Brand Management, 2002, 11(1): 19－27.

[46]Jessica R. Braunstein－Minkove, James J. Zhang, Galen T. Trail. Athlete endorser effectiveness: model development and analysis [J]. Sport, Business and Management: An International Journal, 2011, 1(1): 93－114.

[47] Christopher C. Muller. Endorsed branding [J]. Hotel and Restaurant Administration Quarterly, 1998, 39(3): 90－96.

[48]Darin W. White, Lucretia Goddard and Nick Wilbur. The effects of negative information transference in the celebrity endorsement relationship [J]. International Journal of Retail & Distribution Management, 2009, 37(4): 322－335.

[49]Brian D. Till and Terence A. Shimp. Endorsers in advertising: The case of negative celebrity information [J]. Journal of Advertising, 27(1): 67－82.

[50] Lan Xia, Nada Nasr Bechwati. WORD OF MOUSE: THE ROLE OF COGNITIVE PERSONALIZATION IN ONLINE CONSUMER REVIEWS [J]. Journal of Interactive Advertising, Vol 9 No 1 (Fall 2008), 3－13.

中文部分

[1] 郑若娟．西方企业社会责任理论研究进展——基于概念演进的视角 [J]．国外社会科学，2006 (2)：34－39.

[2] 云坡，张琼芝．国内企业社会责任研究 [J]．现代商贸工业，55－56.

[3] 彭伟，胡智慧．国外善因营销研究述评与展望 [J]．内蒙古财经学院学报，2009 (3)：88－93.

[4] 李慧．善因营销国内外最新理论研究综述［J］．兰州学刊，2008（7）：93—95.

[5] 钟宏武．企业捐赠作用的综合解析［J］．中国工业基础经济，2007（2）：76—83.

[6] 李文伟．关于绿色营销的研究观点综述［J］．经济纵横，2006（12）：76—79.

[7] 徐大佑，韩德昌．绿色营销理论研究述评［J］．中国流通经济，2007（4）：49—52.

[8] 彭星闾，周文辉．基业常青的关键：创新力与控制力的统一［J］．湖北经济学院学报，2003（3）：77—83.

[9] 贺爱忠，聂元昆，彭星闾．企业持续健康成长的一般规律：创新力与控制力的动态统一［J］．东南大学学报（哲学社会科学版），2006（6）：37—44.

[10] 菲利普·科特勒等．科特勒营销新论［M］．北京：中信出版社，2002.

[11] 菲利普·科特勒等．营销管理（第12版）［M］．上海：世纪出版集团，上海人民出版社，2006.

[12] 菲利普·科特勒等．营销管理（第13版）［M］．上海：格致出版社，上海人民出版社，2009.

[13] 菲利普·科特勒等．营销管理（第14版）［M］．上海：格致出版社，上海人民出版社，2012.

[14] 周晓光．营销哲学论略［J］．云南社会科学，2005（1）：26—30.

[15] 傅漩，任天飞．另一视角的哲学：营销中性论［J］．中国流通经济，1999（4）：44—47.

[16] 鲍盛祥．系统观念下的营销观念演变［J］．企业活力，2006（1）：56—57.

[17] 唐文龙，李琳．科特勒"全面营销"观念解析［J］．企业研究，2010（12）：51—53.

[18] 牛全保．营销新范式：全方位营销评述 [J]．商业研究，2004 (24)：114－116．

[19] 黄谦明．论商业模式创新与企业家精神——基于资源基础观的分析框架 [J]．改革与战略，2009 (8)：163－165．

[20] 罗珉，曾涛，周思伟．企业商业模式创新：基于租金理论的解释 [J]．中国工业经济，2005 (7)：73－81．

[21] 李长云．创新商业模式的机理与实现路径 [J]．中国软科学，2012 (4)：167－176．

[22] 王锡秋．基于商业模式创新的企业能力发展研究 [J]．商业研究，2010 (7)：193－196．

[23] 孙永波，陈柳钦．商业模式创新的动力机制及其路径选择 [J]．发展研究，2011 (11)：78－85．

[24] 刁玉柱，白景坤．商业模式创新的机理分析：一个系统思考框架 [J]．管理学报，2012 (1)：71－81．

[25] 姚伟峰，鲁桐．利益相关者博弈对企业商业模式创新的影响 [J]．中国流通经济，2011 (1)：81－84．

[26] 白立新．创新商业模式的三条路径 [J]．大经贸，2011 (10)：94．

[27] 姚伟峰．公司治理与商业模式创新路径的选择 [J]．商业经济与管理，2011 (3)：24－27，53．

[28] 罗天昊．中国企业商业模式创新七大路径 [J]．现代国企研究，2010 (1)：52－54．

[29] 李曼．略论商业模式创新及其评价指标体系之构建 [J]．现代财经（天津财经大学学报），2007 (2)：55－59．

[30] 郭毅夫．商业模式创新的合理性检验 [J]．合作经济与科技，2010 (20)：83－84．

[31] 谷斌，欧阳玉湘，梁雪梅．基于 TRIZ 理论的企业商业模式创新研究 [J]．自然辩证法研究，2010 (7)：89－93．

[32] 李伟. 佛教之“空性”与商业模式的创新 [J]. 商业文化（下半月），2011 (7)：89－90.

[33] 刘立，曲晓飞. 基于价值创新的企业商业模式研究 [J]. 技术经济，2010 (11)：37－40，109.

[34] 周济谱. 商业模式创新的契合元素 [J]. 现代企业教育，2010 (11)：68－69.

[35] 蔡丹红. 商业模式创新的思维路径 [J]. 企业管理，2011 (11)：64－65.

[36] 刘国华，苏勇. 多视角下的品牌资产概念述评 [J]. 华东经济管理，2007，21 (3)：124－128.

[37] 姚作为，黄丽霞. 品牌资产理论研究述评——基于奠基与探索发展阶段（1995 年之前）文献的分析 [J]. 广东行政学院学报，2010，22 (2)：83－87.

[38] 姚作为. 品牌资产理论的成熟与展望 [J]. 上海经济研究，2007 (2)：29－38.

[39] 沈鹏熠. 国外品牌资产理论研究述评. 广告大观（理论版），2011 (6)：35－40.

[40] 张锋. 基于顾客的品牌资产构成研究述评与模型重构 [J]. 管理学报，2011，8 (4)：552－576.

[41] 何佳讯. 品牌资产测量的社会心理学视角研究评介 [J]. 外国经济基础与管理，2006，28 (4)：48－52.

[42] 张辉，白长虹，郝胜宇. 品牌资产管理新视角——基于员工的品牌资产研究述评 [J]. 外国经济与管理，2011，32 (9)：34－42.

[43] 姚杰. 品牌资产理论研究综述 [J]. 南京财经大学学报，2007 (6)：64－67.

[44] 宋加琴，向鑫. 品牌理论研究综述 [J]. 商业时代，2006 (33)：32－33.

[45] 张锐，张燚. 品牌理论体系的多面性透视 [J]. 企业经济，

2008（2）：39－43.

［46］卢泰宏，吴水龙，朱辉煌，何云．品牌理论里程碑探析［J］．外国经济与管理，2009，30（1）：32－42.

［47］刘国华，苏勇．多视角下的品牌资产概念述评［J］．华东经济管理，2007（3）：124－128.

［48］李艳娥．品牌资产理论发展、梳理及展望［J］．生产力研究，2009（7）：25－26，45.

［49］卢泰宏，周志民．基于品牌关系的品牌理论：研究模型及展望［J］．商业经济与管理 2003（2）：4－9.

［50］周志民．品牌关系研究述评［J］．外国经济与管理，2007（4）：46－54.

［51］王正忠．品牌关系的理论研究［J］．当代经济，2011（18）：138－141.

［52］艾・里斯，杰克・特劳特．定位（中文版）［M］．中国财政经济出版社，2002.

［53］杰克・特劳特，史蒂夫・瑞维金．新定位（中文版）［M］．中国财政经济出版社，2002.

［54］杰克・特劳特．成功定位的六个步骤［J］．当代经理人，2010（6）：88－90.

［55］艾尔・里斯，杰克・特劳特．22 条商规［M］．太原：山西人民出版社，2009.

［56］李靖．对话里斯：定位的功夫——独家专访艾・里斯 & 劳拉・里斯［J］．中外管理，2008（7）：86－89.

［57］鲁君四，杨浙帅，王争．国内外学术界关于定位理论研究的最新进展及其启示［J］．经济与管理评论，2012（2）：67－70.

［58］金 琳．定位理论国内研究综述［J］．当代经济，2009，1（上）：156－157.

［59］路长全．新切割营销［M］．机械工业出版社，2011.

[60] 芮明杰，李想. 差异化、成本领先和价值创新——企业竞争优势的一个经济学解释 [J]. 财经问题研究，2007 (1)：37—44.

[61] 林 萍. 差异化与低成本的结合战略 [J]. 企业改革与管理，2011 (7)：9—10.

[62] 仲伟林. 成本领先和差异化可以兼得 [J]. 企业改革与管理，2003 (10)：5—6.

[63] 周晓红. 实施差异化战略是企业发展的必然选择 [J]. 求实，2008 (10)：34—36.

[64] 齐铁军. 以顾客为中心是差异化战略成功的基础 [J]. 中外企业文化，2010 (5)：56—57.

[65] 郑兵云，陈 圻，李 邃. 差异化战略对企业绩效的影响研究——基于创新的中介视角 [J]. 科学学研究，2011 (9)：1406—1414.

[66] 鲍林. 差异化营销策略的误区分析 [J]. 黑龙江对外经贸，2009 (2)：109—110，134.

[67] 何健生. 差异化战略案例研究 [J]. 中国商界，2010 (6)：251—252.

[68] 徐晓芳，胡继华. 浅论蒙牛的差异化营销战略 [J]. 网络财富，2008 (10)：47—49.

[69] 闵丽菁，甘胜军. 娃哈哈饮料产品差异化战略误区浅析 [J]. 全国商情（理论研究），2010 (11)：33—34.

[70] 林晓辉，吴世农. 中国上市公司多元化动因的理论与实证分析 [J]. 证券市场导报，2008 (11)：67—75.

[71] 吴靖. 中国企业多元化战略之实践误区、理论误读与解析——基于“珠三角”地区的典型案例 [J]. 求索，2010 (3)：14—16，53.

[72] 潘瑞姣. 西方企业多元化经营理论述评 [J]. 改革与战略，2009 (11)：183—186.

[73] 汤湘希. 基于企业核心竞争力理论的无形资产经营问题研究 [J]. 中国工业经济，2004 (1)：87—92.

[74] 刘瑞波. 核心竞争力理论研究综述及其展望 [J]. 山东财政学院学报，2009 (2)：63—67.

[75] 张秀萍. 国内关于核心竞争力理论研究的回顾 [J]. 内蒙古财经学院学报，2003 (1)：19—23.

[76] 许林，郭文伟. 企业核心竞争力理论演进及研究发展趋势 [J]. 财会月刊，2010，10 (下旬)：8—11.

[77] 张丰超，王丹. 核心竞争力理论发展流派分析 [J]. 未来与发展，2003 (2)：20—21.

[78] 刘海，李文英. 核心竞争力理论的再认识 [J]. 商场现代化，2010 (6，上旬刊)：16—17.

[79] 迈克尔·波特. 国家竞争优势（套装上下册）[M]. 北京：中信出版社，2012.

[80] 艾尔·里斯，杰克·特劳特. 营销战 [M]. 北京：中国财政经济出版社，2002.

[81] 迈克尔·波特. 竞争优势 [M]. 北京：华夏出版社，2005.

[82] 迈克尔·波特. 竞争战略 [M]. 北京：华夏出版社，2005.

[83] 迈克尔·波特. 国家竞争优势（套装上下册）[M]. 北京：中信出版社，2012.

[84] 艾尔·里斯，杰克·特劳特. 营销战 [M]. 北京：中国财政经济出版社，2002.

[85] 王小燕，刘源远. 迈克尔·波特重释竞争战略 [J]. 中外管理，2004 (7)：34—36.

[86] 胡列曲. 波特的竞争优势理论述评 [J]. 经济问题探索，2004 (12)：21—23，137.

[87] 蒋学伟. 动荡环境中的企业持续竞争优势 [J]. 经济管理·新管理，2002 (2)：18—24.

[88] 陆奇岸. 动态环境下企业可持续竞争优势的战略选择 [J]. 工业技术经济，2004，23 (5)：61—64.

[89] 姜大鹏，和炳全. 顾客价值与持续竞争优势 [J]. 商业研究，2005 (6)：18—20.

[90] 郑艳芳. 基于持续竞争优势的企业营销力强化与提升研究 [J]. 哈尔滨商业大学学报（社会科学版），2012 (6)：24—28.

[91] 吴旭云. 多点竞争与企业竞争优势研究 [J]. 科学管理研究，2011 (8)：199—202.

[92] 杨兰，卢润德. 多点竞争战略在营销推广中的研究分析 [J]. 商场现代化，2006 (482)：108—109.

[93] 蓝海林，黄嫚丽. 降低竞争强度的多点竞争协作战略 [J]. 南开管理评论，2002 (6)：32—39.

[94] 周敏. 从品牌建设到品类建设 [J]. 中国广播电视学刊，2009 (12)：24—25.

[95] 孙习祥，谢江林. 品类与品牌的互动关系 [J]. 企业改革与管理，2007 (4)：5—6.

[96] 刘健喜，贺聂. 试论战略性品牌定位的决定因素及基本模式 [J]. 特区经济，2007 (3)：274—275.

[97] 易磊. 基于顾客感知导向的品牌定位策略 [J]. 品牌（理论版），2009 (1)：66—67.

[98] 徐鹏. 基于消费者认知的品牌定位模式研究 [D]. 南开大学博士论文，2009.

[99] 罗赳赳. 品牌定位测评体系研究 [D]. 上海交通大学硕士论文，2007.

[100] 唐文龙. 谁为品牌背书 [J]. 中华商标，2007 (8)：44—45.

[101] 叶茂中. 弱势品牌如何利用强势品牌的背书效应 [J]. 现代企业教育，2007 (7)：53.

[102] 韩志锋. “品牌爸爸”的“背书”效应 [J]. 经理人，2005 (7)：17.

[103] 陈京培. 集团品牌背书“效应” [J]. 农场经济管理，2009

(5)：28－29.

[104] 曹艳爱. 论农产品区域品牌伞策略背书效果的影响因素 [J]. 嘉应学院学报（哲学社会科学），2010 (10)：46－50.

[105] 品牌原产地效应及其市场策略建议——基于欧、美、日、中四地品牌形象调查分析 [J]. 中国工业经济，2004 (1)：78－86.

[106] 崔自三. 让企业为个人品牌“背书” [J]. 中国商贸，2006 (9)：34－35.

[107] 魏农建. 品牌国际化的中国逻辑 [J]. 企业与文化，2008 (5)：26－27.

[108] 孙晓强，苏勇. 中国企业品牌国际化的路径选择 [J]. 经济管理，2007 (1)：6－10.

[109] 盛楠，张大亮，邢以群. 中国企业品牌国际化模式及条件研究 [J]. 经济论坛，2009，469 (21)：7－11.

[110] 孟雷. 品牌国际化的模式选择 [J]. 商业研究，2002 (2，上月版)：94－95.

[111] 关辉，谢颖. 品牌国际化概念和内涵的界定及模式分析 [J]. 黑龙江对外经贸，2006 (10)：52－53，101.

[112] 梁守砚，张闯. 西方营销渠道权力理论研究综述 [J]. 学习与实践，2009 (8)：27－38.

[113] 于坤章，梁承献. 渠道权力理论研究动态探析 [J]. 北京工商大学学报（社会科学版），2005，20 (5)：23－27.

[114] 曹艳爱. 渠道权力对角线转移理论的一个实证研究——以家电渠道为例 [J]. 江苏商论，2007 (10)：155－156.

[115] 杨慧. 对角线转移：渠道权力理论研究的新视角 [J]. 当代财经，2002 (8)：58－60.

[116] 张黎. 渠道权力理论与国外品牌服装在我国的营销渠道 [J]. 南开管理评论，2004 (4)：44－50.

[117] 徐月，田建春. 连锁经营理论研究综述 [J]. 合作经济与科

技，2010（4）：92－94.

[118] 范小军，陈洁，陆芝青. 营销渠道变革与模式选择研究理论述评［J］. 企业经济，2006（3）：29－30.

[119] 范新河. 营销渠道模式的社会选择研究［D］. 复旦大学博士学位论文，2002.

[120] 戚译，王颢越. 营销渠道扁平化发展动因及其理论阐释［J］. 商业经济与管理，2005（2）：53－57.

[121] 黄迎新. 理论建构与理论批评的互动——美国整合营销传播理论研究二十年综述［J］. 中国地质大学学报（社会科学版），2010，10（2）：76－81.

[122] 黄鹂，何西军. "整合营销传播" IMC 的定义探析［J］. 广告大观（理论版），2008（6）：45－49.

[123] 高运锋. 整合营销传播（IMC）：概念及实践特征探析［J］. 商业研究，2007（7）：97－99.

[124] 冯鹏义. 整合营销传播形成的理论基础及其形成过程［J］. 重庆商学院学报，2002（6）：56－58.

[125] 许伟杰. 论整合营销传播的循环统一——从老子辩证哲学思想的角度解读整合营销传播理论［J］. 浙江工业大学学报（社会科学版），2006，5（2）：232－236.

[126] 李志刚，刘敬孝. 稳定成长与快速成长——伊利与蒙牛的战略比较［J］. 经营与管理，2007（2）：77－78.

[127] 陈双喜. 伊利"奶源培育＋科技创新"双轨制战略显成效［J］. 奶业科技，2009（6）：58.

[128] 王喜龙. 伊利的"十大利器"［J］. 中外企业文化，2009（11）：35－36.

[129] 赵中华. 伊利品牌：为梦想创造可能［J］. 改革与管理，2011（11）：33－35.

[130] 张丹霞. 乳业巨头的"甜蜜爱恋"——伊利集团股份有限公

司战略思想分析 [J]. 大众商务，2010 (8)：52.

[131] 陈媛. 伊利：奶业竞争新法则 [J]. 成功营销，2009 (7)：92—93.

[132] 沈国军. 伊利的世博营销 [J]. 农业技术与装备，2010 (10)：68—69.

[133] 韩飞，刘回春. 伊利"世博品质"升级中国乳业范本 [J]. 中国质量万里行，2010 (11)：86—87.

[134] 刘然. 伊利施"巧计"竞技世博会 [J]. 成功营销，2010 (8)：53.

[135] 杜惠清，李曼吉. 伊利的绿色传播之道 [J]. 国际公关，2010 (4)：58—59.

[136] 向鑫. 伊利集团快速复苏的原因探讨 [J]. 江苏商论，2010 (12)：128—130.

[137] 刘亭亭. 苹果公司的企业文化研究 [J]. 中国集体经济，2012 (1)：74—75.

[138] 王龙海，田斌. 苹果公司的创新文化模式 [J]. 决策与信息，2011 (12)：52—53.

[139] 袁媛. 苹果的3.0时代 [J]. 企业研究，2011 (11)：10—11.

[140] 刘杰克. 从苹果成为全球第一股看品牌成功基因 [J]. 市场研究，2011 (9)：42—45.

[141] 李克宽. 创新，苹果有道 [J]. 浙江经济，2011 (8)：36—37.

[142] 吴海葵. 苹果公司商业模式创新的研究 [D]. 中山大学硕士学位论文，2010.

[143] 叶健. 苹果公司核心竞争力分析及其启示 [D]. 复旦大学硕士学位论文，2009.

[144] 曹宇明. 苹果公司的采购和研发协同研究 [J]. 才智，2009 (4)：222.

[145] 葛逸尘，归希煜. 苹果公司的差异化组合竞争 [J]. 当代经

济，2009（10）：60—62.

[146] 杨丽媪．苹果，营销四招定乾坤［J］．理财杂志，2007（9）：72—73.

[147] 张旭华．苹果公司的多维集成［J］．企业管理，2006，11.

[148] 黄明正．解读联想与耐克的品牌战略［J］．中国商新区，2007（10）：86—90.

[149] 李代勇．耐克体育品牌文化传播模式研究［J］．中国商贸，2011（30）：45—46.

[150] 谭清国．国际服装品牌耐克的营销策略分析［J］．中国商贸，2011（31）：122—123

[151] 王育琨．解析耐克、华为的“品牌米姆”［J］．经理人，2004（11）：48—49

[152] 王秉钧．耐克：品牌文化大玩家［J］．企业研究，2004（5）：30—31.

[153] 王秉钧．耐克、阿迪达斯品牌攻心策略［J］．中国商界，2002（2）：54—56.

[154] 文红为．耐克文化：提升耐克品牌的关键［J］．环球体育市场，2008（1）：42—44.

[155] Elie Ofek．耐克：赢得世界杯品牌之战［J］．中国品牌与防伪，2010（9）：24—25.

[156] 袁春生，陈林荣，王瑛．耐克绝活：体育营销 品牌经营 虚拟生产［J］．中外企业家，2002（6）：74—77.

[157] 张光林．耐克品牌：搭乘体育顺风车［J］．企业改革与管理，2009（4）：62—64.

[158] 文兴．耐克品牌创意十三法则［J］．文体用品与科技，2009（9）：14—16.

[159] 沪记．耐克品牌战役：32 年只营销情感［J］．西部皮革，2005（3）：19—21.

[160] 黄琍.《阿凡达》的营销商道 [J]. 企业研究，2010 (5)：68—69.

[161] 苏华.《阿凡达》营销启示录 [J]. 社会观察，2010 (2)：70—72.

[162] 吴海清，张建珍. 电影的全球产业链与《阿凡达》[J]. 湖南商学院学报（双月刊），2011，18 (4)：110—115.

[163] 陈秋频. 从电影整合营销的角度分析阿凡达奇迹 [J]. 经营管理者，2010 (20)：307.

[164] 鲍远福.《阿凡达》：3D影像时代的视觉艺术 [J]. 现代视听，2010 (4)：40—43.

[165] 何满仓，张一婷.《阿凡达》：多元思想创造商业传奇 [J]. 电影评介，2010 (8)：42—44.

[166] 曹锦锦，王静.《阿凡达》：数字特效与人性审视的完美结合 [J]. 电影文学，2010 (22)：63—64.

[167] 薛雯.《阿凡达》的叙事构思与传播策略解析 [J]. 文艺争鸣，2010 (6)：53—55.

[168] 刘敏，彭怡平.《阿凡达》玩的就是心跳 [J]. 电影世界，2010 (1)：74—77.

[169] 刘达. 关于影片《阿凡达》的几点思考 [J]. 现代电影技术，2010 (3)：11—13.

[170] 肖小光. 农夫山泉的差异化营销 [J]. 企业改革与管理，2003 (11)：28—29.

[171] 陆远权，许磊. 农夫山泉品牌发展“三部曲” [J]. 企业管理，2010 (11)：45—46.

[172] 路胜贞，时艳涛. 农夫山泉：瓶盖上的尖叫 [J]. 销售与市场（评论版），2010 (8)：51—53.

[173] 肖文戈. 从“水溶 C100”看新产品差异化营销 [J]. 现代营销（学苑版），2009 (11)：75—76.

[174] 江甫. 水溶 C100："谈情"高手的差异广告 [J]. 市场观察，2010 (1)：39.

[175] 立娟. 富媒体助力"养生堂水溶 C100"秒杀赢大奖 [J]. 广告大观（综合版），2010 (12)：136.

[176] 周威，王洪. 奥康的奥秘 [J]. 时事报告，2003 (7)：61—66.

[177] 李耕. 奥康为何能潇洒走四方 [J]. 西部皮革，2003 (3)：36—37.

[178] 袁学伦，梁洁生. 奥康：组织创新改写生存法则 [J]. 经理人，2008 (10)：54—55.

[179] 韦开孟. 奥康：8 年连锁的滋味 [J]. 东方企业文化，2005 (6)：50—51.

[180] 张良. 连锁经营展渠道 奥康集团：持续创新追新高 [J]. 财经界，2006 (2)：43—47.

[181] 梁洁生. 奥康再次引领鞋业营销新模式 [J]. 西部皮革，2008 (7)：21—23.

[182] 刘劲强. 兵无常势 水无常形——奥康给中国鞋企营销带来的启示 [J]. 西部皮革，2005 (3)：24—27.

[183] 杨静. 对"奥康"与"红蜻蜓"集团鞋履广告策划的比较研究 [J]. 消费导刊，2008 (4)：74—75.

[184] 孙春艳. 奥康"非凡体"走红背后的文化嬗变 [J]. 中外管理，2012 (4)：88—90.

[185] 杨越，王洪. 梦想是走出来的——中国鞋业巨头奥康集团提升品牌进军国际市场纪实 [J]. 中国市场，2004，Z1：110—111.

[186] 费常泰. 王振滔"双向借道"猛推奥康国际化 [J]. 董事会，2005 (11)：78—81.

[187] 苏小和. 奥康小心翼翼的国际化 [J]. 经理人，2007 (1)：108—111.

[188] 陈艳艳. 奥运营销 奥康国际化第一役 [J]. 中国新时代, 2008 (7): 87—89.

[189] 舒朝普. 求解"奥康国际化"程式 [J]. 中国外资, 2008 (6): 28—30.

[190] 卞雅莉. 格力技术能力积累"四阶段" [J}. 中外企业家, 2012 (1): 52—53.

[191] 唐梦. 格力: 完美品质是安身立命的根本 [J]. 中国品牌, 2010 (6): 018—021.

[192] 芦笛. 格力电器基业长青的"三驾马车" [J]. 创新科技, 2010 (4): 46—48.

[193] 马红霞. 家电行业渠道冲突及其化解——基于格力电器的分析 [J]. 江苏商论, 2010 (7): 14—16.

[194] 庞芳兰. 格力电器营销渠道权力结构探析 [J]. 学术论丛, 2009 (40): 26—27.

[195] 谢春芳, 蒙琳. 格力国际化经营的经验与启示 [J]. 商场现代化, 2008 (36): 87—88.

[196] 韩国营. 管窥格力精品战略 [J]. 中国中小企业, 2009 (2): 50—51.

[197] 苏亮. 格力的"道"与"技"——专访格力电器总裁董明珠、副总裁黄辉 [J]. 家用电器, 2011 (6): 90—92.

[198] 张国勤, 王满平. 好空调 格力造 好空调 中国造——"中国世界名牌"格力空调品牌启示录 [J]. 中国品牌, 2006 (1): 16—19.

[199] 吴娜. 格力电器三大技术巩固公司龙头地位 [J]. 证券导刊, 2010 (31): 70—71.

[200] 李鹏. 格力: 专业铸就品质, 细节决胜市场 [J]. 家电科技, 2011 (6): 10—11.

[201] 李大为. 格力突破中央空调技术"围栏" [J]. 机电信息, 2006 (7): 93—94.

[202] 赵晓飞. 品牌定位准确 红色王老吉火起来 [J]. 中外企业文化，2005 (4)：55－56.

[203] 彭学韬，胡豪，王一涛. 品牌管理策略：王老吉品牌成功的原因 [J]. 企业活力，2010 (3)：28－32.

[204] 冯虹茜. 整合营销传播的典范——王老吉 [J]. 时代经贸，2009 (4)：78－79.

[205] 张浚. 让王老吉火暴的 10 个关键词 [J]. 中国品牌，2007 (2)：76－79.

[206] 夏勇峰. “要喝就喝王老吉”——加多宝集团的成功市场营销策略 [J]. 企业文化，2008 (7)：70－73.

[207] 李明声. 王老吉，“赢销”有道 [J]. 大经贸，2008 (7)：54－56.

[208] 时允昌. 昆仑山矿泉水：亚运赛场上的巅峰对决 [J]. 销售与市场（评论版），2011 (1)：64－65.

[209] 李妍. 王老吉商标背后硝烟未散广药 VS 加多宝：最后的决战 [J]. 中国经济周刊，2012，7 (16)：60－61.

[210] 张若夫. 加多宝：别了王老吉的战斗 [J]. 商界（评论），2012 (7)：122－124.

后　记

以前读过不少市场营销案例，其中也不乏精彩之作。我以为精彩的案例，当满足三个条件：其一，作为案例主角的企业，其市场营销实践的确有独到或过人之处；其二，案例企业的市场营销策略能够在诱发理论思考创新和实践借鉴指导方面发挥较好的作用；其三，案例材料的组织和文字呈现既能吸引读者阅读，又能引导读者按照较好的理论逻辑去思考和探讨。这是读者的期盼，也是作者的根本动力。在本书的编写过程中，虽然我努力按照这些要求去做，可惜还是留下若干遗憾。所以，凡是来自读者的建设性批评和建议，我当以读圣经的心态去接受之。从这个意义上讲，我要提前感谢未来的读者。

上海财经大学现代市场营销研究中心主任、国家级精品课程《市场营销学》负责人、博士生导师晁钢令教授的鼓励和指导，上海财经大学国际工商管理学院市场营销系各位同仁的关心和帮助，上海财经大学科研处及现代市场营销研究中心的资助，案例所参考借鉴的文献作者们的先前努力，长春出版社张耀民主任以及责任编辑王生团老师的鼎力协助，还有我的家人默默无闻的支持，是本书得以完成并顺利出版的保障。从内心深处，我感谢上述所有为我付出的人！我当以感恩之心和更加踏实的作风，去完成未来的市场营销探索之旅。

曾晓洋

2013 年 1 月 18 日